Versionsverwaltung mit Git

Neuerscheinungen, Praxistipps, Gratiskapitel,
Einblicke in den Verlagsalltag –
gibt es alles bei uns auf Instagram und Facebook

instagram.com/mitp_verlag   facebook.com/mitp.verlag

Sujeevan Vijayakumaran

Versionsverwaltung mit Git

Praxiseinstieg

Bibliografische Information der Deutschen Nationalbibliothek
Die Deutsche Nationalbibliothek verzeichnet diese Publikation in der Deutschen Nationalbibliografie; detaillierte bibliografische Daten sind im Internet über <http://dnb.d-nb.de> abrufbar.

Bei der Herstellung des Werkes haben wir uns zukunftsbewusst für umweltverträgliche und wiederverwertbare Materialien entschieden.
Der Inhalt ist auf elementar chlorfreiem Papier gedruckt.

ISBN 978-3-7475-0304-1
3. Auflage 2021

www.mitp.de
E-Mail: mitp-verlag@sigloch.de
Telefon: +49 7953 / 7189 - 079
Telefax: +49 7953 / 7189 - 082

© 2021 mitp Verlags GmbH & Co. KG, Frechen

Dieses Werk, einschließlich aller seiner Teile, ist urheberrechtlich geschützt. Jede Verwertung außerhalb der engen Grenzen des Urheberrechtsgesetzes ist ohne Zustimmung des Verlages unzulässig und strafbar. Dies gilt insbesondere für Vervielfältigungen, Übersetzungen, Mikroverfilmungen und die Einspeicherung und Verarbeitung in elektronischen Systemen.

Die Wiedergabe von Gebrauchsnamen, Handelsnamen, Warenbezeichnungen usw. in diesem Werk berechtigt auch ohne besondere Kennzeichnung nicht zu der Annahme, dass solche Namen im Sinne der Warenzeichen- und Markenschutz-Gesetzgebung als frei zu betrachten wären und daher von jedermann benutzt werden dürften.

Lektorat: Sabine Schulz
Sprachkorrektorat: Petra Heubach-Erdmann
Coverbild: Verne Ho @verneho / unsplash.com,
Coverbild gestaltet von Bernhard Hanakam
Satz: III-satz, Husby, www.drei-satz.de
Druck: Plump Druck & Medien GmbH, Rheinbreitbach

Inhaltsverzeichnis

		Einleitung	11
		Aufbau des Buches	12
		Konvention	13
		Hinweise und Tipps	14
		Feedback	14
		Danksagung	14
1		**Einführung**	15
1.1		Lokale Versionsverwaltung	16
1.2		Zentrale Versionsverwaltung	17
1.3		Verteilte Versionsverwaltung	18
1.4		Geschichtliches	20
2		**Die Grundlagen**	23
2.1		Installation	23
2.2		Das erste Repository	26
2.3		Git-Konfiguration	28
2.4		Der erste Commit	29
	2.4.1	Versionierte Dateien mit »git mv« verschieben	46
2.5		Änderungen rückgängig machen mit Reset und Revert	47
	2.5.1	Revert	47
	2.5.2	Reset	48
2.6		Git mit GUI	51
	2.6.1	Commits mit Git GUI	53
2.7		Wie Git arbeitet	54
2.8		Git-Hilfe	60
2.9		Zusammenfassung	60
3		**Arbeiten mit Branches**	63
3.1		Allgemeines zum Branching	63
3.2		Branches anlegen	65
3.3		Branches mergen	72
3.4		Merge-Konflikte	76
3.5		Mergetools	80

3.6		Merge-Strategien	83
	3.6.1	resolve	83
	3.6.2	recursive	83
	3.6.3	octopus	84
	3.6.4	ours	84
	3.6.5	subtree	84
3.7		Rebasing	84
3.8		Stash und Clean	90
	3.8.1	Das Arbeitsverzeichnis säubern	94
	3.8.2	Dateien ignorieren	96
3.9		Zusammenfassung	98
4		**Verteilte Repositorys**	**99**
4.1		Projekt mit einem Remote-Repository	100
4.2		Branch-Management	109
4.3		Tracking-Branches	111
4.4		Projekt mit drei Remote-Repositorys	114
4.5		Der Workflow mit drei Repositorys	117
4.6		Zusammenfassung	121
5		**Git-Hosting**	**123**
5.1		GitHub	126
	5.1.1	Repository anlegen	126
	5.1.2	SSH-Keys anlegen und hinzufügen	129
	5.1.3	SSH-Agent konfigurieren	131
	5.1.4	Lokales Git-Repository konfigurieren	133
	5.1.5	Repository klonen	135
	5.1.6	Der GitHub-Workflow	135
	5.1.7	GitHub-Repositorys um externe Tools erweitern	152
5.2		GitLab	152
	5.2.1	Installation	153
	5.2.2	Konfiguration	153
5.3		Weitere Git-Hosting-Lösungen	158
5.4		CI/CD: Continuous Integration und Continuous Delivery	158
	5.4.1	Der Workflow	159
	5.4.2	GitHub Actions	161
	5.4.3	GitLab CI/CD	164
5.5		Zusammenfassung	168

6	**Workflows**		**169**
6.1	Interaktives Rebasing		170
	6.1.1	Branches pseudo-sichern	171
	6.1.2	Den letzten Commit verändern	171
	6.1.3	Mehrere Commits verändern	174
	6.1.4	Reihenfolge der Commits anpassen	176
	6.1.5	Commits ergänzen	176
	6.1.6	Commits squashen	178
	6.1.7	Commits autosquashen	180
	6.1.8	Commits droppen	181
	6.1.9	Commit aufteilen	181
6.2	Workflow mit einem Branch und Repository für eine Person		183
6.3	Workflow mit mehreren Personen, einem Repository und einem Branch		184
6.4	Git Flow		186
	6.4.1	Feature-Branches	187
	6.4.2	Release-Branches	190
	6.4.3	Release taggen	191
	6.4.4	Hotfix-Branches	192
	6.4.5	Zusammenfassung zu Git Flow	193
6.5	Git Flow mit mehr als einem develop-Branch		194
6.6	Git Flow mit mehreren Repositorys		195
6.7	GitHub-Flow		197
6.8	GitLab-Flow		197
6.9	Weitere Aspekte in Workflows		199
6.10	Zusammenfassung		201
7	**Hooks**		**203**
7.1	Client-seitige Hooks		203
	7.1.1	Commit-Hooks	204
	7.1.2	E-Mail-Hooks	207
	7.1.3	Weitere Hooks	207
7.2	Server-seitige Hooks		208
	7.2.1	pre-receive-Hook	208
	7.2.2	update-Hook	208
	7.2.3	post-receive-Hook	209
	7.2.4	Beispiel-Hooks	209
7.3	Git-Attribute		211

8		**Umstieg von Subversion**	215
8.1		Zentrale vs. verteilte Repositorys	215
8.2		Checkout vs. Clone	216
8.3		svn commit vs. git commit & git push	216
8.4		svn add vs. git add	216
8.5		Binärdateien im Repository	217
8.6		SVN- in Git-Repository konvertieren	217
	8.6.1	git-svn	218
	8.6.2	Nach der Umwandlung	221
	8.6.3	Committen mit git-svn	221
8.7		Zusammenfassung	223

9		**Tipps und Tricks**	225
9.1		Große Dateien mit Git LFS verwalten	225
9.2		Partielles Klonen	227
9.3		Aliasse setzen und nutzen	228
9.4		Mehr aus dem Log holen	229
	9.4.1	Begrenzte Ausgaben	229
	9.4.2	Schönere Logs	231
9.5		Ausgeführte Aktionen im Repository mit git reflog	232
9.6		Garbage Collection mit git gc	235
9.7		Finde den Schuldigen mit git blame	236
9.8		Wortweises diff mit word-diff	236
9.9		Verschobene Zeilen farblich hervorheben mit git diff --color-moved	237
9.10		Datei-Inhalte suchen mit git grep	238
9.11		Änderungen häppchenweise stagen und committen	239
9.12		Auf Fehlersuche mit git bisect	241
9.13		Arbeiten mit Patches	243
	9.13.1	Patches erstellen	243
	9.13.2	Patches anwenden	245
9.14		Repositorys in Repositorys mit git submodules	247
9.15		Subtree als Alternative für Submodule	250
9.16		Komplette Historie neu schreiben mit git filter-repo	252
9.17		Tippfehler in Git-Befehlen automatisch korrigieren	253
9.18		Git Worktree	254
9.19		Liquid Prompt für Git	256
	9.19.1	Installation	256
	9.19.2	Im Einsatz mit Git	257
9.20		Zusammenfassung	258

10	**Grafische Clients**	261
10.1	Git GUI	261
10.2	Gitk	263
10.3	SourceTree	267
10.4	GitHub Desktop	269
10.5	Gitg	271
10.6	Tig	272
10.7	TortoiseGit	274
10.8	GitKraken	276
10.9	Weiteres	277
11	**Nachvollziehbare Git-Historien**	279
11.1	Gut dosierte Commits	279
11.2	Gute Commit-Messages	281
12	**DevOps**	289
12.1	DevOps im Überblick	289
12.2	Das Problem	290
12.3	DevOps-Pipeline	294
12.4	DevSecOps	296
12.5	Zusammenfassung	298
13	**Frequently Asked Questions**	299
A	**Befehlsreferenz**	305
A.1	Repository und Arbeitsverzeichnis anlegen	305
A.2	Erweiterung und Bearbeitung der Historie	306
	A.2.1 Arbeiten im Staging-Bereich	306
	A.2.2 Arbeiten mit Commits und Branches	307
A.3	Status-Ausgaben und Fehler-Suche	310
A.4	Verteilte Repositorys	311
A.5	Hilfsbefehle	313
A.6	Sonstige	314
	Stichwortverzeichnis	317

Einleitung

»*Das ist Git. Es bietet einen Überblick über die kollaborative Arbeit in Projekten durch die Nutzung eines wunderschönen Graphen-Theorie-Modells.*«

Sie: »*Cool. Aber wir nutzt man es?*«

Er: »*Keine Ahnung. Merke dir einfach all diese Befehle und tippe sie ein. Wenn du auf Fehler stößt, dann sichere deine Arbeit woanders, lösche das Projekt und lade eine frische Kopie herunter.*«

»*If that doesn't fix it, git.txt contains the phone number of a friend of mine who understands git. Just wait through a few minutes of ›It's really pretty simple, just think of branches as...‹ and eventually you'll learn the commands that will fix everything.*«

»*Und wenn das auch nicht hilft, dann enthält git.txt die Telefonnummer von einem Freund, der sich mit Git auskennt. Warte einfach ein paar Minuten ab à la ›Es ist wirklich gar nicht so schwer, stell dir nur die Branches vor als ...‹, und schließlich lernst du die Befehle, die jedes Problem fixen.*«[1]

Versionskontrolle ist ein wichtiges Thema für Software-Entwickler. Jeder, der ohne jegliche Versionskontrollprogramme arbeitet, ist vermutlich schon einmal an den Punkt gestoßen, wo man sich ältere Stände ansehen wollte. Dabei fragt man sich gegebenenfalls, warum und wann man eine Funktion eingeführt hat, oder man

---

[1] »xkcd: Git«, Copyright Randall Munroe (https://xkcd.com/1597/) ist lizenziert unter der Creative Commons Lizenz CC BY-NC 2.5 (https://creativecommons.org/licenses/by-nc/2.5/)

möchte auf einen älteren Stand zurückspringen, wenn man etwas kaputt gemacht hat. Genau an dieser Stelle kommen Versionsverwaltungsprogramme ins Spiel. Git ist eines dieser Programme, die nicht nur die bereits genannten Probleme lösen. Es ist Kernbestandteil des Entwicklungsprozesses, um sowohl kollaborativ im Team als auch alleine an einem Projekt zu arbeiten. Dabei ist es gleichgültig, ob man programmiert, Systeme administriert oder gar Bücher schreibt.

Randall Munroe beleuchtet in seinem Webcomic xkcd viele verschiedene Themen. Das hier abgedruckte xkcd-Comic zum Thema Git wurde während meiner Arbeit an der ersten Auflage dieses Buches veröffentlicht. Viele meiner Freunde und Bekannten aus dem Open-Source-Umfeld posteten das Comic in den verschiedenen sozialen Netzwerken und machten eins deutlich: Viele Leute nutzen zwar Git, wissen aber nur grob, was dort passiert. Wenn etwas nicht wie geplant funktioniert oder man zu einem fehlerhaften Zustand im Arbeitsprojekt kommt, dann weiß man erst mal nicht weiter und fragt seinen persönlichen Git-Experten, wie den einen Kollegen, der glücklicherweise ein Git-Buch geschrieben hat.

Das Ziel dieses Buches ist nicht nur, dass Sie die gängigen Befehle erlernen, die Sie beim Arbeiten mit Git brauchen. Ich lege auch großen Wert auf die Einbindung und Anpassung des Entwicklungsprozesses. Darüber hinaus sollten Sie Git als Ganzes verstehen und nicht nur die Grundlagen, damit Sie mit einem Programm arbeiten, das Sie verstehen und bei dem bei Konflikten keine Hürden vorhanden sind.

Aufbau des Buches

Dieses Buch besteht aus insgesamt dreizehn Kapiteln, davon gehören die ersten vier Kapitel zu den Grundlagen und die übrigen acht zu den fortgeschrittenen Themen.

Das erste Kapitel führt in das Thema der Versionsverwaltung mit Git ein, um den Einsatzzweck und die Vorteile von Git zu verdeutlichen. Das zweite Kapitel behandelt die grundlegenden Git-Kommandos. Dies beinhaltet die Basis-Befehle, die für das Arbeiten mit Git notwendig sind. Im anschließenden dritten Kapitel geht es um die Nutzung von Branches, eines der elementaren Features von Git. So lernen Sie, mit Branches parallele Entwicklungslinien zu erstellen, zwischen diesen verschiedenen Branches hin und her zu wechseln und sie wieder zusammenzuführen. Der Grundlagenteil endet mit dem vierten Kapitel, bei dem es um den Einsatz von verteilten Repositorys geht, die es ermöglichen, mit Repositorys zu arbeiten, die auf entfernten Servern, wie etwa GitHub oder GitLab, liegen.

Bei den fortgeschrittenen Themen liegt der Fokus besonders auf dem Einsatz von Git in Software-Entwicklungsteams. Wichtig ist dabei, über eine gute Möglichkeit zu verfügen, Git-Repositorys hosten zu können, damit man kollaborativ in einem Team an Projekten arbeiten kann. Während die wohl gängigste, bekannteste und einfachste Hosting-Möglichkeit GitHub ist, gibt es auch einige Open-Source-Alternativen, wie zum Beispiel GitLab, die sich ebenfalls sehr gut für den Einsatz in Firmen oder anderen Projektgruppen eignen. Das ist das Thema im fünften Kapitel, in dem auch der Workflow bei GitHub und GitLab thematisiert wird. Im anschließenden sechsten Kapitel geht es um die verschiedenen existierenden Workflows. Um die Features von Git sinnvoll einzusetzen, sollten Sie einen Workflow nutzen, der sowohl praktikabel ist als auch nicht zu viel Overhead im Projekt führt. Die Art und Weise, mit Git zu arbeiten, unterscheidet sich vor allem bei der Anzahl der Personen, Branches und Repositorys. Im sechsten Kapitel geht es im Anschluss darum, Git-Hooks zu verwenden, um mehr aus dem Projekt herauszuholen oder simple Fehler automatisiert zu überprüfen und somit zu vermeiden. So lernen Sie, was Hooks sind, wie sie programmiert werden und damit zu automatisieren. Generell ist dieses Kapitel für den Git-Nutzer kein alltägliches Thema. Hooks werden im Alltag eher unregelmäßig programmiert.

Die weiteren drei Kapitel befassen sich mit dem Umstieg von Subversion nach Git, wobei sowohl die Übernahme des Quellcodes inklusive der Historie als auch die Anpassung des Workflows thematisiert wird. Das neunte Kapitel ist eine Sammlung vieler verschiedener nützlicher Tipps, die zwar nicht zwangsläufig täglich gebraucht werden, aber trotzdem sehr nützlich sein können. Im zehnten Kapitel folgt dann noch ein Kapitel mit einem Überblick über die grafischen Git-Programme unter den verschiedenen Betriebssystemen Windows, macOS und Linux. In der zweiten Auflage sind die vergleichsweise kurzen Kapitel 11 und 13 neu dazugekommen. Hier werden zum einen nützliche Hilfestellungen gegeben, um eine möglichst nachvollziehbare Git-Historie zu erzeugen, und zum anderen werden häufige Probleme von Anfängern und Erfahrenen beleuchtet und die dazugehörigen Lösungen aufgezeigt. Neu in der dritten Auflage ist das 12. Kapitel. Hier wird das Thema DevOps kurz und kompakt zusammengefasst, wofür Git das grundlegende Werkzeug ist.

Um den Einsatz von Git und die einzelnen Funktionen sinnvoll nachvollziehen zu können, werden alle Git-Kommandos anhand eines realen Beispiels erläutert. Über die Kapitel des Buches hinweg entsteht eine kleine statische Webseite, an der die Funktionen verdeutlicht werden. Denn was bringt es, die Kommandos von Git ohne den Bezug zu realen Projekten und dessen Einsatzzwecke zu kennen? Eine kleine Webseite hat insbesondere den Vorteil, dass Sie nicht nur Unterschiede im Quellcode nachvollziehen, sondern auch sehr einfach die optischen Unterschiede auf einer Webseite erkennen können.

Konvention

In diesem Buch finden Sie zahlreiche Terminal-Ausgaben abgedruckt. Diese sind größtenteils vollständig, einige mussten aus Platz- und Relevanz-Gründen jedoch gekürzt werden. Eingaben in der Kommandozeile fangen immer mit dem »$« an.

Dahinter folgt dann der eigentliche Befehl. Das Dollarzeichen ist der Prompt, der in der Shell dargestellt wird, und muss daher nicht eingetippt werden. Zeilen, die kein solches Zeichen besitzen, sind Ausgaben der Befehle. Das sieht dann etwa so aus:

```
$ git log
commit 9534d7866972d07c97ad284ba38fe84893376e20
[...]
```

Zeilen, die nicht relevant sind oder verkürzt wurden, sind als »[...]« dargestellt.

Hinweise und Tipps

Die einzelnen Kapitel bauen zwar aufeinander auf, doch ist es nicht immer möglich, alle Themen an Ort und Stelle ausführlich zu behandeln. Zudem werden wohl eher wenige Leser das Buch von vorne bis hinten durcharbeiten. Das Buch beinhaltet daher einige Hinweise und Tipps. Teilweise sind es Hinweise auf nähere Details in anderen Teilen des Buches, teilweise Tipps und Warnungen für die Nutzung von Git. Dies sind häufig nützliche Inhalte, die sich auf das gerade behandelte Thema beziehen, hin und wieder aber auch Querverweise zu näheren Erläuterungen in anderen Kapiteln.

Feedback

Als Autor habe ich sehr wohl den Anspruch, dass Sie als Leser das, was in diesem Buch behandelt wird, sowohl richtig verstehen als auch anwenden können. Ich bin daher offen für Feedback und Verbesserungsvorschläge – entweder per E-Mail an `mail@svij.org` oder Kurzes gerne auch via Twitter an `@svijee` (`https://twitter.com/svijee`). Ich bin sehr an Ihrem Feedback interessiert!

Danksagung

Ich freue mich, dass ich erneut die Möglichkeit vom Verlag erhalten habe, dieses Buch in der nun dritten aktualisierten Auflage veröffentlichen zu dürfen. Mein Dank gilt daher erneut dem Verlag mitp und insbesondere meiner Lektorin Sabine, mit der ich nun mittlerweile fünf Jahre an diesem Buch zusammenarbeite.

Weiterhin gilt mein Dank auch dieses Mal meiner Familie und allen, die mir immer wieder neuen kleinen und großen Input und Feedback liefern.

Kapitel 1

Einführung

Versionsverwaltung – Was ist denn nun eigentlich genau ein Versionsverwaltungsprogramm? Wodurch zeichnet es sich aus und warum wird es gebraucht? Das sind einige der häufigen ersten Fragen, die zu Beginn aufkommen. Die prinzipielle Bedeutung leitet sich schon aus dem Wort selbst ab: Es handelt sich um die Verwaltung von Versionen. Konkret bedeutet es, dass Sie von Dateien Versionen erzeugen können, die dann sinnvoll verwaltet werden.

Das Wort »Version« klingt zunächst erst einmal nach einer größeren Änderung, doch auch eine kleine Änderung erzeugt eine neue Version einer Datei. Je nach Kontext gibt es ein unterschiedliches Verständnis für den Begriff »Version«. Wenn bei Git von Versionen gesprochen wird, ist damit so gut wie immer die Version einer einzelnen Datei oder einer Sammlung von Dateien gemeint. Im Sinne der Software-Entwicklung werden neue Versionen von Programmen veröffentlicht, also zum Beispiel die Git-Version 2.29.

Aber wofür brauchen Sie nun ein Versionsverwaltungsprogramm wie Git? Viele kennen vermutlich folgendes Problem: Sie gehen einer Tätigkeit nach – sei es das Schreiben an einem Text, das Bearbeiten eines Bildes oder eines Videos – und der aktuelle Stand soll immer mal wieder zwischengespeichert werden. Hauptgrund ist, dass dauernd eine Sicherung der Datei vorhanden sein soll, und ein weiterer Grund ist, dass Sie wieder auf einen älteren Stand zurückspringen können, falls Sie doch einige Schritte rückgängig machen wollen. Die Vorgehensweise zum manuellen Erzeugen solcher Versionen ist unterschiedlich – die einen fügen Zahlen mit Versionsnummern am Ende des Dateinamens an, die anderen erzeugen wiederum Ordner mit dem aktuellen Datum, in denen die Dateien liegen. So passiert es häufiger, dass neben `Bachelorarbeit_v1.odt` und `Bachelorarbeit_v2.odt` noch ein `Bachelorarbeit_v3_final.odt` und `Bachelorarbeit_v3_final_new.odt` liegt. Beide genannten Möglichkeiten funktionieren zwar prinzipiell, sind allerdings weder praktikabel noch wirklich sicher und vor allem fehleranfällig. Das ist besonders dann der Fall, wenn Sie den Dateien keine eindeutigen Namen gegeben haben. Dies trifft insbesondere dann zu, wenn zu viele Versionen einer einzigen Datei rumliegen oder mehrere Dateien gleichzeitig versioniert werden müssen.

Genau bei diesem Problem kommen Versionsverwaltungsprogramme zum Einsatz. Mit diesen werden neben den reinen Veränderungen noch weitere Informationen zu einer Version gespeichert. Darunter fallen in der Regel der Autorenname, die Uhrzeit der Änderung und eine Änderungsnotiz. Diese werden bei jeder neuen

Version gespeichert. Durch die gesammelten Daten können Sie so schnell und einfach eine Änderungshistorie ansehen und verwalten. Falls zwischendurch Fehler in den versionierten Dateien eingeflossen sind, können Sie leicht untersuchen, wann und durch welche Person die Fehler eingeführt wurden, und diese wieder rückgängig machen. Versionsverwaltungsprogramme lassen sich demnach nicht nur von einzelnen Personen nutzen, sondern ermöglichen das Arbeiten im Team mit mehr als einer Person.

Mit Versionsverwaltungsprogrammen lassen sich alle möglichen Dateitypen verwalten. Sie sollten allerdings beachten, dass eine Versionierung nicht für jeden Dateityp praktikabel ist. Besonders hilfreich sind solche Anwendungen vor allem für Arbeiten mit reinen Text-Dateien. Darunter fallen insbesondere Quellcode von Programmen, Konfigurationsdateien oder auch Texte und somit auch Bücher. Der Vorteil bei reinen Textdateien ist, dass Sie die Unterschiede bei Änderungen für jede Zeile nachvollziehen können – das ist bei binären Dateiformaten nicht möglich. Auch für Grafiker kann der Einsatz eines Versionsverwaltungsprogramms sinnvoll sein, denn mit zusätzlichen Tools können auch die Veränderungen zwischen zwei Versionen von Bildern dargestellt werden.

Insgesamt gibt es drei verschiedene Konzepte zur Versionsverwaltung: die lokale, die zentrale und die verteilte Versionsverwaltung.

1.1 Lokale Versionsverwaltung

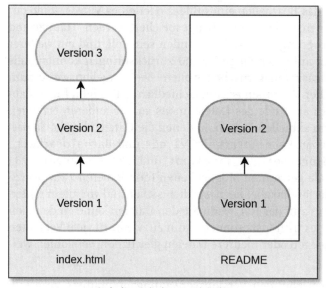

Abb. 1.1: Lokale Versionsverwaltung arbeitet Datei-basiert und lediglich lokal.

Die lokale Versionsverwaltung findet sich eher seltener in produktiven Umgebungen, da sie lediglich lokal arbeitet und häufig nur einzelne Dateien versioniert. Die zuvor erwähnte manuelle Erzeugung von Versionen von Dateien wäre zum Beispiel eine lokale Versionsverwaltung mit einer einzelnen Datei. Sie ist zwar einfach zu nutzen, doch ist es fehleranfällig und wenig flexibel. Echte Versionsverwaltungssoftware, die nur lokal arbeitet, gibt es allerdings auch, darunter »SCSS« und »RCS«. Der größte Nachteil lokaler Versionsverwaltung ist, dass im Normalfall nur eine Person mit den Dateien arbeiten kann, da diese nur lokal auf dem einen Gerät verfügbar sind. Weiterhin besteht keine Datensicherheit, da die Dateien nicht automatisch auf einem anderen Gerät gesichert werden. Der Anwender ist somit allein verantwortlich für ein Backup der Dateien inklusive der Versionshistorie.

1.2 Zentrale Versionsverwaltung

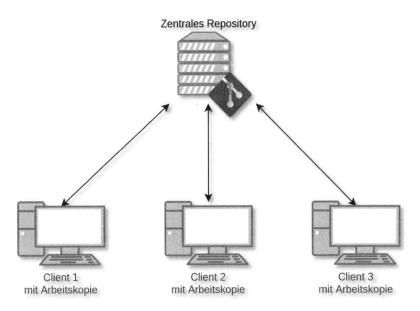

Abb. 1.2: Zentrale Versionsverwaltung arbeitet mit Arbeitskopien auf Clients.

Zentrale Versionsverwaltungen befinden sich heute vergleichsweise noch häufig im Einsatz. Bekannte und verbreitete Vertreter dieser Art sind Subversion und CVS. Das Hauptmerkmal zentraler Versionsverwaltungen ist, dass das Repository lediglich auf einem zentralen Server liegt. Das Wort »Repository« ist Englisch und steht für »Lager«, »Depot« oder auch »Quelle«. Ein Repository ist somit ein Lager, in dem die versionierten Dateien liegen. Autorisierte Nutzer verfügen über eine lokale Arbeitskopie einer Version, auf der sie ihre Arbeiten erledigen.

Die Logik und die Daten der Versionsverwaltung liegen größtenteils auf dem zentralen Server. Beim Wechsel von Revisionen oder beim Vergleichen von Änderungen wird stets mit dem Server kommuniziert. Wenn der Server also offline ist, kann der Nutzer zwar mit der Arbeitskopie ein wenig weiterarbeiten. Allerdings ist die Einsicht älterer Versionen oder das Ansehen anderer Entwicklungslinien nicht möglich, da es sich lediglich um eine Arbeitskopie einer Version und keine Kopie des vollständigen Repositorys handelt.

1.3 Verteilte Versionsverwaltung

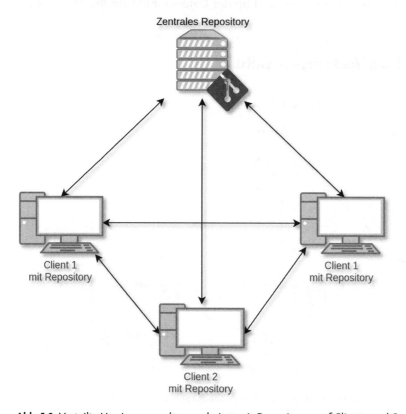

Abb. 1.3: Verteilte Versionsverwaltung arbeitet mit Repositorys auf Clients und Servern.

Git gehört zu den verteilt arbeitenden Versionsverwaltungsprogrammen. Neben Git gibt es auch andere verteilte Versionskontrollprogramme, wie Bazaar oder Mercurial. Im Gegensatz zur zentralen Versionsverwaltung besitzt jeder Nutzer des Repositorys nicht nur eine Arbeitskopie, sondern das komplette Repository. Wenn Sie also zwischen verschiedenen Revisionen wechseln oder sich die Historie einzelner Dateien anschauen möchte, dann geschieht das Ganze auf dem lokalen

Rechner. Zuvor muss nur das Repository »geklont« werden. Alle Funktionen stehen dann auch offline zur Verfügung. Ein wesentlicher Vorteil davon ist, dass nicht nur unnötiger Datenverkehr vermieden wird, sondern auch die Geschwindigkeit deutlich höher ist, was durch die fehlende Netzwerklatenz bedingt ist.

Zusätzlich besitzen verteilte Versionsverwaltungssysteme eine höhere Datenausfallsicherheit, da die Kopien der Daten des Repositorys in der Regel auf verschiedenen Rechnern liegen. Bei einem Ausfall des Git-Servers ist es daher möglich, weiterzuarbeiten. Nichtsdestotrotz sollten Sie von wichtigen Daten natürlich immer Backups anfertigen, ganz egal ob es sich um lokale, zentrale oder verteilte Versionsverwaltung handelt.

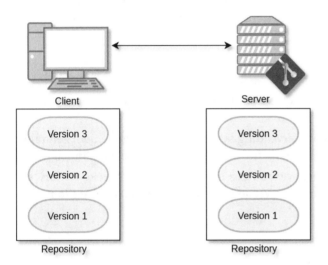

Abb. 1.4: Die Versionshistorie liegt sowohl lokal auf dem Client als auch auf dem Server.

Um den Unterschied zwischen zentralen und verteilten Versionsverwaltungsprogrammen klarer zu machen, kann folgendes Beispiel helfen. Stellen Sie sich vor, dass das Repository ein dicker Aktenordner ist. Darin enthalten sind alle aktuellen Dateien, ältere Versionen der Dateien sowie die Änderungshistorie mitsamt den Kommentaren zu den Änderungen. Sie müssen mit diesen Dateien arbeiten. Wenn es sich um ein zentrales System handelt, dann befindet sich der Aktenordner an einer zentral zugänglichen Stelle, die hier nun Archiv genannt wird. Für Sie heißt es, dass Sie zum Archiv und zu dem Ordner gehen müssen. Dort wird dann eine Arbeitskopie der benötigten Dateien erzeugt und anschließend laufen Sie wieder zurück zum Arbeitsplatz. Wenn Sie die Änderungshistorie von einer oder mehreren Dateien ansehen möchten, müssen Sie immer wieder zum Archiv laufen und den Aktenordner durchblättern, um sich diese anzusehen. Da es sowohl Zeit als auch Energie kostet, immer zum zentralen Aktenordner zu laufen, bietet es sich an, eine Kopie des ganzen Ordners zu erstellen und mit an Ihren Arbeitsplatz zu nehmen.

Genau das ist dann eine verteilte Versionsverwaltung, da nun zwei vollständige Kopien des Aktenordners existieren – einmal an zentraler Stelle im Archiv und einmal am eigenen Arbeitsplatz. Der Vorteil ist, dass nach der ersten Kopie nur noch die Veränderungen hin- und hergetragen werden müssen. Alles andere kann bequem vom Arbeitsplatz aus gemacht werden, ohne ständig aufzustehen und herumlaufen zu müssen. Konkret bedeutet das, dass Sie an Ihrem Arbeitsplatz sitzen und Ihre Aufgaben erledigen. Sobald die Arbeit abgeschlossen ist, tragen Sie nur die neuen Dateien zum Archiv, wo Sie eine Kopie anfertigen und diese im zentralen Aktenordner abheften. Großer Vorteil ist, dass Sie auch weiterhin arbeiten können, wenn der Weg zum Aktenordner unzugänglich ist, etwa genau dann, wenn Sie unterwegs sind.

Zusammenfassung

- Die lokale Versionsverwaltung funktioniert lediglich auf einem einzelnen Rechner.
- Bei der zentralen Versionsverwaltung liegt das »Gehirn« auf einem zentralen Server, von dem sich alle Mitarbeiter eine Arbeitskopie ziehen können.
- Bei der verteilten Versionsverwaltung liegt das vollständige Repository sowohl auf mindestens einem Server sowie auf allen Clients, wo mit Klonen gearbeitet wird.

1.4 Geschichtliches

Seinen Ursprung hatte Git bei der Entwicklung des Linux-Kernels. Letzterer wurde lange Zeit mit BitKeeper verwaltet, das damals ein proprietäres Programm war. Nachdem die Hersteller von BitKeeper die Lizenz geändert hatten, konnten die Linux-Kernel-Entwickler um Linus Torvalds BitKeeper nicht mehr kostenfrei verwenden, weswegen Linus Torvalds mit der Entwicklung von Git begann. Erst im Mai 2016 wurde BitKeeper unter einer Open-Source-Lizenz veröffentlicht.

Die Entwicklung von Git begann im Jahr 2005 und es gehört somit zu den jüngeren Versionsverwaltungssystemen und das, obwohl es mittlerweile mehr als 15 Jahre alt ist. Linus Torvalds fand es wichtig, dass das zukünftig eingesetzte Programm zur Entwicklung des Linux-Kernels drei spezielle Eigenschaften besitzt. Das sind zum Ersten Arbeitsabläufe, die an BitKeeper angelehnt sind, zum Zweiten die Sicherheit gegen böswillige und unbeabsichtigte Verfälschung des Repositorys sowie zum Dritten eine hohe Effizienz. Das Projekt »Monotone« wäre nahezu perfekt für diese Aufgabe gewesen. Das einzige Problem war nur, dass es nicht sonderlich effizient arbeitete. Letztendlich entschied sich Linus Torvalds für die Entwicklung eines komplett neuen Programms, was er dann Git nannte.

Interessant ist auch die Namensgebung von Git. Das Wort »Git« ist das englische Wort für »Blödmann«. Linus Torvalds selbst sagte spaßeshalber: »I'm an egoistical bastard, and I name all my projects after myself. First ›Linux‹, now ›Git‹.« (Deutsch: »Ich bin ein egoistisches Arschloch und ich benenne alle meine Projekte nach mir selbst. Erst ›Linux‹ und jetzt eben ›Git‹.«). Natürlich gab es auch echte Gründe, das Projekt »Git« zu taufen. Zum einen enthält das Wort lediglich drei Buchstaben, was das regelmäßige Tippen auf der Tastatur erleichtert, zum anderen gab es kein bestehendes UNIX-Kommando, mit dem es kollidieren würde.

Kapitel 2

Die Grundlagen

In diesem Kapitel lernen Sie die grundlegenden Funktionen und Kommandos von Git kennen. So gut wie alle in diesem Kapitel behandelten Befehle dürften beim täglichen Arbeiten mit Git zum Einsatz kommen. Damit Sie den Sinn und Zweck einzelner Befehle und Funktionen von Git sowohl nutzen als auch nachvollziehen können, arbeiten Sie in diesem Kapitel hauptsächlich an einem Beispielprojekt, das die Nutzung und Arbeitsweise von und mit Git verdeutlicht.

Das Beispiel-Projekt ist eine kleine Website, die nach und nach aufgebaut wird. HTML-Kenntnisse sind prinzipiell nicht notwendig, können aber natürlich auch nicht schaden. Damit es nicht ganz so trocken und langweilig ist, sollten Sie die Beispiele auf dem eigenen Rechner auf jeden Fall nachmachen. An der ein oder anderen Stelle bietet es sich auch an, etwas herumzuexperimentieren, denn nur durch Praxis wird Ihnen das Arbeiten mit Git klar und Sie haben hinterher in echten Projekten keine großen Probleme.

Als Beispiel wird eine kleine persönliche Website mit dem HTML5-Framework »Bootstrap« erstellt. Auf die genaue Funktionsweise des Frameworks gehe ich nicht näher ein, da es sich hier ja um Git und nicht um HTML und CSS dreht.

Git ist traditionell ein Kommandozeilenprogramm, weshalb der Fokus auf der Arbeit mit Git in der Kommandozeile liegt. Einschübe mit grafischen Git-Programmen gibt es dennoch. Grafischen Git-Programmen ist mit Kapitel 10, »Grafische Clients« ein vollständiges Kapitel gewidmet.

2.1 Installation

Bevor Sie losgelegen, müssen Sie Git installieren. Git gibt es nicht nur für die gängigen Betriebssysteme Windows, macOS und Linux, sondern unter anderem auch für FreeBSD, Solaris und sogar Haiku. Die gängigen Linux-Distributionen stellen Git unter dem Paketnamen »git« in der Paketverwaltung zur Verfügung. Nutzer von Windows und mac OS können sich Git von der Projektwebsite `https://git-scm.com/downloads` herunterladen.

Während der Arbeit an diesem Buch ist die Git-Version 2.29 die neueste Version. Große Unterschiede zu den vorherigen Versionen seit 2.0 existieren hingegen nicht, es sind vielmehr zahlreiche Kleinigkeiten, die über die Zeit eingeflossen sind. Bei Bedarf werden neue Funktionen aus vergleichsweise neuen Versionen hervorgehoben. Gleiches gilt für möglicherweise ältere Versionen von Git, die sich noch in den Paketverwaltungen älterer Linux-Distributionen finden. Obwohl die Version 2.0 von Git schon über sieben Jahre alt ist, werden an den ein oder anderen Stellen im Buch noch Unterschiede zu den mittlerweile sehr alten Versionen hervorgehoben. Als Neuankömmling sehen Sie so, was sich getan hat, und wenn Sie nach etlichen Jahren Pausen dann doch wieder Git anfassen, dann geht Ihnen auch nichts verloren.

Seit der Version 2.5, die im Mai 2015 erschien, hat Git unter Windows keinen Preview-Status mehr, sondern ist als vollwertige stabile Version verfügbar.

Die Installation unter Windows ist größtenteils selbsterklärend. Ein paar Kleinigkeiten gibt es aber doch zu beachten. Ein Punkt bei der Installation ist die Abfrage des genutzten Editors. In früheren Versionen wurde automatisch der Konsolen-Texteditor »vim« installiert und konfiguriert. Dieser ist vor allem für gängige Windows-Nutzer ohne Erfahrung in der Nutzung von »vim« eine schwierige Wahl. Eine Konfiguration eines anderen Editors war zuvor erst nachträglich möglich.

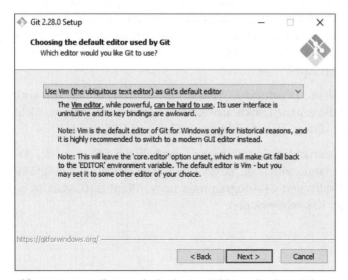

Abb. 2.1: Die Installation erlaubt die Auswahl verschiedener Editoren.

Mittlerweile können verschiedene Editoren ausgewählt werden. Eine Auswahl davon ist vorgegeben, aber auch andere Editoren lassen sich bereits bei der Installation konfigurieren.

Ein weiterer Punkt sind die Unterschiede bei der Nutzung der Shell. Die Shell ist das Fenster, in dem die Kommandozeilenbefehle eingetippt werden. Git lässt sich sowohl in der Windows-Cmd nutzen als auch in der »Git Bash« verwenden.

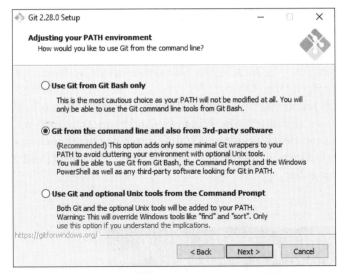

Abb. 2.2: Im Standard ist Git sowohl in der Bash als auch in der Windows-Cmd nutzbar.

Wenn Git zusätzlich in der Windows-Cmd genutzt werden soll, muss es in der PATH-Variablen eingetragen werden. Dies ist der Standard, wenn Git installiert wird.

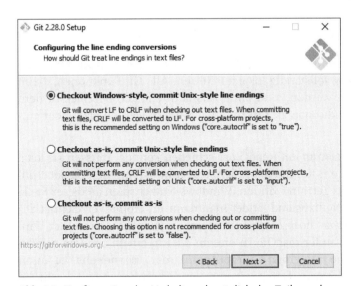

Abb. 2.3: Konfiguration des Verhaltens bezüglich des Zeilenendes

Eine weitere Konfiguration, die während der Installation abgefragt wird, ist die Einstellung bezüglich des Verhaltens des Zeilenendes. Der Standard ist, dass beim Auschecken von Dateien das Zeilenende von LF zu CRLF umgewandelt wird und beim Committen in das Repository wieder in LF. Sofern Sie nicht wissen, was dann genau passiert, sollten Sie die anderen Optionen ausdrücklich nicht auswählen.

Bei der Nutzung von Git präferiere ich die Git-Bash, da sie im Defaultzustand einige zusätzliche Funktionen bietet, wie die Anzeige des Namens des aktuellen Branches. Außerdem können die gängigen Unix-Kommandos verwendet werden. Alle Befehle in diesem Buch lassen sich problemlos in einer Shell unter macOS und Linux bzw. der Git-Bash unter Windows ausführen. Die Windows-Cmd kann zwar auch verwendet werden, allerdings nenne ich Windows-Cmd-Kommandos nicht noch einmal explizit. Dies ist unter anderem dann relevant, wenn etwa Ordner angelegt oder Dateien verschoben werden sollen.

Abb. 2.4: Git-Bash unter Windows

2.2 Das erste Repository

Da Git ein verteiltes Versionsverwaltungsprogramm ist, lassen sich alle Operationen an einem Repository vollständig lokal ausführen. Alle Git-Funktionen, die in diesem Kapitel erläutert werden, sind ohne Ausnahme lokale Befehle auf dem eigenen Rechner. Verbindungen zu externen Git-Servern werden also nicht aufgenommen.

Bevor Sie die ersten Dateien in ein Repository schieben können, müssen sie lokal angelegt werden. Da Git ein Kommandozeilenprogramm ist, müssen Sie jetzt unter Linux oder macOS das Terminal öffnen. Windows-Nutzer rufen an dieser Stelle die Git-Bash auf. Im Defaultzustand landet man dann im Home-Verzeichnis des Nutzerkontos. Dies ist etwa /home/svij unter Linux, C:\Users\svij unter Windows oder /Users/svij unter macOS. In diesem oder in einem anderen beliebigen Verzeichnis legen Sie nun einen Unterordner namens meineWebsite an, in dem das Repository und dessen Daten liegen sollen. Anschließend wechseln Sie mit dem cd-Befehl in das Verzeichnis.

```
$ mkdir meineWebsite
$ cd meineWebsite
```

In diesem Verzeichnis soll nun das Git-Repository angelegt werden. Dazu reicht ein einfaches Ausführen des folgenden Befehls:

```
$ git init
Hinweis: Als Name für den initialen Branch wurde 'master' benutzt.
Hinweis: Dieser Standard-Branchname kann sich ändern. Um den Namen des
Hinweis: initialen Branches zu konfigurieren, der in allen neuen
Hinweis: Repositories verwendet werden soll und um diese Warnung zu
Hinweis: unterdrücken, führen Sie aus:
Hinweis:
Hinweis:         git config --global init.defaultBranch <Name>
Hinweis:
Hinweis: Häufig gewählte Namen statt 'master' sind 'main', 'trunk' und
Hinweis: 'development'. Der gerade erstellte Branch kann mit diesem
Hinweis: Befehl umbenannt werden:
Hinweis:
Hinweis:         git branch -m <Name>
Leeres Git-Repository in /home/sujee/Repositorys/meineWebsite/.git/
initialisiert
```

Die Ausgabe des Befehls verrät schon, was passiert ist. Git hat innerhalb des Projekt-Ordners ein .git-Verzeichnis angelegt, in dem das leere Git-Repository liegt. Es liegen zwar Dateien und Verzeichnisse im .git-Verzeichnis, doch ist das Repository prinzipiell leer, da noch keine Daten und keine Revisionen hinterlegt sind. Das Verzeichnis ist auf allen Betriebssystemen versteckt. Das Gedächtnis des Git-Repositorys liegt vollständig im .git-Unterverzeichnis. Falls man das Verzeichnis löscht, sind auch alle gespeicherten Informationen des Repositorys gelöscht. Zum jetzigen Zeitpunkt wäre das natürlich nicht so tragisch, da es noch leer ist.

> **Hinweis**
>
> Kurz vor Drucklegung des Buches erschien Git in Version 2.30. Dort wurden die oben aufgeführten Hinweise ergänzt, damit im Standard Repositorys beim Erstellen nicht mit dem `master` Branch angelegt werden müssen. Für dieses Buch belasse ich es zunächst bei der Nutzung des `master` Branches.
>
> Was Branches sind und was die Namen genau zu bedeuten haben, folgt sowieso noch an späterer Stelle.

An dieser Stelle lohnt sich schon ein kleiner Blick in dieses Verzeichnis:

```
$ ls -l .git
insgesamt 12
```

```
drwxr-xr-x 1 sujee sujee   0 30. Dez 20:10 branches
-rw-r--r-- 1 sujee sujee  92 30. Dez 20:10 config
-rw-r--r-- 1 sujee sujee  73 30. Dez 20:10 description
-rw-r--r-- 1 sujee sujee  23 30. Dez 20:10 HEAD
drwxr-xr-x 1 sujee sujee 414 30. Dez 20:10 hooks
drwxr-xr-x 1 sujee sujee  14 30. Dez 20:10 info
drwxr-xr-x 1 sujee sujee  16 30. Dez 20:10 objects
drwxr-xr-x 1 sujee sujee  18 30. Dez 20:10 refs
```

Wie Sie sehen, liegen in dem .git-Verzeichnis einige Verzeichnisse und Dateien. Was genau darin passiert, ist an dieser Stelle zunächst irrelevant. Händisch muss in diesem Verzeichnis in der Regel zunächst nichts unternommen werden, außer wenn Sie Hooks – für das Ausführen von Skripten bei diversen Aktionen – oder die Konfiguration anpassen möchten. Allerdings sollten Sie die Dateien nur anfassen, wenn Ihnen bekannt ist, zu welchen Auswirkungen es führt, denn sonst können Sie das Repository kaputtmachen!

2.3 Git-Konfiguration

Da Sie bereits ein leeres Repository angelegt haben, können Sie nun ein Commit hinzufügen. Was genau ein Commit ist und wie es getätigt werden kann, wird später genau erläutert. Denn zunächst müssen Sie noch die Git-Installation konfigurieren.

Vorerst werden allerdings nur zwei Dinge konfiguriert: der eigene Entwicklername und die dazugehörige E-Mail-Adresse.

Mit den folgenden Befehlen können Sie den eigenen Namen und die eigene E-Mail-Adresse setzen:

```
$ git config --global user.name "Sujeevan Vijayakumaran"
$ git config --global user.email mail@svij.org
```

An dieser Stelle sollten Sie natürlich dann Ihren Namen und E-Mail-Adresse eintragen und nicht meine Daten.

Mit diesen beiden Befehlen wird die Datei .gitconfig im Home-Verzeichnis angelegt. Der Inhalt der Datei in ~/.gitconfig sieht anschließend so aus:

```
$ cat ~/.gitconfig
[user]
        name = Sujeevan Vijayakumaran
        email = mail@svij.org
```

Mit dem Befehl `git config -l` lässt sich die Konfiguration ebenfalls über die Kommandozeile ansehen.

Beachten Sie, dass bei den oben genannten Befehlen die Git-Identität global für das Benutzerkonto des Betriebssystems gesetzt wird. Wenn Sie für einzelne Git-Repositorys spezifische Einstellungen setzen möchten, reicht es, den Aufruf-Parameter `--global` wegzulassen. Die Konfiguration wird dann in die Datei `.git/config` im Projektordner gespeichert. Dies ist häufig dann sinnvoll, wenn Sie verschiedene E-Mail-Adressen für verschiedene Projekte nutzen. Das trifft beispielsweise dann zu, wenn Sie für die Erwerbsarbeit eine E-Mail-Adresse verwenden und für private Repositorys eine andere. Die angegebenen Informationen zu einem Entwickler sind für alle Personen einsehbar, die mindestens Lese-Rechte im Repository besitzen, sofern der Entwickler mindestens einen Commit getätigt hat.

2.4 Der erste Commit

An dieser Stelle startet das »echte« Arbeiten mit dem Git-Repository. Wie bereits vorher erwähnt, sind sowohl das Arbeitsverzeichnis als auch das Repository leer. Sie müssen daher einige Dateien in das Arbeitsverzeichnis schieben.

Zuvor lohnt sich noch ein Ausführen des Git-Kommandos `git status`:

```
$ git status
Auf Branch master
Noch keine Commits
nichts zu committen (erstellen/kopieren Sie Dateien und benutzen Sie
"git add" zum Versionieren)
```

Dieser Befehl gibt immer sinnvolle und praktische Informationen aus, die für das Arbeitsverzeichnis und für das Repository zu der entsprechenden Zeit hilfreich sind. Zum jetzigen Zeitpunkt teilt es mit, dass man sich auf dem Branch `master` befindet, noch keine Commits vorhanden sind und es noch nichts zu committen gibt. Es handelt sich demnach um ein noch leeres Repository.

Jetzt ist es an der Zeit, die ersten Dateien hinzuzufügen und den ersten Commit zu tätigen. Da in diesem Beispielprojekt das HTML5-Framework Bootstrap verwendet wird, müssen Sie dieses zunächst herunterladen und entpacken. Dies kann entweder händisch geschehen oder Sie führen folgende Befehle aus. Falls `curl` nicht installiert ist, was bei einigen Linux-Distributionen der Fall sein kann, können Sie es nachinstallieren, das Programm `wget` nutzen oder die Datei über den angegebenen Link händisch über den Browser herunterladen und entpacken.

```
$ curl -o bootstrap.zip -L https://github.com/twbs/bootstrap/ ↪
releases/download/v4.5.2/bootstrap-4.5.2-dist.zip
```

```
$ unzip bootstrap.zip
$ mv bootstrap-4.5.2-dist/* .
$ rmdir bootstrap-4.5.2-dist
$ rm bootstrap.zip
```

Einige der aufgeführten Befehle geben Text auf der Standard-Ausgabe aus, die ich hier aus Gründen der Übersichtlichkeit weggelassen habe. Über die Befehle wurde der Download getätigt, die Zip-Datei entpackt und somit ihr Inhalt in das Projektverzeichnis geschoben. Anschließend liegen im Projektverzeichnis dann zwei Unterverzeichnisse: css und js.

Abb. 2.5: Das Arbeitsverzeichnis ist gefüllt, Repository und Staging sind leer.

Obwohl die Dateien und Ordner im Projektordner liegen, sind die Dateien noch nicht im Repository. Sie müssen Git immer explizit mitteilen, dass Dateien in das Repository geschoben werden sollen.

Generell ist es durchaus häufig sinnvoll, den aktuellen Status im Arbeitsverzeichnis zu prüfen, deshalb lohnt sich jetzt ein Blick auf die Ausgabe von git status:

```
$ git status
Auf Branch master
Noch keine Commits
Unversionierte Dateien:
  (benutzen Sie "git add <Datei>...", um die Änderungen zum Commit
vorzumerken)
        css/
        js/
nichts zum Commit vorgemerkt, aber es gibt unversionierte Dateien
(benutzen Sie "git add" zum Versionieren)
```

Wie zu lesen ist, zeigt Git an, dass unbeobachtete Dateien vorhanden sind. Bei unbeobachteten Dateien handelt es sich um Dateien, die bisher nicht von Git verwaltet werden und somit noch unbekannt sind. Eine Versionierung der Dateien findet noch nicht statt. Mit dem Befehl `git add` können Sie nun Dateien zu dem sogenannten Staging-Bereich hinzufügen. Das ist der Bereich, in dem die Dateien hinzugefügt werden, um sie für einen Commit vorzumerken. Es ist dadurch eine Zwischenstufe zu einem Commit und wird häufig auch einfach kurz »Staging« oder »Index« genannt. Wenn im Git-Kontext von »Index« oder »Staging« die Rede ist, dann ist es genau dasselbe. Um die Dateien für einen Commit vorzumerken, müssen Sie den Ordner `css` zum Staging-Bereich hinzufügen:

```
$ git add css
```

Eine Ausgabe erfolgt an dieser Stelle nicht. Mit `git status` lässt sich erneut nachvollziehen, was geschehen ist, dies sieht dann wie folgt aus:

```
$ git status
Auf Branch master
Noch keine Commits
Zum Commit vorgemerkte Änderungen:
  (benutzen Sie "git rm --cached <Datei>..." zum Entfernen aus der
Staging-Area)
        neue Datei:     css/bootstrap-grid.css
        neue Datei:     css/bootstrap-grid.css.map
        neue Datei:     css/bootstrap-grid.min.css
        neue Datei:     css/bootstrap-grid.min.css.map
        neue Datei:     css/bootstrap-reboot.css
        neue Datei:     css/bootstrap-reboot.css.map
        neue Datei:     css/bootstrap-reboot.min.css
        neue Datei:     css/bootstrap-reboot.min.css.map
```

Kapitel 2
Die Grundlagen

```
        neue Datei:    css/bootstrap.css
        neue Datei:    css/bootstrap.css.map
        neue Datei:    css/bootstrap.min.css
        neue Datei:    css/bootstrap.min.css.map

Unversionierte Dateien:
  (benutzen Sie "git add <Datei>...", um die Änderungen zum Commit
vorzumerken)
        js/
```

Die Status-Ausgabe stellt Verzeichnisse und Dateien unterschiedlich dar. Das Verzeichnis `js` wird mit abschließendem Schrägstrich / dargestellt. Dadurch ist auf den ersten Blick zu erkennen, dass es sich um ein Verzeichnis und nicht um eine normale Datei handelt. Beim Hinzufügen zum Staging-Bereich müssen diese Schrägstriche nicht mit angegeben werden. Durch das Hinzufügen des Ordners `css` werden die einzelnen Dateien für den nächsten Commit vorgemerkt, da sie sich nun im Staging-Bereich befinden. Der Befehl `git add` hat also nicht viel mehr gemacht, als den Staging-Bereich zu füllen, indem es die zuvor noch nicht bekannten Daten dem Repository erstmals bekannt gemacht hat. An dieser Stelle ist allerdings immer noch kein Commit erstellt worden. Wenn Sie statt eines ganzen Verzeichnisses mit allen Dateien lieber nur einzelne Dateien hinzufügen möchten, geht das natürlich auch:

```
$ git add js/bootstrap.bundle.js
```

Auch hier erfolgt erneut keine Ausgabe, wenn die Ausführung erfolgreich war. An dieser Stelle bietet sich ein erneuter Blick auf den Status an:

```
$ git status
Auf Branch master
Noch keine Commits
Zum Commit vorgemerkte Änderungen:
  (benutzen Sie "git rm --cached <Datei>..." zum Entfernen aus der
Staging-Area)
        neue Datei:    css/bootstrap-grid.css
        neue Datei:    css/bootstrap-grid.css.map
        neue Datei:    css/bootstrap-grid.min.css
        neue Datei:    css/bootstrap-grid.min.css.map
        neue Datei:    css/bootstrap-reboot.css
        neue Datei:    css/bootstrap-reboot.css.map
        neue Datei:    css/bootstrap-reboot.min.css
```

```
        neue Datei:     css/bootstrap-reboot.min.css.map
        neue Datei:     css/bootstrap.css
        neue Datei:     css/bootstrap.css.map
        neue Datei:     css/bootstrap.min.css
        neue Datei:     css/bootstrap.min.css.map
        neue Datei:     js/bootstrap.bundle.js
Unversionierte Dateien:
  (benutzen Sie "git add <Datei>...", um die Änderungen zum Commit
vorzumerken)
        js/bootstrap.bundle.js.map
        js/bootstrap.bundle.min.js
        js/bootstrap.bundle.min.js.map
        js/bootstrap.js
        js/bootstrap.js.map
        js/bootstrap.min.js
        js/bootstrap.min.js.map
```

Der vorherige Befehl hat das komplette css-Verzeichnis zum Staging-Bereich hinzugefügt. Mit dem Hinzufügen einer einzelnen Datei wird von git status nicht mehr der Ordner allgemein, sondern explizit alle Dateien aufgelistet.

> **Tipp**
>
> Wer eine kleinere und kürzere Status-Ausgabe haben möchte, kann den Parameter -s anhängen.
>
> ```
> $ git status -s
> A  css/bootstrap-grid.css
> A  css/bootstrap-grid.css.map
> A  css/bootstrap-grid.min.css
> A  css/bootstrap-grid.min.css.map
> A  css/bootstrap-reboot.css
> A  css/bootstrap-reboot.css.map
> A  css/bootstrap-reboot.min.css
> A  css/bootstrap-reboot.min.css.map
> A  css/bootstrap.css
> A  css/bootstrap.css.map
> A  css/bootstrap.min.css
> A  css/bootstrap.min.css.map
> A  js/bootstrap.bundle.js
> ?? js/bootstrap.bundle.js.map
> ?? js/bootstrap.bundle.min.js
> ```

```
?? js/bootstrap.bundle.min.js.map
?? js/bootstrap.js
?? js/bootstrap.js.map
?? js/bootstrap.min.js
?? js/bootstrap.min.js.map
```

Der Befehl mit diesem Parameter gibt eine kürzere Ausgabe aus und beschränkt sich auf die nötigsten Ausgaben. Vor den Dateien stehen Buchstaben, die den Status angeben. »A« steht für »Added«, also wenn sich die Dateien im Staging-Bereich befinden. »??« ist für Dateien, die bisher noch nicht beobachtet werden. Weiterhin existiert noch ein » M« und ein »M «, zu beachten ist das Leerzeichen jeweils vor bzw. hinter dem »M«. Bei Ersterem handelt es sich um eine veränderte Datei, die sich im Staging-Bereich befindet, bei Letzterem wiederum handelt es sich um eine Datei, die sich nicht im Staging-Bereich befindet.

Der nächste Befehl fügt alle restlichen Dateien, die noch nicht beobachtet werden, hinzu:

```
$ git add js
```

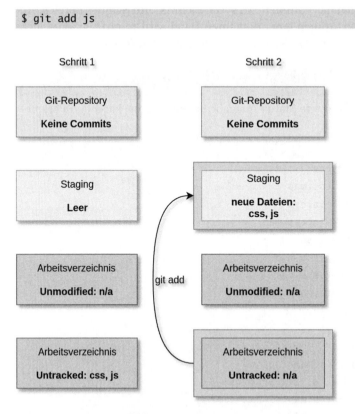

Abb. 2.6: Staging ist gefüllt, das Repository ist noch immer leer.

Wie an der Abbildung zu sehen ist, hat dieser Schritt den Staging-Bereich vollständig gefüllt. Es befinden sich alle Verzeichnisse des Arbeitsverzeichnisses im Staging-Bereich und sind bereit, in den ersten Commit und somit in das Repository geschoben zu werden.

Statt die Verzeichnisse einzeln hinzuzufügen, können Sie auch `git add -A` ausführen, um generell alle unbeobachteten und gegebenenfalls veränderten Dateien dem Staging-Bereich hinzuzufügen. Allerdings sollten Sie dabei stets aufpassen. Wenn Sie sichergestellt haben, dass keine anderen temporären Dateien vorhanden sind, können Sie den Befehl problemlos ausführen. Das ist in diesem Beispiel der Fall. Im Laufe von Entwicklungsarbeiten liegen aber häufig temporäre Dateien im Projektverzeichnis, die nicht in das Repository sollen. Falls doch die ein oder andere Datei unbeabsichtigt hinzugefügt wurde und diese gar nicht mit in den nächsten Commit soll, dann kann man sie mit `git rm --cached $DATEINAME` einfach wieder herausnehmen. Der Parameter `--cached` ist hierbei wichtig, denn sonst wird die Datei gelöscht!

Nach einem erneuten Ausführen von `git status` werden alle dem Staging-Bereich hinzugefügten Dateien aus den zwei Unterordnern aufgelistet. Es bietet sich nicht nur für Anfänger an, jedes Mal zu überprüfen, ob die richtigen Dateien hinzugefügt wurden, bevor der Commit getätigt wird.

```
$ git status
Auf Branch master
Noch keine Commits
Zum Commit vorgemerkte Änderungen:
  (benutzen Sie "git rm --cached <Datei>..." zum Entfernen aus der
Staging-Area)
        neue Datei:     css/bootstrap-grid.css
        neue Datei:     css/bootstrap-grid.css.map
        neue Datei:     css/bootstrap-grid.min.css
        neue Datei:     css/bootstrap-grid.min.css.map
        neue Datei:     css/bootstrap-reboot.css
        neue Datei:     css/bootstrap-reboot.css.map
        neue Datei:     css/bootstrap-reboot.min.css
        neue Datei:     css/bootstrap-reboot.min.css.map
        neue Datei:     css/bootstrap.css
        neue Datei:     css/bootstrap.css.map
        neue Datei:     css/bootstrap.min.css
        neue Datei:     css/bootstrap.min.css.map
        neue Datei:     js/bootstrap.bundle.js
        neue Datei:     js/bootstrap.bundle.js.map
        neue Datei:     js/bootstrap.bundle.min.js
```

Kapitel 2
Die Grundlagen

```
        neue Datei:     js/bootstrap.bundle.min.js.map
        neue Datei:     js/bootstrap.js
        neue Datei:     js/bootstrap.js.map
        neue Datei:     js/bootstrap.min.js
        neue Datei:     js/bootstrap.min.js.map
```

Hiermit können Sie verifizieren, dass wirklich alle neuen Dateien hinzugefügt und keine vergessen wurden. Nach der Überprüfung können Sie den ersten Commit erzeugen. Er enthält dann genau die Dateien, die Sie zuvor mit `git add` zum Staging-Bereich hinzugefügt haben. Dateien, die gegebenenfalls ausgelassen wurden, bleiben unangetastet.

Aber was ist nun ein Commit? Ein Commit ist ein »Snapshot« aller im Dateien. Es ist quasi eine vollständige Version die abgespeichert wird, damit Sie später zwischen den Versionen hin- und herspringen können und sich die Unterschiede anzeigen lassen können. Referenziert werden die Commits über eine 40-stellige ID, wobei da in der Regel die kurze Variante mit nur 7 Stellen genutzt werden kann.

Mit dem folgenden Befehl wird der erste Commit erzeugt:

```
$ git commit -m "Füge Bootstrap Dateien hinzu"
[master (Basis-Commit) 8089134] Füge Bootstrap Dateien hinzu
 20 files changed, 25935 insertions(+)
 create mode 100644 css/bootstrap-grid.css
 create mode 100644 css/bootstrap-grid.css.map
 create mode 100644 css/bootstrap-grid.min.css
 create mode 100644 css/bootstrap-grid.min.css.map
 create mode 100644 css/bootstrap-reboot.css
 create mode 100644 css/bootstrap-reboot.css.map
 create mode 100644 css/bootstrap-reboot.min.css
 create mode 100644 css/bootstrap-reboot.min.css.map
 create mode 100644 css/bootstrap.css
 create mode 100644 css/bootstrap.css.map
 create mode 100644 css/bootstrap.min.css
 create mode 100644 css/bootstrap.min.css.map
 create mode 100644 js/bootstrap.bundle.js
 create mode 100644 js/bootstrap.bundle.js.map
 create mode 100644 js/bootstrap.bundle.min.js
 create mode 100644 js/bootstrap.bundle.min.js.map
 create mode 100644 js/bootstrap.js
 create mode 100644 js/bootstrap.js.map
```

```
create mode 100644 js/bootstrap.min.js
create mode 100644 js/bootstrap.min.js.map
```

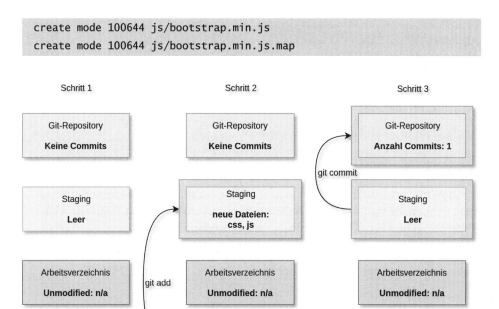

Abb. 2.7: Der erste Commit ist getätigt, Staging ist anschließend leer.

Der Befehl `git commit` speichert die Dateien aus dem aktuellen Staging-Bereich in einen Commit. Mit dem Parameter -m können Sie eine Commit-Nachricht direkt übergeben. Diese fasst in der Regel die aktuellen Änderungen zusammen, sodass sowohl Sie als auch andere Mitarbeiter mit Zugang zu dem Repository die Änderungen in dem Commit möglichst schnell und einfach nachvollziehen können. Wichtig ist vor allem, dass beschrieben wird, warum etwas getätigt wurde und nicht was. Was geändert wurde, ist im Commit selbst ersichtlich. In diesem Beispielprojekt ist das hingegen noch nicht sehr relevant. Wie in der Abbildung verdeutlicht wird, ist der Staging-Bereich nach dem Commit leer. Der Prozess beim Committen sieht also prinzipiell so aus, dass die Änderungen – dazu zählen auch neue Dateien – zwischen die »Schichten« geschoben werden. Wenn Sie Dateien mit `git add` hinzufügen und mit `git commit` den Commit erzeugen, gehen die Dateien jeweils eine Schicht nach oben. Mit `git reset` können Sie die Änderungen auf verschiedene Arten wieder auf die unteren Schichten holen. Dazu folgen allerdings an späterer Stelle mehr Informationen. Zum Schluss sind vier statt drei Schichten dargestellt. Neben »Untracked« gibt es noch »Unmodified«. In »Untracked« liegen die unbeobachteten Dateien und in »Unmodified« nach dem ersten Commit die Dateien, die verändert werden könnten.

> **Hinweis**
>
> Wenn allerdings der Commit-Befehl ohne den Parameter -m ausführt wird, öffnet sich stattdessen der Standard-Editor, in dem dann die Commit-Nachricht eingetippt werden kann. Dies ist häufig der Konsoleneditor »vim«. Mit dem folgenden Befehl kann man den Editor auf den simplen Konsoleneditor »nano« ändern:
>
> ```
> $ git config --global core.editor nano
> ```
>
> Bei Windows-Nutzern wird bei der Installation von Git die Konfiguration des Standard-Editors abgefragt. Wer dies verpasst hat, kann auch unter Windows »nano« nutzen. Alternativ lässt sich auch der persönlich präferierte Editor nutzen, wozu man statt nano den Namen oder direkten Pfad zum Editor im obigen Befehl angeben muss. Für Notepad++ sähe das dann so aus:
>
> ```
> $ git config --global core.editor "'C:/Program Files/Notepad++/
> notepad++.exe' -multiInst -nosession"
> ```

Nach dem ersten Commit können Sie noch einmal den `git status`-Befehl ausführen:

```
$ git status
Auf Branch master
nichts zu committen, Arbeitsverzeichnis unverändert
```

Der erste Commit ist also getätigt. Dieser wird häufig »initialer Commit« oder »Basis-Commit« genannt, weil er der erste Commit des Repositorys ist, auf dem die anderen Commits aufbauen. Kleiner Hinweis am Rande: Der erste Commit lässt sich im Nachhinein nicht mehr ändern. Das ist bei insgesamt einem Commit im Repository nicht so hinderlich. Alle anderen Commits lassen sich auch nach dem Erzeugen des Commits anpassen, dazu aber später mehr. Alternativ lässt sich als initialer Commit auch ein komplett leerer Commit erzeugen, der keine Dateien oder Änderungen enthält. Dazu muss man nach der Initialisierung `git commit --allow-empty` ausführen. Mit `git log` können Sie sich die Historie des Repositorys ansehen. Bei lediglich einem Commit ist sie in diesem Fall natürlich sehr kurz.

```
$ git log
commit 808913470b714257dcc836e23dcad0bc532e249e (HEAD -> master)
Author: Sujeevan Vijayakumaran <mail@svij.org>
Date:   Sun Oct 11 19:49:26 2020 +0200

    Füge Bootstrap Dateien hinzu
```

Abb. 2.8: Der erste Commit auf dem `master`-Branch

Jeder Commit besitzt eine eindeutige ID, über die er referenziert werden kann. Sie kann unter anderem genutzt werden, um etwa das Log zwischen zwei verschiedenen Revisionen darzustellen, explizit zu dem Stand des Commits zu wechseln oder die Änderungen des Commits rückgängig zu machen. Die ID ist genau genommen die SHA-1-Checksumme, die aus den Änderungen berechnet wird. Zusätzlich werden in einem Commit noch das Datum, der Autor, der Committer und eben die Commit-Nachricht vermerkt.

Der erste Commit ist an dieser Stelle also erstellt. Wirkliche Änderungen wurden im Projekt bislang noch nicht vorgenommen. Um das Beispiel-Projekt mit der Website fortzuführen, müssen Sie nun die `index.html` mit dem folgenden Inhalt anlegen:

```html
<!doctype html>
<html lang="en">
  <head>
    <!-- Required meta tags -->
    <meta charset="utf-8">
    <meta name="viewport" content="width=device-width, initial-scale=1, shrink-to-fit=no">

    <!-- Bootstrap CSS -->
    <link rel="stylesheet" href="css/bootstrap.min.css">

    <title>Hello, world!</title>
  </head>
  <body>
    <h1>Hello, world!</h1>

    <!-- Optional JavaScript -->
    <!-- jQuery first, then Popper.js, then Bootstrap JS -->
    <script src="https://code.jquery.com/jquery-3.5.1.slim.min.js" integrity="sha384-DfXdz2htPH0lsSSs5nCTpuj/zy4C+OGpamoFVy38MVBnE+IbbVYUew+OrCXaRkfj" crossorigin="anonymous"></script>
    <script src="https://cdn.jsdelivr.net/npm/popper.js@1.16.0/dist/umd/popper.min.js" integrity="sha384-Q6E9RHvbIyZFJoft+2mJbHaEWldlvI9IOYy5n3zV9zzTtmI3UksdQRVvoxMfooAo" crossorigin="anonymous"></script>
    <script src="js/bootstrap.min.js"></script>
```

```
    </body>
</html>
```

Den Inhalt müssen Sie nicht abtippen. Den Inhalt finden Sie unter `https://svij.org/uploads/git-workshop/index.txt`. Achtung: Ich habe es bewusst als Textdatei abgelegt, damit Sie es sich einfach kopieren können. Lokal sollten Sie es sich auf jeden Fall als `index.html` im Projektverzeichnis abspeichern.

Diese Datei können Sie mit einem beliebigen Browser öffnen. Sowohl der Seitentitel, der in der Tab-Leiste dargestellt wird, als auch der Inhalt der eigentlichen Website zeigen den Text »Hello, world!« an. HTML ist in diesem Buch natürlich nicht das Thema, allerdings ist es hilfreich, grob zu verstehen, wie der oben aufgeführte HTML-Code funktioniert. Er unterteilt sich in den Head- und den Body-Bereich, die durch die entsprechenden Tags in den spitzen Klammern gekennzeichnet sind. So wird darin unter anderem der Titel der Website spezifiziert und das Stylesheet geladen, das später Design-Elemente wie Buttons bereitstellt. Im Body wird eine Überschrift der ersten Ebene definiert, ebenfalls mit dem Text »Hello, world!«. Daneben wird noch JavaScript-Code geladen, der für dieses Buch nicht weiter interessant ist. Wie schon im vorherigen Kapitel erwähnt, ist es das Ziel, anhand dieser kleinen Website die verschiedenen Funktionen von Git exemplarisch an einem Projekt vorzustellen.

Die `index.html`-Datei ist zwar lokal auf dem Rechner verfügbar, sie befindet sich allerdings noch nicht im Repository. Beim ersten Commit wurden zwar alle Dateien aus dem Verzeichnis in das Repository geschoben, allerdings existierte die `index.html`-Datei zu dem Zeitpunkt noch nicht. Diese können Sie, wie zuvor erklärt, mit einem einfachen `git add` in den Staging-Bereich überführen und mit `git commit` zum Repository hinzufügen.

```
$ git add index.html
$ git commit -m "Füge index.html hinzu"
[master 50d3b52] Füge index.html hinzu
 1 file changed, 22 insertions(+)
 create mode 100644 index.html
```

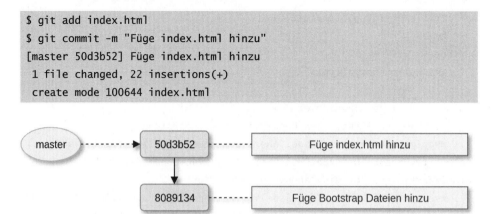

Abb. 2.9: Der zweite Commit auf dem Branch `master`

Somit wurde nun ein zweiter Commit erzeugt, der nur die neuen Änderungen beinhaltet. Dieser umfasst die neue Datei `index.html`, die 22 Zeilen enthält. Die Ausgabe von `git commit` zeigt dankenswerterweise ein paar nützliche Informationen an. So wurde eine Datei verändert und in der darauf folgenden Zeile wird auch hervorgehoben, dass es sich um eine neue Datei handelt.

Weiterhin wird auch der Modus mit der Ziffernfolge »100644« ausgegeben. Diese gibt sowohl den Typ der Datei als auch die Berechtigungen an. Für Sie als Endanwender ist dieser Teil der Ausgabe wohl in der Regel irrelevant. Sinnvoll hingegen ist, dass Sie direkt an dieser Stelle schon erkennen können, ob nicht vielleicht zu viele oder zu wenige Dateien zum Commit hinzugefügt wurden.

Zurück zum Projekt: Das Grundgerüst steht an dieser Stelle. Die Startseite `index.html` können Sie nun nach Belieben anpassen. Um die Seite inhaltlich mehr in den Git-Kontext zu rücken, bietet es sich an, den Titel der Website zu verändern und statt der Welt einfach mal Git »Hallo« zu sagen. Der Titel steht in der siebten Zeile der `index.html`-Datei. Sie können ihn einfach durch folgende Zeile ersetzen:

```
<title>Meine Website mit Git!</title>
```

Anschließend müssen Sie noch die Überschrift ersetzen. Da Git gegrüßt werden möchte, kann die entsprechende Zeile wie folgt lauten:

```
<h1>Hallo Git!</h1>
```

Sie können die Datei mit einem beliebigen Editor bearbeiten. Nachdem beide Änderungen durchgeführt wurden, können Sie sich die Änderungen mittels des Kommandos `git diff` ansehen. Davor lohnt sich wieder ein Blick auf die Ausgabe von `git status`.

```
$ git status
Auf Branch master
Änderungen, die nicht zum Commit vorgemerkt sind:
  (benutzen Sie "git add <Datei>...", um die Änderungen zum Commit
vorzumerken)
  (benutzen Sie "git restore <Datei>...", um die Änderungen im
Arbeitsverzeichnis zu verwerfen)
        geändert:       index.html
keine Änderungen zum Commit vorgemerkt (benutzen Sie "git add" und/oder
"git commit -a")
```

Beim Ausführen des Kommandos bemerkt Git, dass sich der Inhalt von `index.html` verändert hat. Die Status-Ausgabe gibt zusätzlich an, mit welchem Befehl Sie die Änderung zu einem Commit vormerken und wie sie wieder rückgängig gemacht werden kann. Zunächst bietet es sich an, die Änderungen anzuschauen. Diese sind zwar in diesem Beispiel trivial, dies ändert sich in echten Projekten allerdings sehr schnell.

```
$ git diff
diff --git a/index.html b/index.html
index ccb5aca..dcd955c 100644
--- index.html
+++ index.html
@@ -8,10 +8,10 @@
    <!-- Bootstrap CSS -->
    <link rel="stylesheet" href="css/bootstrap.min.css" integrity="sha384-9aIt2nRpC12Uk9gS9baDl411NQApFmC26EwAOH8WgZl5MYYxFfc+NcPb1dKGj7Sk" crossorigin="anonymous">

-    <title>Hello, world!</title>
+    <title>Meine Website mit Git!</title>
  </head>
  <body>
-    <h1>Hello, world!</h1>
+    <h1>Hallo Git!</h1>

    <!-- Optional JavaScript -->
    <!-- jQuery first, then Popper.js, then Bootstrap JS -->
```

Die Ausgabe von `git diff` zeigt letztendlich die Änderungen an der Datei an. Dabei wird immer ein Ausschnitt einer Datei dargestellt und die veränderten Zeilen mit einem »+« und »-« hervorgehoben. Wenig überraschend steht das Minus am Beginn einer Zeile für eine entfernte Zeile und das Plus für eine neue Zeile. Dies gilt sowohl für neue und entfernte Zeilen als auch für Veränderungen an einer Zeile.

> **Tipp**
>
> Zur besseren Übersicht über die Ausgaben von Git im Terminal bietet es sich an, die Farbausgabe zu aktivieren. Diese kann man global in der Konfiguration mit folgendem Befehl setzen:
>
> ```
> $ git config --global color.ui true
> ```

Zusätzlich zu dem Plus- und Minus-Zeichen bei den Änderungen werden gelöschte Zeilen mit roter Schriftfarbe hervorgehoben und für hinzugefügte Zeilen ist es die grüne Farbe. Das erleichtert das Ansehen von Diffs ungemein. Bei den meisten Installationen dürfte diese Konfiguration bereits im Standard aktiviert sein.

Falls alle Änderungen korrekt sind, können Sie die geänderten Dateien wie gehabt zum Staging-Bereich hinzufügen und anschließend den Commit erzeugen. Dies ist dann der dritte Commit.

```
$ git status
[...]
$ git add index.html
$ git commit -m "Ändere Überschrift und Titel"
[master d9ce51e] Ändere Überschrift und Titel
 1 file changed, 2 insertions(+), 2 deletions(-)
```

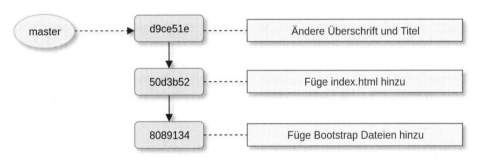

Abb. 2.10: Der dritte Commit auf dem `master`-Branch

Etwas konfus werden die Ausgaben von `git diff`, wenn sich etwa einzelne Änderungen im Staging-Bereich befinden, die allerdings noch nicht in einem Commit sind. Wenn Sie nach dem letzten Commit keine Änderungen vorgenommen haben, gibt es keine Ausgabe beim Ausführen von `git diff`. Nun sollten Sie eine zweite Überschrift unterhalb der ersten Überschrift setzen, um die verschiedenen Modi von `git diff` hervorzuheben. Fügen Sie dazu folgende Zeile ein:

```
<h2>Endlich lerne ich Git.</h2>
```

Mit `git status` kann man wie gehabt nachvollziehen, dass `index.html` verändert wurde. Ein Blick auf `git diff` zeigt die hinzugefügte Zeile in der Datei an, so weit klar. Anders ist es allerdings, wenn die Datei zum Staging-Bereich hinzugefügt wird und man sich anschließend das Diff anschaut.

```
$ git add index.html
$ git diff
```

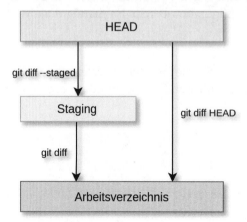

Abb. 2.11: Die verschiedenen Modi von `git diff` zeigen die Unterschiede der unterschiedlichen Schichten.

> **Hinweis**
>
> Es ist auch möglich, Änderungen häppchenweise zu stagen und zu committen. Dies geht mit dem Befehl `git add -p`. Er ist hilfreich, wenn nur Teile einer Änderung in einen Commit fließen sollen. Eine nähere Erläuterung dazu findet sich in Abschnitt 9.11.

Wie Sie sehen, wird jetzt keine Änderung mehr angezeigt, obwohl Änderungen in der aktuellen Datei im Vergleich zum letzten Commit vorhanden sind. Das liegt daran, dass `git diff` immer nur die Änderungen zum letzten Commit anzeigt, die noch nicht im Staging-Bereich sind. Es zeigt also nur die Änderungen zwischen dem Arbeitsverzeichnis und dem Staging an, wie in der Grafik auch zu erkennen ist. Das hat den Vorteil, dass man sich bei größeren Änderungen immer wieder das Diff anschauen und nach und nach die Dateien zum Staging-Bereich hinzufügen kann und dabei eine gute Übersicht hat, welche Änderungen noch nicht im Staging-Bereich sind.

Es gibt zusätzlich die Möglichkeit, die Unterschiede zwischen dem Staging-Bereich und HEAD anzuschauen. Der HEAD ist der aktuell ausgecheckte Commit. Dies entspricht in vielen Fällen dem aktuellsten Commit des ausgecheckten Branches. Um sich nun den Unterschied zwischen Staging-Bereich und HEAD anzuschauen, können Sie sowohl `git diff --staged` als auch `git diff --cached` verwenden. Unterschiede zwischen den beiden Befehlen gibt es keine, sodass sie synonym verwendet werden können. Auch eine Kombination aus `git diff` und `git diff`

`--staged` ist möglich. `git diff HEAD` gibt alle Änderungen aus dem Arbeitsverzeichnis im Vergleich zum ausgecheckten Commit aus. Das sind dann auch alle Änderungen, die in einen Commit einfließen würden, wenn man `git commit -a` ausführt. Letzterer Befehl kombiniert `git add` und `git commit`, sodass alle geänderten Dateien direkt und ohne Umwege über den Staging-Bereich in einem neuen Commit gespeichert werden.

Aus diesen Änderungen soll allerdings kein Commit erzeugt werden. Weiter vorne habe ich schon kurz ohne Praxis-Beispiel beschrieben, wie die Änderung aus dem Staging-Bereich wieder ausgetragen werden kann. Der Befehl `git status` macht es dem Nutzer zum Glück einfach und schlägt direkt die nächsten Schritte vor. Mit `git restore --staged index.html` kann man die Änderung wieder aus dem Staging-Bereich nehmen.

```
$ git restore --staged index.html
```

> **Hinweis**
>
> Der `git restore`-Befehl existiert erst seit der Git-Version 2.23, die im August 2019 erschienen ist. Sowohl in älteren als auch in neueren Versionen kann dafür auch folgender Befehl genutzt werden:
>
> ```
> $ git reset HEAD index.html
> ```
>
> Der `git restore`-Befehl wurde eingeführt, um die Usability von Git zu verbessern und somit das Benutzen von Git einfacher zu gestalten. In diesem Beispiel ist schließlich `restore` ein passenderer Begriff als `reset`.

Die Änderung ist nicht verloren gegangen, sodass sie wieder in den Staging-Bereich und anschließend in einen Commit fließen kann, wenn dies gewünscht ist. An dieser Stelle soll die Änderung allerdings wieder vollständig zurückgenommen werden. Die naive Herangehensweise wäre, die Datei händisch zu öffnen und die hinzugefügte Zeile zu löschen. Bei kleinen Änderungen ist das zwar möglich, einfacher geht es allerdings, wenn Sie sich die Ausgabe von `git status` erneut genauer anschauen. Auch hier gibt Git mal wieder eine nützliche Hilfestellung. Die Änderung kann nämlich mit dem folgenden Befehl wieder entfernt werden:

```
$ git restore index.html
```

In diesem Fall muss also der Parameter `--staged` weggelassen werden, um die Änderung zu verwerfen. Zur Wiederholung: Mit `git restore --staged` holt man sich die Änderungen vom Staging-Bereich wieder heraus und mit `git restore` verwirft man die Änderung vollständig.

> **Hinweis**
>
> Der folgende Befehl ermöglicht das Verwerfen der Datei mit dem `git checkout`-Befehl. Dies ist insbesondere dann nötig, wenn Sie eine ältere Git-Version als 2.23 einsetzen.
>
> ```
> $ git checkout -- index.html
> ```
>
> Der Checkout-Befehl wird im dritten Kapitel genauer behandelt, wenn es um das Arbeiten mit Branches geht. Wichtig sind in diesem Kontext allerdings die beiden Minus-Zeichen, nach denen dann der Pfad zu einer oder mehreren Dateien folgen kann. Eine Ausgabe erfolgt im Erfolgsfall nicht.

Interessant wird es, wenn mehrere Änderungen an einer Datei gemacht wurden, die man in einzelne Commits verpacken möchte. Die Größe von Commits sollte immer nur so klein wie möglich und so groß wie nötig sein. Konkret heißt das, dass ein Commit immer eine logische Änderung enthalten soll. Wenn Sie in Projekten wie dieser statischen Website arbeiten, dann sollten Sie zum Beispiel Inhalte auf Unterseiten nur dann in einem Commit zusammenfassen, wenn sie strikt zusammengehören.

Wird beispielsweise eine »Über mich«-Seite angelegt, dann sollte das eher nicht zusammen mit einer Seite über Naturfotografie in einem Commit enthalten sein. Das ist vor allem beim Arbeiten im Team hilfreich, denn jeder im Team kann dann anhand des Logs nachvollziehen, welche Änderungen von welcher Person aus welchem Grund bzw. mit welcher Notiz durchgeführt wurden.

Die Commit-Nachricht sollte daher auch immer eine sinnvolle Beschreibung der durchgeführten Änderung sein. Commit-Nachrichten à la »Aktueller Stand«, »Korrektur« oder »Fertig!« sollten Sie zum eigenen Wohl und zum Wohle des Teams vermeiden, da daraus überhaupt nicht ersichtlich wird, was sich hinter der Beschreibung verbirgt. In welchem Level die Verständlichkeit der Commit-Nachrichten forciert werden soll, hängt immer vom Team ab. Dazu folgt allerdings in Kapitel 6 des Buches noch eine genauere Betrachtung, wenn es um die Workflows geht.

2.4.1 Versionierte Dateien mit »git mv« verschieben

Dateien, die bereits versioniert sind, können Sie mit dem `git mv`-Kommando innerhalb des Projektordners verschieben. Es ist eine kürzere Form, als die Dateien händisch zu verschieben und einzeln zum Staging-Bereich zu schieben.

```
$ git mv alterDateiname neuerDateiname
```

Der obige Befehl tut prinzipiell dasselbe wie die folgenden Befehle:

```
$ mv alterDateiname neuerDateiname
$ git add neuerDateiname
$ git rm alterDateiname
```

Wie Sie sehen, gibt es auch `git rm`, womit Dateien aus dem Repository entfernt werden können. Git erkennt zwar eine Umbenennung der Datei, doch man hat bei einigen Gelegenheiten keine Chance, den Dateinamen herauszufinden, wenn etwa Änderungen über Patch-Dateien hinzugefügt werden. Dies wirkt sich auf die Historie einer einzelnen Datei aus. Diese zeigt defaultmäßig die Umbenennung nämlich nicht an. Die ältere Historie lässt sich nur über den `--follow`-Parameter abrufen. Konkret sähe es dann so aus:

```
$ git log --follow neuerDateiname
```

2.5 Änderungen rückgängig machen mit Reset und Revert

In den vorherigen Abschnitten ging es bereits kurz um das Rückgängigmachen von Änderungen. Änderungen können auf verschiedene Arten rückgängig gemacht werden. Diese hängen jeweils davon ab, in welchem Zustand sich die Änderung befindet. Es macht dadurch einen Unterschied, ob die Änderung in einem Commit steckt oder nur im Staging-Bereich ist. An dieser Stelle gehe ich zunächst nur auf die Grundlagen ein, da Branches und ihr Einsatz bis zu dieser Stelle noch nicht behandelt wurden.

2.5.1 Revert

Mit `git revert` können Sie einzelne Commits rückgängig machen. Dies betrifft daher nur Änderungen, die in Commits gespeichert werden. Am einfachsten lässt sich das Verhalten nachvollziehen, wenn Sie etwa am Ende der Datei `index.html` eine beliebige Zeile hinzufügen und daraus den Commit erzeugen, der im Anschluss zurückgenommen werden soll.

```
$ echo "Die Zeile für den Revert" >> index.html
$ git commit -am "Zeile hinzugefügt, um diese zu revertierten"
[master c8184a3] Zeile hinzugefügt, um diese zu reverten
 1 file changed, 1 insertion(+)
```

Die Änderung ist an dieser Stelle nun im Repository. Mit `git revert` und der Commit-ID lässt sich die Änderung wieder zurücknehmen.

```
$ git revert c8184a3
```

Im Anschluss öffnet sich der Editor mit der folgenden Nachricht:

```
Revert "Zeile hinzugefügt, um diese zu reverten"
This reverts commit c8184a3831ba4b913a2fc406389c13cf30ea456e.
```

Der `revert`-Befehl erwartet also eine Commit-Nachricht, die nicht verändert werden sollte, da Revert-Commits, die nicht als solche ersichtlich sind, stark verwirren können, wenn sich jemand die Historie anschaut. Mit `revert` wird also ein zusätzlicher Commit erzeugt, der den angegebenen Commit rückgängig macht. Die Historie sieht dann so aus:

```
$ git log --pretty=oneline
5292ec9a8b27e80e10291b6e Revert "Zeile hinzugefügt, um diese zu
reverten"
c8184a3831ba4b913a2fc4063 Zeile hinzugefügt, um diese zu reverten
```

Dies ist somit keine Option, die Sie nutzen sollten, wenn Änderungen komplett verschwinden sollen, da sie dadurch weiterhin in der Historie bleiben. Die Revert-Option bietet sich immer dann an, wenn der Branch mit anderen Personen geteilt wird und somit schon veröffentlicht wurde. Falls dies nicht der Fall ist und Sie möchten, dass die Überreste aus der Historie verschwinden, bietet sich ein Entfernen über das interaktive Rebasen an. Dies wird in Kapitel 6 thematisiert. Alternativ ist es auch möglich, `reset` zu nutzen.

2.5.2 Reset

Im vorherigen Schritt wurde zum Darlegen der Revert-Funktion ein Commit angelegt und wieder rückgängig gemacht, weshalb jetzt unnötige Commits in der Historie liegen. Diese können entweder über ein interaktives Rebasen entfernt werden oder man nutzt `reset`.

Es gibt verschiedene Modi bei der Nutzung von `reset`. Bereits in diesem Kapitel ging es darum, wie Änderungen wieder aus dem Staging-Bereich entfernt werden können. Dazu gibt es seit der Version 2.23 den Befehl `git restore --staged index.html`. Zusätzlich kann man das Gleiche erreichen mit der Ausführung von `git reset HEAD index.html`. Die Änderungen selbst sind weiterhin darin enthalten und können mit `git restore index.html` rückgängig gemacht werden. Alternativ existiert auch weiterhin der ältere Befehl `git checkout -- index.html`.

2.5 Änderungen rückgängig machen mit Reset und Revert

So viel zur Wiederholung. Reset besitzt drei verschiedene Modi: »soft«, »mixed« und »hard«. Jeder Modus hat eine andere Verhaltensweise, die Sie sich einprägen sollten, um das nicht jedes Mal nachschlagen zu müssen.

Ziel im nächsten Schritt ist das Rückgängigmachen der letzten beiden Commits, die beim Revert angelegt wurden.

```
$ git reset HEAD~2
$ git log --pretty=oneline -n 2
d9ce51e Ändere Überschrift und Titel
50d3b52 Füge index.html hinzu
```

Das war die einfachste Variante, die beiden Commits rückgängig zu machen. Mit HEAD~2 wird angegeben, dass die letzten beiden Commits von HEAD rückgängig gemacht werden sollen. Im Arbeitsverzeichnis ist kein Unterschied zu erkennen, da die beiden Beispiel-Commits sich ja sowieso durch den vorherigen Revert gegenseitig aufgehoben haben. Anzumerken ist weiterhin, dass bei keiner Angabe eines Parameter immer defaultmäßig --mixed ausgeführt wird. Um das Verhalten besser nachvollziehen zu können, bietet sich ein weiteres Beispiel an, wozu Sie erneut eine Zeile in `index.html` hinzufügen.

```
$ echo "Die Zeile für den Reset" >> index.html
$ git commit -am "Füge Zeile für den Reset hinzu"
[master 556a3a5] Füge Zeile für den Reset hinzu
 1 file changed, 1 insertion(+)
```

Anschließend können Sie erneut `reset` ausführen, diesmal mit einem, statt zwei Commits.

```
$ git reset HEAD~1
$ git status -s
 M index.html
```

Der Commit wurde rückgängig gemacht, die Änderung ist allerdings immer noch enthalten, so findet sich die zusätzliche Zeile weiterhin in der Datei. Anders sieht es aus, wenn der Commit zurückgenommen werden soll, die Änderungen aber im Staging-Bereich verbleiben sollen. Dazu können Sie wieder die Änderung zum Staging-Bereich hinzufügen und den Commit erzeugen.

```
$ git add index.html
$ git commit -m "Füge Zeile für den Reset hinzu"
$ git reset --soft HEAD~1
```

```
$ git status
[...]
zum Commit vorgemerkte Änderungen:
  (benutzen Sie "git restore --staged <Datei>..." zum Entfernen aus der
Staging-Area)
        geändert:       index.html
```

Mit dem Parameter `--soft` ist es somit möglich, den letzten Schritt vor dem Commit rückgängig zu machen. Dies bietet sich immer dann an, wenn Sie feststellen, dass noch einige Änderungen in den letzten Commit hätten fließen sollen.

Die letzten beiden Varianten waren die »weichen« Varianten, da kein Verlust der Änderung droht. Anders sieht es aus, wenn ein harter Reset ausgeführt wird. Dazu müssen Sie wieder ein Commit erzeugen, der dann mit `reset --hard` rückgängig gemacht wird.

```
$ git commit -m "Füge Zeile für den Reset hinzu"
$ git reset --hard HEAD~1
```

In diesem Fall verschwindet nicht nur der Commit vollständig, sondern es ist auch die Änderung an sich verschwunden. Der Befehl sollte also nur dann ausgeführt werden, wenn die Änderungen wirklich nicht gebraucht werden.

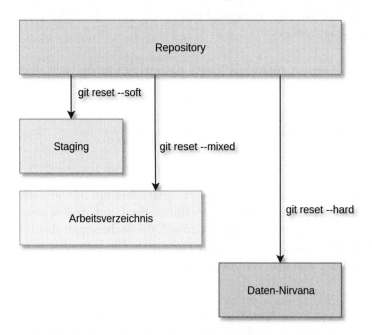

Abb. 2.12: Die Unterschiede zwischen den verschiedenen Modi

Deshalb gilt: Ein Soft-Reset wird immer dann durchgeführt, wenn der Commit rückgängig gemacht werden, die Änderung aber nicht verloren gehen soll. Ein Hard-Reset wird immer dann ausgeführt, wenn sowohl die Änderung als auch der Commit entfernt werden kann. Die Daten landen quasi im Daten-Nirvana und lassen sich nicht wiederherstellen. Das Hard-Reset wird häufiger im Zusammenhang mit dem Arbeiten mit Branches und Remote-Repositorys gebraucht, die in Kapitel 3 und 4 nochmals erläutert werden.

> **Wichtig**
>
> Nutzen Sie niemals `git reset` mit `--hard` oder `--merge`, wenn veränderte Dateien im Arbeitsverzeichnis liegen, die nicht in einem Commit oder im Stash sind. Sonst gibt es Datenverlust!

Der Reset-Befehl kann mit verschiedenen Parametern aufgerufen werden. In den Beispielen wurde immer nur über HEAD auf die Commits referenziert. Dies ist bei kleinen Schritten problemlos möglich, aber die Commits können auch anders referenziert werden:

- `bf55e27b8f486c1e41754f6c3bebbd0e74c5a5fa` – vollständige Commit-ID
- `bf55e27` – kurze Commit-ID
- `HEAD~2` – vorletzter Commit von HEAD ausgehend
- `master~2` – vorletzter Commit auf `master`
- `master^^^` – drittletzter Commit auf `master`
- `master@{4}` – viertletzter Commit vom aktuellen HEAD von `master`

2.6 Git mit GUI

Das Buch fokussiert sich größtenteils auf die Kommandozeilen-Befehle von Git, nicht nur, weil es ein Kommandozeilen-Programm ist, sondern auch, weil damit die Funktionen besser erklärt werden können als mit teilweise überladenen und mehr oder weniger guten Git-GUI-Programmen. Nichtsdestotrotz sieht es in der Praxis eher so aus, dass die meisten Personen GUI-Programme verwenden, weshalb ich hin und wieder Einschübe mit Git-GUI-Programmen einfügen werde. Eine Übersicht über eine Auswahl von grafischen Git-Programmen erfolgt in Kapitel 10.

Die erste Anwendung, die ich Ihnen vorstellen möchte, ist das Programm »Git GUI«, das bei Git mitgeliefert wird. Es bietet eine einfache Übersicht über das Repository und dort können nicht nur Commits erstellt, sondern auch Branches angelegt und gemergt werden.

Nicht nur Anfänger können von dem Tool profitieren, insbesondere wenn es darum geht, Diffs anzuschauen und Commits zu tätigen. Das Tool kann aus der Konsole ganz einfach im Projektverzeichnis aufgerufen werden.

```
$ git gui
```

Wer das Programm in der auf Deutsch übersetzten Fassung präsentiert bekommt, der sollte die deutsche Übersetzung am besten abschalten. Die Übersetzung ist nämlich in keinster Weise empfehlenswert und stark verwirrend, denn es wurden fast alle Wörter übersetzt, so auch die Git-Befehle wie `commit` und `push`. »Commit« wird etwa mit »Eintragen« übersetzt, was nicht sonderlich verständlich und eher irreführend ist.

Eine einfache Methode, über das Programm selbst diese Übersetzung auszuschalten, gibt es leider nicht, daher kann man es etwa so aufrufen:

```
$ LANG=en_EN.UTF-8 git gui
```

Damit nicht jedes Mal `LANG=en_EN.UTF-8` beim Aufruf übergeben werden muss, kann man zur Konfiguration die `~/.bashrc` anlegen. Der Inhalt kann dann so aussehen:

```
export LANG=en_EN.UTF-8
```

Dies hätte nach einem Neustart der Git-Bash den Effekt, dass alle Programme, die man aus der Bash heraus startet, in der Standard-Sprache ausgeführt werden. Das Kommandozeilenprogramm von Git wäre dann auch vollständig auf Englisch. Eine andere Möglichkeit ist die Definition eines Bash-Alias, ebenfalls in der `~/.bashrc`-Datei:

```
alias git-gui='LANG=en_EN.UTF-8 git gui'
```

Der Alias bewirkt, dass beim Aufruf von `git-gui` der Befehl `LANG=en_EN.UTF-8 git gui` ausgeführt wird. Es ist also nicht viel mehr als eine Definition eines anderen Aufrufnamens. Wer Git komplett inklusive Git-GUI auf Englisch nutzen möchte, kann auch diesen Alias definieren:

```
alias git = 'LANG=en_EN.UTF-8 git'
```

Eine weitere eher unschöne Option, das Sprachproblem zu lösen, ist die Entfernung der Sprach-Datei, die im Installationsverzeichnis liegt. Dies ist allerdings nicht empfehlenswert, da das Löschen der Sprachdateien ungeahnte und unschöne Nebenwirkungen haben kann.

2.6.1 Commits mit Git GUI

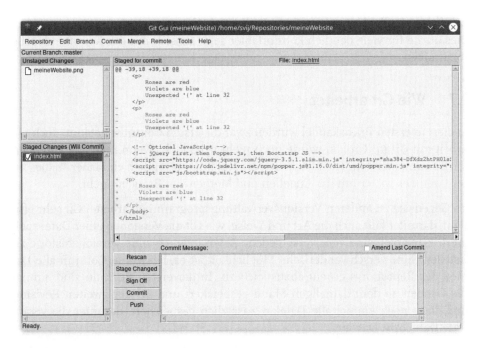

Abb. 2.13: Git GUI

Die Standard-Ansicht von Git-GUI ist recht aufgeräumt. Die Oberfläche teilt sich in zwei Teile auf, die untereinander noch einmal aufgeteilt sind. Auf der linken Seite finden sich in der oberen Hälfte alle neuen, unversionierten und geänderten Dateien. Diese können in den Staging-Bereich geschoben werden. Der Staging-Bereich findet sich direkt darunter, wo alle zum Commit vorgemerkten Dateien aufgelistet sind. Wenn Sie auf eine der Dateien klicken, sind auf der rechten Seite die Unterschiede zur Vorgängerversion, also der Diff, der Datei zu sehen. Bei einer neuen Datei ist das folglich die vollständige Datei. Unterhalb des Teil-Fensters lassen sich einige Aktionen durchführen, etwa ein erneutes Einlesen des Arbeitsverzeichnisses, das Stagen aller geänderten und neuen Dateien, das Signieren des Commits sowie das Committen und Pushen. Rechts daneben können Sie die Commit-Nachricht eintippen, die dann durch den Klick auf COMMIT als Commit gespeichert wird.

Nicht ganz so ersichtlich ist, wie einzelne Dateien in den Staging-Bereich geschoben werden. Wenn Sie in der Übersicht der neuen und geänderten Dateien auf den Namen einer Datei klicken, wird ihr Inhalt angezeigt. Wenn sie allerdings in den Staging-Bereich geschoben werden soll, muss auf das kleine Datei-Icon links daneben geklickt werden. Das Herausnehmen aus dem Staging-Bereich klappt nach demselben Prinzip, nur dann eben in der Box darunter. Ganz intuitiv ist das Vorgehen leider nicht. Nichtsdestotrotz bietet dieses Tool eine einfache und übersichtliche Möglichkeit an, um sich Diffs anzuschauen und Commits zu tätigen. Dies dürfte für viele deutlich komfortabler sein, als sich mit der Kommandozeile abzumühen.

2.7 Wie Git arbeitet

In diesem ersten Praxiskapitel wurden zwar die ersten Commits getätigt, doch die Arbeit mit Git im Groben wurde noch nicht behandelt. Wenn man das Erzeugen von Commits verstanden hat, ist auch die Nutzung wesentlich einfacher, insbesondere wenn es später um das Erstellen und Mergen von Branches geht.

Im Gegensatz zu anderen Versionsverwaltungsprogrammen arbeitet Git sehr effizient, darunter fällt auch die Art und Weise, wie Git die Versionen einer Datei speichert. Prinzipiell sind viele verschiedene Arten möglich, eine Versionshistorie zu erstellen. Eine verschwenderische Möglichkeit ist es, bei jedem Commit alle Dateien des Repositorys erneut abzuspeichern. In der ersten Revision sind einmal alle Dateien zu dem damaligen Stand gespeichert und bei der zweiten Revision sind dann noch einmal alle Dateien zusätzlich gespeichert, darunter die veränderte Datei bzw. Dateien.

Aus Sicht der Speicherplatzbelegung ist dies der Worst Case, da durch mehrfach gespeicherte identische Dateien unglaublich viel Platz auf der Festplatte verbraucht wird. Die meisten Versionskontrollprogramme arbeiten auf Grundlage von Diffs, also Unterschieden zweier Dateien, die sie als Liste von Veränderungen sehen. Bei Git ist das allerdings etwas anders, da es quasi ein kleines Dateisystem ist. Jedes Mal, wenn ein Git-Commit erzeugt wird, speichert Git eine Art Snapshot, der die Dateien abbildet, und speichert eine Referenz dazu ab. Um Platz auf der Platte zu sparen, werden nur die veränderten Dateien erneut abgespeichert. Die alten Versionen bleiben natürlich weiterhin vorhanden, um Veränderungen darstellen zu können.

Die reine Speicherung der Diffs würde zwar weniger Speicherplatz auf der Festplatte belegen, wäre aber langsamer, etwa dann, wenn ein deutlich älterer Stand ausgecheckt wird. Wenn eine Datei 100-mal verändert wurde, wäre es beim Auschecken eines älteren Standes bis zu 100-mal notwendig, ein Diff anzuwenden, was durchaus langsam ist. Bei Git wird einfach die aktuelle Datei als Ganze ausgecheckt, ohne dass viel drum herum erledigt werden muss.

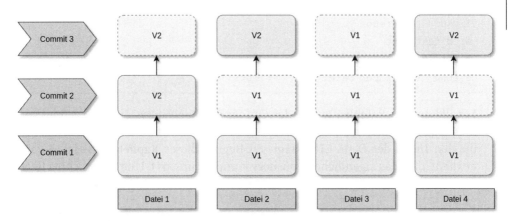

Abb. 2.14: Git speichert die Commits als Snapshots, nicht als Diffs.

Die Grafik soll das Verhalten nochmals verdeutlichen. Im ersten Commit wurden neue Dateien hinzugefügt. Diese liegen dementsprechend in Version 1 vor und alle Dateien wurden einmal gespeichert. Wenn im zweiten Commit nur `Datei 1` angepasst wird, wird die Datei als Ganzes in Version 2 gespeichert. Die übrigen Dateien bleiben unberührt. Im dritten Commit wurden `Datei 2` und `Datei 4` angepasst, die anderen bleiben unberührt.

Um auf das Beispiel-Projekt zurückzukommen, haben Sie im ersten Schritt alle benötigten Dateien des Bootstrap-Frameworks im Projektverzeichnis entpackt und in den ersten Commit geschoben. Da jede Datei vollständig neu für das Git-Repository war, wurden sie einmal komplett abgespeichert. Im zweiten Schritt haben Sie im zweiten Commit die `index.html`-Datei hinzugefügt, die als zusätzliche Datei dazugestoßen ist. Die anderen Dateien blieben für den zweiten Commit unberührt und wurden somit nicht noch ein weiteres Mal gespeichert. Die Dateien landen alle intern im `.git`-Verzeichnis.

Generell sollten Sie beim täglichen Arbeiten mit Git beachten, dass Git immer nur Dateien hinzufügt. Somit sind zwar gegebenenfalls Dateien in einer Revision gelöscht worden, sie sind aber immer noch in der Historie vorhanden. Wichtig ist zusätzlich, auch zu wissen, dass Git nur Dateien versionieren kann und keine Ordner. Leere Ordner lassen sich daher nicht in ein Repository committen. Dafür muss mindestens eine Datei enthalten sein.

Für diejenigen, die noch ein wenig tiefer einsteigen wollen, folgen nun ein paar genauere Erläuterungen, wie die Dateien von Git abgespeichert werden. Am besten lässt es sich nachvollziehen, wenn Sie ein neues Repository erstellen, in dem nur eine Datei und ein Commit erzeugt werden.

```
$ mkdir test-repo
$ cd test-repo
$ git init
$ echo "Inhalt der Datei EINS" >> EINS
```

Mit diesen drei Befehlen wurde der Ordner des Repositorys erzeugt, gefolgt von dem leeren Repository selbst. Anschließend wurde noch die Datei EINS angelegt, die den Inhalt der Datei EINS trägt. Zu Beginn dieses Kapitels habe ich bereits erwähnt, dass das eigentliche Repository komplett im .git-Unterverzeichnis liegt.

```
$ ls -l .git
insgesamt 12
drwxr-xr-x 1 sujee sujee   0 1. Mär 11:50 branches
-rw-r--r-- 1 sujee sujee  92 1. Mär 11:50 config
-rw-r--r-- 1 sujee sujee  73 1. Mär 11:50 description
-rw-r--r-- 1 sujee sujee  23 1. Mär 11:50 HEAD
drwxr-xr-x 1 sujee sujee 328 1. Mär 11:50 hooks
drwxr-xr-x 1 sujee sujee  14 1. Mär 11:50 info
drwxr-xr-x 1 sujee sujee  16 1. Mär 11:50 objects
drwxr-xr-x 1 sujee sujee  18 1. Mär 11:50 refs
```

Die Dateien werden von Git im Verzeichnis .git/objects gespeichert. In einem leeren Repository liegen dort nur die Verzeichnisse info und pack. Nun sollten Sie die Datei durch die Erzeugung eines Commits im Repository speichern:

```
$ git add EINS
$ git commit -m "Füge Datei EINS hinzu"
```

Anschließend hat sich im .git/objects-Ordner etwas verändert:

```
$ tree .git/objects/
.git/objects
|-- b2
|   --- b476fa8df62a67f3c65446236d63d97444a89f
|-- c5
|   --- 8f415b63094763465e0a941eb2a38a37926b33
|   --- e1e17fe489de9897b8b1976471efb37ec9e747
|-- info
|-- pack
5 directories, 3 files
```

Es sind nun zwei weitere Ordner und drei Dateien von Git angelegt worden. Beim Erstellen einer Datei komprimiert Git die Datei und speichert sie anschließend ab. Die Datei bekommt einen eindeutigen Namen in Form eines Hashes, der anschließend im .git/objects-Verzeichnis gespeichert wird. Einfach ausgedrückt speichert Git nur den Namen bei einer unveränderten, komprimierten Datei in den Snapshot. Falls sich die Datei verändert hat, wird sie komprimiert im Objektordner gespeichert.

Git speichert den Hash eines Objekts sowohl im Ordner- als auch im Dateinamen. Die ersten zwei Zeichen landen daher im Ordnernamen, während der Rest im Dateinamen landet. Der einzige vorhandene Commit hat in diesem Test-Repository den Hash »c5e1e1«. Dazu existiert das passende Objekt im Verzeichnis c5/e1e17fe489de9897b8b1976471efb37ec9e747. Mit git cat-file -p lassen sich die Inhalte der Objekt-Dateien anschauen:

```
$ git cat-file -p c5e1e17fe489de9897b8b1976471efb37ec9e747
tree b2b476fa8df62a67f3c65446236d63d97444a89f
author Sujeevan Vijayakumaran <mail@svij.org> 1546771236 +0100
committer Sujeevan Vijayakumaran <mail@svij.org> 1546771236 +0100

Füge Datei EINS hinzu
```

In der Datei stehen somit alle Informationen des Commits: Autor, Committer, Commit-Message und das dazugehörige tree-Objekt. Das tree-Objekt lässt sich nach demselben Schema ebenfalls untersuchen:

```
$ git cat-file -p b2b476fa8df62a67f3c65446236d63d97444a89f
100644 blob c58f415b63094763465e0a941eb2a38a37926b33    EINS
```

Das tree-Objekt ist der Snapshot des »Git-Dateisystems«. Dort sind die Dateien des Repositorys aufgelistet. In diesem Fall besteht es nur aus der einzelnen Datei. Gespeichert wird die Zugriffsberechtigung, hier 100644, die Art des Objekts, hier blob, eine weitere Hash-Summe und der Dateiname. Es gibt zwei Arten von Git-Objekten: tree und blob. Würde ein weiteres Verzeichnis vorhanden sein, wäre neben dem blob- noch ein tree-Objekt vorhanden.

Auch die letzten drei Hash-Summen sollten Sie sich anschauen:

```
$ git cat-file -p c58f415b63094763465e0a941eb2a38a37926b33
Inhalt der Datei EINS
```

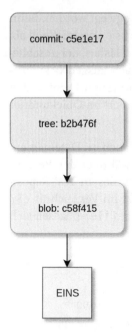

Abb. 2.15: Vereinfachte Ansicht der Git-Objekte im Repository mit einem Commit und einer Datei

Dieser Befehl gibt letztendlich den Dateinamen der gespeicherten Datei aus. Diese drei Objekte sind in dem einzigen Commit gespeichert. Ein wenig klarer wird die Funktionsweise von Git, wenn Sie eine weitere Datei hinzufügen:

```
$ echo "Inhalt der Datei ZWEI" >> ZWEI
$ git add ZWEI
$ git commit -m "Füge Datei ZWEI hinzu"
[master b41171b] Füge Datei ZWEI hinzu
[...]
```

In dem zweiten Commit-Objekt ist eine Information mehr vorhanden, als es noch im ersten Commit der Fall war:

```
$ git cat-file -p b41171b
tree 14671327823111864786ef248096be0095738724
parent c5e1e17fe489de9897b8b1976471efb37ec9e747
author Sujeevan Vijayakumaran <mail@svij.org> 1546771915 +0100
committer Sujeevan Vijayakumaran <mail@svij.org> 1546771915 +0100

Füge Datei ZWEI hinzu
```

Hinzugekommen ist nämlich das Parent-Objekt. Das gab es im ersten Commit nicht, da es keinen Parent-Commit gab. Da Commits verkettete Objekte sind, besitzt der erste Commit natürlich keinen Vorgänger-Commit. Das `tree`-Objekt enthält im zweiten Commit nun wie erwartet zwei Dateien:

```
$ git cat-file -p 14671327823111864786ef248096be0095738724
100644 blob c58f415b63094763465e0a941eb2a38a37926b33    EINS
100644 blob 577576a259cd64d349bb4a0a8fa1a9a76c400608    ZWEI
```

Die Hash-Summe von Datei `EINS` hat sich nicht verändert, da sich die Datei nicht verändert hat. Somit wird doppeltes Speichern vermieden und auf dasselbe Objekt verwiesen.

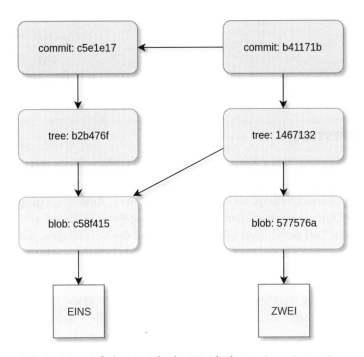

Abb. 2.16: Vereinfachte Ansicht der Git-Objekte im Repository mit zwei Commits und zwei Dateien

Die hier dargelegte Art und Weise soll einen Eindruck vermitteln, wie Git im Groben arbeitet. Da es bei mehreren Dateien, Revisionen und Branches komplizierter wird, habe ich es an dieser Stelle möglichst einfach gehalten.

2.8 Git-Hilfe

Dieses Buch ist kein reines Nachschlagewerk und liefert somit keine vollständige Referenz für alle Funktionen und Kommandos, die Git zu bieten hat. Falls Sie einige Funktionen nutzen wollen, die in diesem Buch nicht beschrieben oder weiterhin unklar sind, können Sie sich die offizielle Git-Hilfe anschauen. Sie lässt sich über die Kommandozeile aufrufen.

```
$ git help
```

Die Ausgabe liefert ohne weiteren Parameter eine Liste der Basis-Befehle. Einige wurden in diesem Kapitel des Buches schon erläutert, viele aber noch nicht. Die Hilfe kann pro Befehl oder Eigenschaft aufgerufen werden.

```
$ git help commit
```

Der obige Befehl zeigt alle Parameter von `git commit` an, inklusive einer Beschreibung der Parameter.

2.9 Zusammenfassung

In diesem ersten Kapitel konnten Sie sehen, wie das erste lokale Git-Repository angelegt wird. Sie haben zudem gelernt, neue und geänderte Dateien zum Staging-Bereich hinzuzufügen und anschließend als Commit zu speichern. Außerdem ging es darum, wie Sie einige Änderungen wieder aus dem Staging-Bereich herausnehmen und das Log und ein Diff anschauen können. Dies sind die Grundlagen, die nötig sind, um mit dem zweiten Kapitel fortfahren zu können, da Commits schließlich das Essenzielle eines Git-Repositorys sind.

Überblick der eingeführten Befehle

- `git init`
  - Legt ein neues, leeres Git-Repository an.
- `git config`
  - Ermöglicht das Setzen von Konfigurationsschaltern wie den Namen, die E-Mail-Adresse und den Standard-Editor.
- `git status`
  - Gibt sinnvolle und praktische Informationen an, wie den aktuellen Stand im Arbeitsverzeichnis des Repositorys zur aktuellen Zeit.

- git add
  - Fügt Änderungen an einer Datei in den Staging-Bereich hinzu, um sie für einen Commit vorzumerken.
- git commit
  - Speichert die hinzugefügten Änderungen aus dem Staging-Bereich als Commit fest ab. Erzeugt somit einen Eintrag in der Git-Historie.
- git diff
  - Zeigt die Unterschiede zwischen zwei Versionen einer oder mehrerer Dateien an.
- git checkout
  - Ermöglicht das Wechseln zwischen Branches und stellt Dateien aus dem Arbeitsverzeichnis wieder her.
- git mv
  - Verschiebt oder benennt eine Datei oder Verzeichnis um.
- git restore
  - Stellt Dateien aus dem Arbeitsverzeichnis wieder her.
- git reset
  - Ein Soft-Reset ermöglicht ein Zurücksetzen des Commits, ohne die eigentliche Änderung zu entfernen. Die Änderung verbleibt im Staging-Bereich.
  - Ein Hard-Reset ermöglicht ein Zurücksetzen des Commits mitsamt der Entfernung der eigentlichen Änderung.
  - Ein Mixed-Reset setzt den Commit zurück, die Änderungen verbleiben im Arbeitsverzeichnis.
- git revert
  - Macht einen einzelnen Commit rückgängig und legt dafür einen neuen Commit an, der die besagte Änderung zurücknimmt.

Kapitel 3

Arbeiten mit Branches

Nachdem ich im vorherigen Kapitel die Grundlagen von Git behandelt habe, geht es in diesem Kapitel um das Branching mit Git. »Branches« sind Zweige, mit denen sich mehrere Entwicklungslinien in Software-Projekten umsetzen lassen. Nach diesem Kapitel haben Sie die Kenntnisse, um Branches zu erstellen, zusammenzuführen und auch Merge-Konflikte zu beheben.

3.1 Allgemeines zum Branching

Ein wichtiges Element von Git und auch anderen Versionsverwaltungsprogrammen ist das Branching. Das Wort »Branch« lässt sich im VCS-Kontext am besten mit »Zweig« übersetzen. So ist es mit Branches möglich, den aktuellen Entwicklungsstand »abzuzweigen« und daran weiter zu entwickeln. Konkret bedeutet dies, dass quasi eine Kopie des aktuellen Arbeitsstandes erzeugt wird und dort weitere Commits getätigt werden können, ohne die Hauptentwicklungslinie zu berühren. Die Nutzung von Branches ist eine zentrale Eigenschaft von Git, insbesondere wenn Software entwickelt wird. Es gibt verschiedene Arbeitsweisen mit Branches. In der Praxis gibt es häufig ein oder mehrere langlebige Branches, die immer existieren, sowie einige temporäre Branches. Diese sind dann nur für die Entwicklung einzelner Funktionen oder Fehlerkorrekturen da und fließen nach dem Abschluss in den Hauptentwicklungsbranch zurück. Je nach Projekt gibt es auch noch den Fall, dass mehrere Versionen parallel gepflegt werden müssen, diese enthalten zwar keine neuen Funktionen mehr, aber sollen weiterhin mit Sicherheitsaktualisierungen oder Fehlerkorrekturen versorgt werden. So kann man recht einfach von einem Entwicklungsbranch auf einen anderen Branch wechseln, um dort noch schnell einen Fehler zu korrigieren. Dabei werden die Dateien im Arbeitsverzeichnis jeweils von Git ausgetauscht. Anschließend kann wieder zurück gewechselt werden, um an dem vorherigen Feature weiterzuarbeiten. Das ganze Vorgehen hilft den Programmierern, zwischen verschiedenen Versionen und Entwicklungslinien zu springen, ohne großen Aufwand betreiben zu müssen.

Wie Sie letztendlich Branches erzeugen und wie im Team damit gearbeitet wird, ist stark von der Projekt- und Teamgröße abhängig. So gibt es verschiedene Workflows, aus denen der beste für das eigene Projekt ausgewählt werden kann. Workflows sind allerdings noch nicht Thema in diesem Kapitel, sondern werden in Kapitel 6 näher behandelt. Denn bevor Sie mit Workflows loslegen können, müssen Sie zunächst die ersten Branches anlegen und zusammenführen, um die weiteren Grundlagen von Git-Branches zu erlernen.

Ein Branch ist letztendlich nicht viel mehr als ein Zeiger auf einen Commit. Immer wenn man sich auf einem Branch befindet und dort einen Commit erstellt, wird automatisch der Zeiger auf den neuen Commit weitergeschoben. In diesem Zusammenhang ist auch das richtige Verständnis vom HEAD in Git notwendig. Es muss unterschieden werden zwischen »head«, was kleingeschrieben wird, und »HEAD«, was vollständig großgeschrieben wird. »HEAD« ist das englische Wort für »Kopf« und zeigt auf den aktuell ausgecheckten Commit. Dies ist in der Regel der aktuelle Commit auf einem Branch. Wenn es nicht der aktuellste Commit ist, dann wird auch von einem »losgelösten HEAD« oder auf Englisch auch »detached HEAD« gesprochen. Das kleingeschriebene »head« gibt es mehr als einmal gleichzeitig. Es ist eine einfache Referenz auf ein Commit-Objekt. Solche »heads« haben einen Namen, das ist dann entweder ein Branchname oder ein Tag. Es ist somit der letzte Commit auf einem Branch oder ein getaggter Commit, der nicht unbedingt zum aktuellen Zeitpunkt ausgecheckt ist.

Im vorherigen Kapitel wurden bereits drei Commits im Projekt getätigt. Da kein spezieller Branch angegeben wurde, geschah dies automatisch auf dem Branch master. Der master-Branch ist der Haupt-Branch, der in vielen Git-Repositorys existiert. Er wird automatisch angelegt, wenn in einem leeren Git-Repository der erste Commit getätigt wird. Es muss nicht zwangsläufig ein master-Branch in einem Repository existieren, doch in vielen Projekten dient er als der Branch, auf dem die zuletzt veröffentlichte Release-Version liegt.

Die ersten drei Commits wurden also auf dem Branch master erstellt, wobei die Entwicklung bislang vollständig geradlinig verlief, sodass keine Branches erstellt wurden.

> **Hinweis**
>
> Im Rahmen der Diskussion um die Eliminierung von diskriminierender Sprache wurden auch für Git die ersten Möglichkeiten eingebaut, um den Defaultnamen eines Branches zu ändern. Ab der Git-Version 2.28 gibt es eine Konfiguration, um neue Repositorys im Standard mit einem anderen Branchnamen zu erzeugen, etwa main:
>
> ```
> $ git config --global init.defaultBranch main
> ```
>
> In diesem Buch wird weiterhin mit master gearbeitet, da es zurzeit noch der Standard ist. GitHub ist hingegen schon den Weg gegangen und legt im Standard bei neuen Repositorys den Defaultbranch als main an. Seit 2.30 wird beim Initialisieren des Repositories zusätzlich ein Hinweis angezeigt, dass sich der Name des Branches konfigurieren lässt.

Beim Arbeiten mit Git bietet es sich je nach Entwicklungsprozess an, für jedes Feature, das implementiert werden soll, einen eigenen Branch anzulegen. Insbesondere deshalb, da oft Features zeitgleich von verschiedenen Entwicklern implementiert werden, die mal größer und mal kleiner sind. Solche Branches nennt man häufig »Topic-« bzw. »Themen-Branches«, aber häufig werden sie auch eher »Feature-« und »Bugfix-Branches« genannt.

Das Webseiten-Projekt ist bekanntlich einfach gehalten, da nur eine Person daran arbeitet. Für das allgemeine Verständnis von Git ist das für den Anfang sowieso von Vorteil.

3.2 Branches anlegen

Das Webseiten-Projekt besitzt zu diesem Zeitpunkt lediglich eine simple Überschrift. Es soll daher ein wenig erweitert werden, so bietet es sich an, ein bisschen Text und ein kleines Menü hinzuzufügen. Sowohl für den Inhaltstext als auch für das Menü sollen eigene Branches angelegt werden, die später zurück nach `master` überführt werden. Wenn Sie mit Branches arbeiten, gibt es die Sub-Kommandos `branch`, `checkout` und `switch`, die in diesem Zusammenhang genutzt werden. Mit `git branch` können Sie prüfen, welcher Branch gerade ausgecheckt ist und welche Branches existieren.

```
$ git branch
* master
```

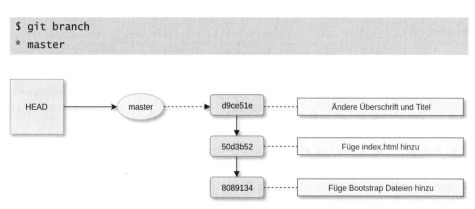

Abb. 3.1: Es existieren drei Commits auf dem Branch `master`.

Die Grafik zeigt den aktuellen Stand im Repository an. Ab dieser Stelle wird auch HEAD wichtiger, damit Sie immer wissen, an welcher Stelle Sie sich gerade befinden. Für die nächsten Beispiele kann HEAD synonym für den Status im Projektverzeichnis verwendet werden. Da der `master`-Branch ausgecheckt ist, ist der HEAD aktuell `master`. Das heißt, dass im Projektverzeichnis nur die Dateien und Änderungen zu sehen sind, die auf diesem Branch durchgeführt wurden.

Da zum jetzigen Zeitpunkt nur ein Branch vorhanden ist, wird auch nur der Branch `master` aufgelistet. Das »*« vor dem Branchnamen signalisiert, dass der Branch zurzeit ausgecheckt ist.

Kapitel 3
Arbeiten mit Branches

Es gibt mehrere Varianten, um neue Branches zu erstellen. Zum Beispiel mit dem branch-Kommando:

```
$ git branch menu
```

Sofern man dem Befehl ein weiteres Argument übergibt, wird dieses Argument genutzt, um einen neuen Branch mit dem angegebenen Namen anzulegen. Dieser wird zwar mit dem obigen Befehl angelegt, allerdings wird nicht automatisch auf diesen Branch gewechselt. Dies können Sie mit dem erneuten Ausführen von git branch nochmals verifizieren:

```
$ git branch
* master
  menu
```

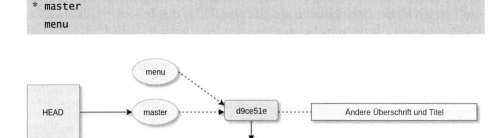

Abb. 3.2: Sowohl master als auch menu sind auf demselben Stand.

Das Anlegen von Branches erfolgt unmittelbar, da keine Dateien kopiert werden müssen. Da Branches – wie zuvor schon erwähnt – nicht viel mehr als wandernde Zeiger auf einen Commit sind, wurde hier nur die Referenz für den Branch angelegt. Da der Branch nicht gewechselt wurde, hat sich im Projektverzeichnis nichts verändert. HEAD zeigt daher weiterhin auf master. Um nun auf den neu angelegten Branch zu wechseln, müssen Sie den switch-Befehl ausführen:

```
$ git switch menu
Zu Branch 'menu' gewechselt
```

Hinweis

Der switch Befehl existiert erst seit Version 2.23 und ist somit ziemlich neu. Der bisher gängige Befehl, der auch weiterhin funktionieren wird, ist checkout:

```
$ git checkout menu
```

Beim Anlegen von neuen Branches ist es immer wichtig, zu wissen, auf welchem Branch Sie sich gerade befinden. In diesen Beispielen war es bisher ziemlich irrelevant, da nur ein Branch existierte, nichtsdestotrotz sollte Ihnen das Verhalten von Git bekannt sein.

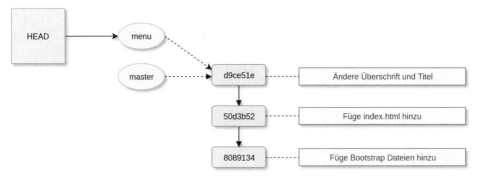

Abb. 3.3: Mit `switch` wechselt man auf den anderen Branch.

Auf Dateiebene hat sich im Projektordner nichts verändert, obwohl der Branch gewechselt wurde. Der Grund ist ganz simpel: Beide Branches sind weiterhin gleich und zeigen auf denselben Commit. Der einzige Unterschied ist, dass HEAD jetzt auf menu und nicht auf master zeigt.

Als Basis für den neuen Branch wird immer der aktuelle Commit des aktuellen Branches genommen. Wenn man sich also auf dem Branch menu befindet und von dort aus den Branch content erstellen möchte, dann nimmt Git als Basis den aktuellsten Commit von menu und nicht master. Um das Beispiel fortzuführen, müssen Sie daher den Branch content erzeugen.

```
$ git switch -c content
Zu neuem Branch 'content' gewechselt
```

Hinweis

Auch dieser Befehl ist in Versionen vor und nach 2.23 über `checkout` möglich. Der Parameter lautet dann nur nicht `-c`, sondern `-b`.

```
$ git checkout -b content
```

`git switch -c` kombiniert die beiden Befehle `git branch` und `git switch`. Das `-c` ist die Kurzfassung für `--create`. Es wird daher ein neuer Branch angelegt und direkt dahin gewechselt. Der Name des Branches muss einmalig sein, es können daher nicht zwei Branches mit demselben Namen existieren.

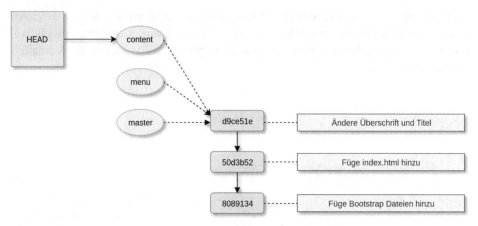

Abb. 3.4: Die Branches master, menu und content sind auf demselben Stand.

Zu diesem Zeitpunkt existieren insgesamt drei Branches. Der Branch master existierte bereits vorher, aus dessen Basis haben Sie dann den Branch menu erzeugt. Von dort aus wurde anschließend der dritte Branch content angelegt. Da Sie zwischenzeitlich allerdings keine neuen Commits gemacht haben, fußen alle Branches auf demselben Commit. Die Branches sind abgesehen vom Namen somit identisch.

Da Sie sich auf dem Branch content befinden, ist es nun an der Zeit, der Seite ein wenig Inhalt zu spendieren. Kreative können an dieser Stelle Text unterhalb der Überschrift hinzufügen. Unterhalb der <h1>-Überschrift in index.html sollte dann etwa Folgendes eingefügt werden:

```
<p>
    Roses are red
    Violets are blue
    Unexpected '{' at line 32
</p>
```

Diese Änderung muss anschließend, wie gehabt, als Commit im Repository gespeichert werden:

```
$ git add index.html
$ git commit -m "Füge Text hinzu"
[content 2e50d2d] Füge Text hinzu
 1 file changed, 5 insertions(+)
```

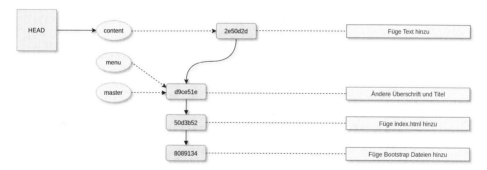

Abb. 3.5: Auf dem Branch content wurde ein neuer Commit getätigt.

Jetzt lohnt es sich, erneut das Log mit `git log` anzusehen. Auf dem aktuellen Branch content sind vier Commits vorhanden. Es sind nicht nur die ersten drei Commits von vor dem Erzeugen der neuen Branches, sondern auch der zuletzt hinzugefügte Commit.

Wechselt man anschließend mit `git switch master` zurück auf den Branch master und schaut sich dort das Log an, sind nur drei Commits vorhanden. Obwohl die Änderungen nicht mehr im Arbeitsverzeichnis sind, heißt das noch lange nicht, dass die Änderungen verschwunden sind. Dies hängt damit zusammen, dass Git den Commit explizit auf content ausgeführt hat und eben nicht auf master, weil Sie sich beim Committen auf dem Branch content befanden. Der Commit aus content kann auch nach master übernommen werden, indem Sie die Branches mergen, also zusammenführen. Dazu allerdings später mehr.

Jetzt gilt es, zunächst noch die ein oder andere Modifizierung auf dem Branch menu durchzuführen. Dazu müssen Sie auf den entsprechenden Branch wechseln:

```
$ git switch menu
Gewechselt zu Branch 'menu'
```

Wenn Sie nun die Datei `index.html` zum Bearbeiten öffnen, sind dort die Änderungen mit dem Fülltext nicht enthalten. Dies ist auch richtig so, da der Text nur auf dem Branch content in einem Commit existiert.

Wie der Name des Branches schon verrät, soll der Seite eine kleine Navigationsleiste verpasst werden. Hierfür müssen Sie nachfolgenden Code vor der `<h1>`-Überschrift hinzufügen. Diesen können Sie auch über `https://svij.org/uploads/git-workshop/menu.txt` herunterladen:

```
<nav class="navbar navbar-expand-lg navbar-light bg-light">
  <a class="navbar-brand" href="#">Navbar</a>
  <div class="collapse navbar-collapse" id="navbarSupportedContent">
```

```
            <ul class="navbar-nav mr-auto">
                <li class="nav-item active">
                    <a class="nav-link" href="#">Home <span class="sr-only">
                    (current)</span></a>
                </li>
                <li class="nav-item">
                    <a class="nav-link" href="#">Link</a>
                </li>
            </ul>
        </div>
    </nav>
```

Die Modifikation kann dann ebenfalls wie gewohnt als Commit im Repository gespeichert werden:

```
$ git add index.html
$ git commit -m "Füge Bootstrap-Menü hinzu"
[menu a7b0138] Füge Bootstrap-Menü hinzu
 1 file changed, 13 insertions(+)
```

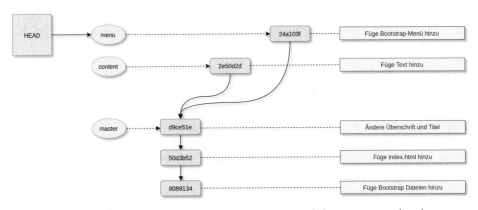

Abb. 3.6: Sowohl auf menu als auch auf content ist ein zusätzlicher Commit vorhanden.

Nach dem Commit befindet sich sowohl auf menu als auch auf content je ein zusätzlicher Commit, die beide den gleichen Vorgänger-Commit besitzen, wie die Grafik verdeutlicht.

Wenn Sie sich die Webseite im Browser anzeigen lassen, dann sehen Sie nun ein horizontales Menü, das sich über die gesamte Breite des Browsers erstreckt und zwei Menü-Einträge enthält. Der erste Menü-Eintrag ist mit »Home« beschriftet, während der zweite mit »Link« beschriftet ist, und es geschieht nichts, wenn Sie darauf klicken. Die Textinhalte der Menü-Einträge befinden sich innerhalb der Link-Elemente, den <a>-Tags, die sich wiederum in den Listen-Elementen, den <li>-Tags befinden. Eine Webseite mit Menü-Einträgen, die lediglich »Home« und »Link« enthalten, ist natürlich nicht so toll, weshalb der erste Link bei »Home« belassen werden und der zweite Link mit »Impressum« beschriftet werden soll. Diese sollen jeweils auf die Start- und Impressumsseite führen.

Die Änderung sieht dann wie folgt aus:

```
$ git diff
diff --git a/index.html b/index.html
index ecba781..28d5bc6 100644
--- a/index.html
+++ b/index.html
@@ -15,7 +15,7 @@
            <a class="nav-link" href="#">Home <span class="sr-only">
            (current)</span></a>
        </li>
        <li class="nav-item">
-           <a class="nav-link" href="#">Link</a>
+           <a class="nav-link" href="#">Impressum</a>
        </li>
      </ul>
    </div>
```

Auch für diese Änderung soll auf dem Branch **menu** ein Commit erstellt werden.

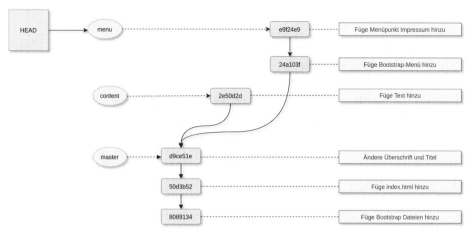

Abb. 3.7: Ein zweiter zusätzlicher Commit auf menu

```
$ git add index.html
$ git commit -m "Füge Menüpunkt Impressum hinzu"
[menu e9f24e9] Füge Menüpunkt Impressum hinzu
 1 file changed, 1 insertion(+), 1 deletion(-)
```

Mit einem Blick auf das Git-Log können Sie nochmals verifizieren, dass auf menu nun insgesamt fünf Commits enthalten sind.

3.3 Branches mergen

Spannend wird es jetzt, denn es werden erstmals Branches gemergt. Beim »Mergen« geht es um das Zusammenführen von mindestens zwei Branches, die bekanntlich zwei Entwicklungslinien darstellen. Bislang haben Sie einige Arbeiten am Repository durchgeführt und so neben dem bereits existierenden master-Branch noch die beiden Branches content und menu erstellt. Während Sie beim Branch content nur ein Commit hinzugefügt haben, der einen Fülltext enthielt, wurde im Branch menu im ersten der beiden neuen Commits ein Menü eingefügt. Anschließend haben Sie die Links im Menü in einem weiteren Commit angepasst.

Da es sich um ein einfaches Projekt handelt, sind beide Entwicklungslinien vorerst abgeschlossen, sodass die Branches menu und content nach master gemergt werden können. Konkret heißt das, dass sowohl die Commits und dadurch auch die Änderungen in menu als auch die Commits aus content sich in master wiederfinden sollen. Um dies zu bewerkstelligen, existiert der Befehl git merge. Bevor Sie den ersten Merge tätigen, müssen Sie auf den Branch wechseln, zu dem die Änderungen hinfließen sollen. Das ist in diesem Fall master. Es wird also immer von dem Branch aus operiert, zu dem die Änderungen hinfließen sollen, und den anderen Branch fügt man in den aktuellen Branch ein.

```
$ git switch master
Zu Branch 'master' gewechselt
```

Zunächst soll der Branch content nach master gemergt werden. Da **nach** master gemergt wird, muss dieser Branch ausgecheckt sein. Der Namen des zu mergenden Branches wird beim Mergen dann wie folgt angegeben:

```
$ git merge content
Aktualisiere d9ce51e..2e50d2d
Fast-forward
  index.html | 11 ++++++++++
  1 file changed, 11 insertions(+)
```

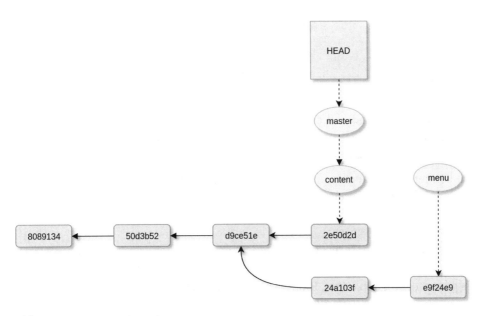

Abb. 3.8: content wurde nach master gemergt.

Git führt hier einen sogenannten »Fast-Forward«-Merge durch. Dies geschieht immer dann, wenn es seit dem Erstellen des Branches auf dem ursprünglichen Branch keine Änderungen gegeben hat. Das ist bei diesem Merge der Fall. Mit anderen Worten wurde vom Stand des Branches master der neue Branch content erzeugt und ein Commit getätigt. Da sich in der Zwischenzeit auf master nichts geändert hat und auf content nur ein zusätzlicher Commit ist, wird der Commit einfach in den master-Branch übernommen. Intern wurde prinzipiell nichts großartig verändert, da der Zeiger von master nach dem Merge auf denselben Commit zeigt wie content.

Genauer ausgedrückt prüft Git beim Mergen immer einige Dinge, bevor Änderungen übernommen werden. Git kontrolliert beim Mergen beide Branches auf ihren Ursprungscommit. Da Branches in der Regel an irgendeiner Stelle der Historie denselben Ursprung haben, sucht Git die gemeinsame Basis. In diesem Beispiel ist das der Commit mit der ID »d9ce51e«, in dem Sie den Titel und die Überschrift angepasst haben. Der Vorgänger-Commit vom »head« von content und der »head« von master sind identisch, da es sich um eben diesen Commit handelt. Daher muss bei diesem Merge nur der Commit in den anderen Branch übernommen werden. Dieses Verhalten ist wichtig, damit Sie später andere Merge-Strategien verstehen.

Beim Mergen werden zwar die Entwicklungslinien zusammengeführt, allerdings wird kein Branch gelöscht. Dies kann, wie Sie am Anfang des Kapitels bereits gelernt haben, mit dem folgenden Befehl verifiziert werden:

```
$ git branch
  content
* master
  menu
```

Die Branches `master` und `content` sind zu diesem Zeitpunkt komplett identisch. Da Branches eigentlich nicht viel mehr als Zeiger auf Commits sind, zeigen sie jetzt auf denselben Commit.

Sie können den Branch `content` nun ohne irgendwelche Konsequenzen löschen, da die Änderungen bereits gemergt wurden und somit kein Datenverlust droht:

```
$ git branch -d content
Branch content entfernt (war 7fbaa4c).
```

Es gibt zwei Möglichkeiten, Branches zu löschen. Die sichere Methode ist mit dem Parameter `-d`, diese Variante löscht nur dann den Branch erfolgreich, wenn dieser bereits in einen anderen Branch gemergt wurde, es also keinen Datenverlust gibt. Anders sieht es mit dem Parameter `-D` aus, dabei wird ein Branch auch gelöscht, wenn noch nicht gemergt wurde. Im ersten Merge haben Sie also einen einfachen Merge durchgeführt, einen Fast-Forward-Merge. Komplex war es bis jetzt noch gar nicht, was das Mergen betrifft. Ein wenig anders sieht es aus, wenn Sie den Branch `menu` nach `master` mergen. Da `master` inzwischen durch den Merge von `content` um einen Commit fortgeschritten ist, ist ein Fast-Forward-Merge nicht mehr möglich. Nichtsdestotrotz können beide Branches einfach gemergt werden:

```
$ git merge menu
```

Anschließend öffnet sich der konfigurierte Editor mit folgendem Inhalt:

```
Merge branch 'menu'
# Bitte geben Sie eine Commit-Beschreibung ein, um zu erklären, warum dieser
# Merge erforderlich ist, insbesondere wenn es einen aktualisierten
# Upstream-Branch mit einem Thema-Branch zusammenführt.
#
# Zeilen beginnend mit '#' werden ignoriert, und eine leere Beschreibung
# bricht den Commit ab.
```

In der Regel wird die Commit-Nachricht bei dem vorgegebenen Inhalt belassen. Gegebenenfalls können Sie allerdings, wie die Nachricht in den Kommentaren bereits aussagt, einen Grund angeben, warum der Merge nötig war. Als Ausgabe erscheint nach dem Abspeichern und Schließen des Editors dann Folgendes:

```
automatischer Merge von index.html
Merge made by the 'recursive' strategy.
index.html | 13 +++++++++++++
1 file changed, 13 insertions(+)
```

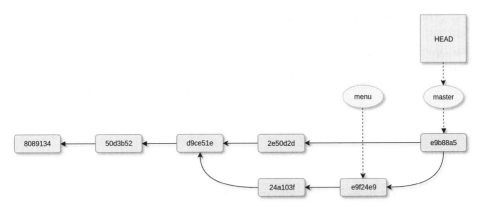

Abb. 3.9: menu wurde nach master gemergt.

Im Gegensatz zum ersten Merge war hier kein Fast-Forward-Merge möglich, sondern es war ein »recursive« Merge nötig. Das passiert zwar in diesem Fall auch vollkommen automatisch, doch sieht die Commit-Historie anders aus. Dies hängt damit zusammen, dass Sie seit dem Erstellen des Branches menu von master Änderungen an master vorgenommen haben. Die beiden Branches sind dadurch divergiert. Das heißt, die beiden Commits auf dem Branch menu fußen nicht mehr direkt auf dem neuen Commit aus content, der mittlerweile nach master überführt worden ist.

Ein erneuter Blick auf das Git-Log verrät, dass ein neuer Commit mit der Commit-Message »Merge branch 'menu'« entstanden ist. Insgesamt existieren gegenwärtig sieben Commits, wovon wir uns erst mal nur die letzten zwei anschauen wollen.

```
$ git log -n 2
commit e9b88a508c6f2c6637c355191149ee21ccf18c45 (HEAD -> master)
Merge: 2e50d2d e9f24e9
Author: Sujeevan Vijayakumaran <mail@svij.org>
Date:   Sat Oct 17 12:16:17 2020 +0200

    Merge branch 'menu'

commit e9f24e987d10d428ff07b2c0b1c571ed5c6d9f1d (menu)
```

```
Author: Sujeevan Vijayakumaran <mail@svij.org>
Date:   Sat Oct 17 11:58:02 2020 +0200

    Füge Menüpunkt Impressum hinzu
```

Wer genau hinschaut, wird erkennen, dass der Merge-Commit ein zusätzliches Feld mit den zwei IDs »2e50d2d« und »e9f24e9« besitzt. Die Historie besteht prinzipiell aus einer einfachen verketteten Liste von Commits, bei Merges geht das allerdings nicht so einfach, da ein Nicht-Fast-Forward-Merge immer mindestens zwei Vorgänger-Commits hat. Der Diff eines Merge-Commits ist generell leer und verweist auf die beiden Vorgänger-Commits, wie es im Log zu sehen ist. Dies trifft auch zu, wenn in dem Merge ein Konflikt aufgelöst werden musste.

3.4 Merge-Konflikte

Das Mergen von Branches ist nicht immer ganz so einfach, wie es in den beiden vorherigen Merges der Fall war. Git selbst verfügt über verschiedene Strategien, um Branches zu mergen. Das klappt bei einigen kleineren Änderungen zwar ohne Probleme, wenn allerdings größere Änderungen in den zu mergenden Branches stattgefunden haben, stößt man beim Mergen häufiger auf sogenannte Merge-Konflikte.

Merge-Konflikte sind Probleme, die auftreten, wenn beispielsweise mindestens eine gleiche Code-Zeile von beiden Branches verändert wurde. Darunter fällt auch, wenn Zeilen auf dem einen Branch gelöscht wurden, aber auf dem anderen noch enthalten sind. Weiterhin kann es auch schon ausreichen, wenn die Zeilen unter oder über einem Commit direkt verändert wurden. Git kann solche Konflikte nicht automatisch korrigieren, da es schlicht nicht wissen kann, welche der beiden Optionen nun in den Branch übernommen werden soll. Das Verhalten kann mit den verschiedenen existierenden Merge-Strategien genauer angepasst werden. Nichtsdestotrotz muss bei einem Merge-Konflikt selbst Hand angelegt werden, um den Konflikt aufzulösen.

Das Standard-Verhalten lässt sich allerdings ganz einfach nachbilden. Zunächst wechseln Sie zurück auf den Branch `master` und erzeugen dann den neuen Branch namens `titel`.

```
$ git switch master
Bereits auf 'master'
$ git switch -c titel
Zu neuem Branch 'titel' gewechselt
```

Auf diesem Branch ändern Sie anschließend den Titel in der <h1>-Überschrift in der Datei index.html von »Hallo Git!« zu »Hallo Merge-Konflikt!«. Nach dem Abspeichern der Datei kann die Änderung wieder wie gewohnt in das Repository geschoben werden.

```
$ git add index.html
$ git commit -m "Setze Titel für Merge-Konflikt"
[titel e092337] Setze Titel für Merge-Konflikt
 1 file changed, 1 insertion(+), 1 deletion(-)
```

Der Branch ist somit für den Merge-Konflikt vorbereitet. Wechseln Sie nun auf master zurück, wo Sie dann den Titel in der <h1>-Überschrift von »Hallo Git!« auf »Hallo!« ändern. Auch hier ist dann das Erstellen des Commits für diese Änderung notwendig.

```
$ git switch master
[index.html anpassen]
$ git add index.html
$ git commit -m "Setze neuen Titel"
[master e046366] Setze neuen Titel
 1 file changed, 1 insertion(+), 1 deletion(-)
```

Durch diese beiden Commits auf den beiden Branches wird ein Merge-Konflikt provoziert, da in beiden Commits dieselbe Zeile verändert wurde. Wenn Sie anschließend versuchen, titel nach master zu mergen, geschieht Folgendes:

```
$ git merge titel
automatischer Merge von index.html
KONFLIKT (Inhalt): Merge-Konflikt in index.html
Automatischer Merge fehlgeschlagen; beheben Sie die Konflikte und
committen Sie dann das Ergebnis.
```

Wie erwartet, vermeldet Git den Merge-Konflikt. Merge-Konflikte müssen immer händisch gelöst werden. Wenn Sie nicht wissen, was Sie jetzt tun sollen, dann hilft mal wieder die Ausgabe von git status:

```
$ git status
Auf Branch master
Sie haben nicht zusammengeführte Pfade.
  (beheben Sie die Konflikte und führen Sie "git commit" aus)
  (benutzen Sie "git merge --abort", um den Merge abzubrechen)
```

```
Nicht zusammengeführte Pfade:
  (benutzen Sie "git add/rm <Datei>...", um die Auflösung zu markieren)
      von beiden geändert:      index.html
keine Änderungen zum Commit vorgemerkt (benutzen Sie "git add" und/oder
"git commit -a")
```

Git vermeldet also, dass nicht zusammengeführte Pfade existieren und die Datei index.html »von beiden« geändert wurde. Nach der Auflösung des Konflikts in der Datei kann dann wie gewohnt ein Commit erzeugt werden. Zuallererst sollten Sie allerdings einen Blick in index.html werfen, um den Konflikt zu begutachten. Der relevante Ausschnitt sieht wie folgt aus:

```
<<<<<<< HEAD
    <h1>Hallo!</h1>
=======
    <h1>Hallo Merge-Konflikt!</h1>
>>>>>>> titel
```

Die abgebildeten Zeilen sind der wesentliche Ausschnitt der Datei, die den Konflikt darstellt. Die konkurrierenden Änderungen werden somit direkt in die Quelldatei geschrieben. Git nutzt Marker, um aufzuzeigen, welcher Teil des Codes aus welchem Branch bzw. Commit kommt. In der ersten Zeile ist der Marker folgender: <<<<<<< HEAD. HEAD ist ein Zeiger auf den aktuell ausgecheckten Commit, auf dem man sich vor dem Mergen befand. HEAD entspricht an dieser Stelle dem Stand des letzten Commits auf dem Branch master.

Unterhalb des Markers befindet sich der Teil des Codes, der sich auf dem Branch master vor dem Mergen befand, nämlich der Titel »Hallo!«. Getrennt werden die Änderungen beider Branches durch den weiteren Marker =======. Dementsprechend ist alles zwischen <<<<<<< HEAD und ======= der Teil des Konflikts, der schon vor dem Merge ausgecheckt war. Der zweite Teil nutzt den gleichen ======= als Trennzeichen und endet mit >>>>>>> titel. In diesem Teil befinden sich dann logischerweise alle Änderungen aus dem Branch titel.

Der Konflikt selbst kann in diesem Beispiel sehr einfach gelöst werden. Damit der Merge abgeschlossen werden kann, müssen Sie die Marker entfernen. Die Zeilen, die übernommen werden sollen, belässt man in der Datei. Die Zeilen, die nicht übernommen werden sollen, können aus der Datei entfernt werden. In diesem Fall ist gewollt, dass die Änderungen aus HEAD beibehalten werden, weshalb Sie den ersten Marker in Zeile 1 und den Teil des anderen Branches in Zeile 3 bis 5 löschen sollten. Im Anschluss können Sie die Änderung aus index.html in den Staging-Bereich übernehmen, um anschließend die Status-Ausgabe zu prüfen.

```
$ git add index.html
$ git status
Auf Branch master
Alle Konflikte sind behoben, aber Sie sind immer noch beim Merge.
  (benutzen Sie "git commit", um den Merge abzuschließen)
nichts zu committen, Arbeitsverzeichnis unverändert
```

Git merkt selbst, ob die Konflikte behoben wurden. Wie es selbst schon vorschlägt, müssen Sie `git commit` ausführen, um den Merge abzuschließen. Dieses Mal allerdings ohne (!) einen zusätzlichen Parameter.

```
$ git commit
Merge branch 'titel'
# Conflicts:
#       index.html
#
# Es sieht so aus, als committen Sie einen Merge.
# Falls das nicht korrekt ist, löschen Sie bitte die Datei
#       .git/MERGE_HEAD
# und versuchen Sie es erneut.
# [...]
# Auf Branch master
# [...]
```

Auch hier öffnet sich wieder der Editor mit einer voreingestellten Nachricht. Sie weist nicht nur darauf hin, dass es ein Merge-Commit ist, sondern auch, wie man einen normalen Commit durchführt, wenn man sich fälschlicherweise in einem Merge-Commit befindet. Je nach Projekt und Problem bietet es sich an, die Dateien, in denen die Konflikte auftraten, mit in den Merge-Commit einzutragen. Der Vorteil wäre dann, dass in der Historie steht, welche Dateien bei einem Merge-Commit verändert wurden, um den Konflikt zu beheben. Wenn allerdings nichts verändert werden soll, dann können Sie bedenkenlos speichern und schließen, um den Merge erfolgreich abzuschließen. Die Commit-Historie im Git-Log kann auch ganz einfach mit den Veränderungen angezeigt werden. Dazu existiert der Parameter -p. Aus Gründen der Übersichtlichkeit erfolgt die Ausgabe in diesem Buch nicht, das kann jeder selbst ausprobieren, indem man `git log -p` ausführt. Es lohnt sich ein Blick auf die letzten drei Commits.

```
$ git log --oneline
3b39f21 (HEAD -> master) Merge branch 'titel' into master
e046366 Setze neuen Titel
e092337 (titel) Setze Titel für Merge-Konflikt
```

```
e9b88a5 Merge branch 'menu' into master
e9f24e9 (menu) Füge Menüpunkt Impressum hinzu
24a103f Füge Bootstrap-Menü hinzu
2e50d2d (content) Füge Text hinzu
d9ce51e Ändere Überschrift und Titel
50d3b52 Füge index.html hinzu
8089134 Füge Bootstrap Dateien hinzu
```

Beide Commits aus beiden Branches haben es trotz des Merge-Konflikts in die Historie geschafft. Der Merge-Commit ist trotz des Konfliktes leer.

3.5 Mergetools

Der letzte Merge-Konflikt wurde händisch gelöst. Bei größeren Konflikten kann es sehr schnell unübersichtlich werden. Um die Merge-Konflikte nicht mühsam im Editor lösen zu müssen, gibt es Mergetools, die dem Nutzer Hilfestellungen geben. Sie können das Tool starten, wenn ein Konflikt vorliegt.

```
$ git mergetool
This message is displayed because 'merge.tool' is not configured. See
'git mergetool --tool-help' or 'git help config' for more details. 'git
mergetool' will now attempt to use one of the following tools:
opendiff kdiff3 tkdiff xxdiff meld tortoisemerge gvimdiff diffuse
diffmerge ecmerge p4merge araxis bc codecompare emerge vimdiff
No files need merging
```

Standardmäßig ist kein Mergetool vorkonfiguriert: Da zu diesem Zeitpunkt kein Merge-Konflikt vorliegt, versucht der Befehl auch gar nicht, ein Mergetool zu starten. Wie anhand der Ausgabe ersichtlich ist, gibt es zahlreiche Mergetools, die jedoch von dem benutzten Betriebssystem abhängig sind.

```
$ git mergetool --tool-help
'git mergetool --tool=<tool>' may be set to one of the following:
                araxis
                meld
                vimdiff
                vimdiff2
                vimdiff3
The following tools are valid, but not currently available:
                bc
                bc3
                [...]
```

Dieser Befehl prüft die lokal installierten Mergetools und listet sie auf. Vorinstalliert sind die »vimdiff«-Varianten. Tools wie »araxis« oder »meld« müssen nachinstalliert werden. Unter den verschiedenen Linux-Distributionen liegen viele der Tools in den Paketquellen bereit. Unter Windows können Sie etwa »meld« oder auch »kdiff3« installieren, die auch unter Linux und macOS verfügbar sind. Die Downloads finden sich unter meldmerge.org bzw. http://kdiff3.sourceforge.net.

Voraussetzung für das Ausprobieren eines Mergetools ist ein vorhandener Merge-Konflikt. Dieser Zustand kann, wie zuvor schon erklärt, wieder erzwungen werden. Zusätzlich sollten Sie eines der Mergetools installiert haben.

```
$ git mergetool --tool=kdiff3
```

Der obige Befehl startet das Tool »kdiff3« in einem neuen Fenster.

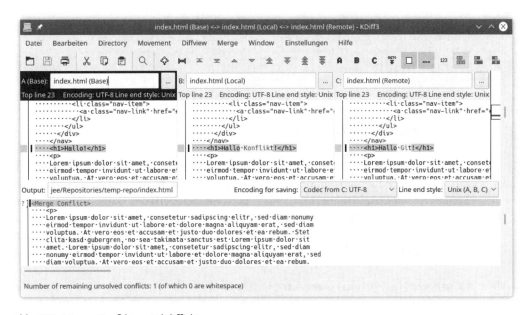

Abb. 3.10: Merge-Konflikte mit kdiff3 lösen

Die verschiedenen Tools haben unterschiedliche Möglichkeiten, Konflikte zu lösen. Vom Prinzip her sind sie allerdings recht ähnlich. kdiff3 zeigt in diesem Fall drei Spalten an: »A (Base)«, »B« und »C«. »A« ist der Stand, bevor der Branch titel angelegt wurde. Hinter »B« steht noch »local«, da es sich um die lokale Datei index.html handelt, die in diesem Fall HEAD von master ist. In »C« wird dementsprechend der Inhalt vom Branch titel angezeigt, der nach master gemergt werden soll.

Unterhalb der Menüleiste von kdiff3 befinden sich zahlreiche Bedienelemente. Die wohl wichtigsten zum Auflösen des Merge-Konflikts sind die Buttons »A«, »B« und »C«. Der wesentliche Vorteil eines Mergetools ist, dass die betroffenen Konflikte einzeln und nebeneinander angezeigt werden. Das erhöht die Übersicht und vermeidet Fehler. Bei einfachen Konflikten wie diesem ist es natürlich trivial. Durch den Klick auf den entsprechenden Button können Sie die Änderung übernehmen. Gegebenenfalls müssen Sie zuvor noch per Knopfdruck zum entsprechenden Konflikt springen, damit er im Tool aufgelöst werden kann.

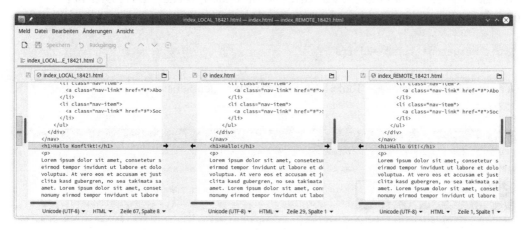

Abb. 3.11: Merge-Konflikt mit Meld lösen

Beim Mergetool Meld ist das Ganze etwas anders gelöst, da dort Pfeile an den konkurrierenden Zeilen abgebildet sind. Die gewünschte Auflösung erfolgt dann zur Spalte mit der Datei `index.html`. Nach dem Abspeichern der Datei und Schließen des Tools ist der Merge-Konflikt auch schon behoben. Das Mergetool muss konfiguriert werden, sofern Sie sich für ein bestimmtes entschieden haben. Dies erfolgt unter »merge.tool«. Konkret muss also Folgendes ausgeführt werden:

```
$ git config --global merge.tool meld
```

Die Konfiguration unter Windows ist allerdings etwas aufwendiger. Nachdem Sie eines der Tools installiert haben, müssen Sie die `.git/config`-Datei im Repository bzw. die `~/.gitconfig`-Datei anpassen. Der entsprechende Abschnitt muss dann, abhängig vom installierten Tool, so aussehen:

```
[merge]
    tool = meld
[mergetool "meld"]
    path ="C:/Program Files (x86)/Meld/Meld.exe"
```

Hervorzuheben ist, dass der Pfad mit normalen Schrägstrichen »/« angegeben werden muss und nicht wie sonst unter Windows üblich mit einem Backslash »\«. Unter Linux können die Tools auch mit dem Parameter `--tool` ausprobiert werden.

```
$ git mergetool --tool=kdiff3
```

> **Tipp**
>
> Äquivalent zu Mergetools gibt es auch Difftools, die die Unterschiede zwischen Dateien in einem grafischen Fenster ausgeben. Diese können mit `git difftool` konfiguriert werden.

3.6 Merge-Strategien

Beim Mergen von Branches gibt es verschiedene Merge-Strategien, die Sie anwenden können. Das Verhalten von Git beim Mergen kann auch noch zusätzlich angepasst werden, wenn Sie `git merge` oder `git pull` ausführen. Bereits kennengelernt haben Sie die Merge-Strategie »recursive« und den »Fast-Forward«-Merge, der allerdings keine Merge-Strategie ist. Prinzipiell geht es bei dem Thema mehr darum, wie sich Git zu verhalten hat, wenn Branches gemergt werden sollen, und wie das Verhalten beim Mergen von drei Branches ist.

3.6.1 resolve

In der Vergangenheit war die »resolve«-Strategie der Standard, wenn man `git merge` ausgeführt hat. Generell kann diese Merge-Strategie nicht mehr als zwei Branches mergen und nutzt dabei den Drei-Wege-Merge-Algorithmus. Letzteres ist ein Verfahren, das Sie bei den vorangegangenen Merge-Beispielen auch teilweise angewandt haben. Ein Drei-Wege-Merge-Algorithmus wird immer dann eingesetzt, wenn auf beiden Branches einer Datei Änderungen enthalten sind. Dies ist der Fall, wenn man von der Basis `master` einen neuen Branch anlegt, dort die `index.html`-Datei anpasst und die gleiche Datei auch in einem neuen Commit auf `master` anpasst. Dadurch gibt es dann drei verschiedene Dateien: der Stand der Datei bei der Basis von beiden Branches, der Stand beim neuen Branch und der neue Stand auf `master`.

Aber was tut nun die »resolve«-Strategie? Diese Strategie versucht vorsichtig, die Mehrdeutigkeiten zu erkennen und aufzulösen. Generell wird diese Merge-Strategie als eher sicher und schnell angesehen.

3.6.2 recursive

Auch die »recursive«-Strategie ist eine Merge-Strategie, die im Verlaufe des Kapitels bereits erläutert wurde. Dies ist der Standard-Merge, wenn exakt zwei Branches gemergt werden. Problematisch wird es, wenn es mehr als eine gemeinsame Basis beider Branches gibt. Dies ist etwa der Fall, wenn man beide Branches bereits einmal gemergt hat, aber weiterhin auf beiden Branches arbeitet. An dieser Stelle werden die beiden Basis-Commits gemergt und anschließend der echte Merge durchgeführt. Dies klingt nicht nur kompliziert, sondern ist es auch. Wichtig zum Verständnis ist sonst nur, dass mit diesem Verfahren deutlich weniger Merge-Konflikte auftauchen und auch Umbenennungen oder Verschiebungen von Dateien besser gehandhabt werden und es dabei nicht zu Fehlern beim Mergen kommt.

3.6.3 octopus

Die »octopus«-Strategie kommt immer dann zum Einsatz, wenn mehr als zwei Branches gleichzeitig gemergt werden sollen. Sie verhindert allerdings einen komplexen Merge, wenn es darum geht, einen Konflikt manuell zu beheben. Sie wird hauptsächlich dafür genutzt, mehrere Feature-Branches zusammen zu bündeln. Dies trifft etwa dann zu, wenn man einen Feature-Branch erstellt hat, auf dem Entwicklungen stattfinden, und gleichzeitig andere Feature-Branches aus derselben Software-Komponente gemergt werden, bevor zum Schluss in den Hauptentwicklungsbranch gemergt wird.

In der Praxis dürfte der Bedarf des Einsatzes des octopus-Merges eher unwahrscheinlich sein.

3.6.4 ours

Der Zweck der »ours«-Strategie steht schon im Namen, es sollen bei einem Merge nämlich immer »our«-Änderungen übernommen werden. Also alle Änderungen von »unserem« Branch. Dabei werden effektiv die konkurrierenden Änderungen aus anderen zu mergenden Branches ignoriert.

3.6.5 subtree

Die »subtree«-Strategie ist ähnlich wie die »recursive«-Strategie, allerdings mit einigen Anpassungen. Prinzipiell ist dies nur dann relevant, wenn Unterprojekte vorhanden sind, die in das Git-Repository gemergt werden sollen.

3.7 Rebasing

Das Rebasing gehört ebenfalls zum Branching-Modell von Git. Bisher haben Sie die Branches mit dem `git merge`-Befehl zusammengeführt. Mit dem Rebasing können Sie Commits aus anderen Branches übernehmen, ohne einen Merge durchzuführen.

Beim normalen Mergen werden beide Branches zusammengeführt und gegebenenfalls entsteht ein Merge-Commit. Anders sieht es allerdings beim Rebasing aus. In diesem Fall werden die Commits auf einem Branch einzeln auf dem Haupt-Branch angewendet. Ein Unterschied zum normalen Merge ist, dass in der Historie des Repositorys beziehungsweise des Branches keine der vorherigen Branches mehr sichtbar sind. Die Entwicklungslinie ist dadurch geradlinig.

Um die Funktionsweise besser zu erläutern und damit Sie verstehen, wann und warum man rebasen sollte, folgt das erste Beispiel. Gebraucht wird dafür jeweils ein Commit auf zwei Branches. Zunächst müssen Sie erneut sicherstellen, dass der Branch `master` ausgecheckt ist, von dem aus der Branch `more_content` angelegt wird.

```
$ git switch master
$ git switch -c more_content
Zu neuem Branch 'more_content' gewechselt
```

Wie es der Name des Branches schon andeutet, soll mehr Inhalt hinzugefügt werden. Dazu reicht es, den Text zu verdreifachen und anschließend die Änderung zu committen.

```
$ git add index.html
$ git commit -m "Verdreifachung des Textes"
[more_content f10a9ad] Verdreifachung des Textes
 1 file changed, 10 insertions(+)
```

Der Commit auf dem Branch `more_content` ist somit erfolgreich angelegt worden. Jetzt wird noch ein weiterer Commit auf `master` benötigt. Auf diesen müssen Sie wechseln und im Anschluss einen weiteren Link in der Überschrift hinzufügen. Ab spätestens dieser Stelle folgen nicht mehr an jeder Stelle genaue Anleitungen der Befehle, denn jetzt sollten die gängigen Befehle bekannt sein.

Der Ausschnitt von `index.html` sieht dann wie folgt aus:

```
[...]
        <li class="nav-item">
          <a class="nav-link" href="#">Impressum</a>
        </li>
        <li class="nav-item">
          <a class="nav-link" href="#">About me</a>
        </li>
[...]
```

Auch aus dieser Änderung müssen Sie ein Commit erzeugen, etwa mit der Commit-Nachricht »Erweitere Menü um 'About me' Link«. Die beiden Branches sind somit erfolgreich vorbereitet. Dieser Vorgang sieht ähnlich aus wie der Merge mit einem Merge-Commit aus dem vorherigen Teil des Kapitels. Dieser wäre mit `git merge more_content` möglich, wenn man sich auf `master` befindet. Das ist allerdings nicht Sinn und Zweck des Beispiels, denn Sie sollen ja ein Rebase durchführen.

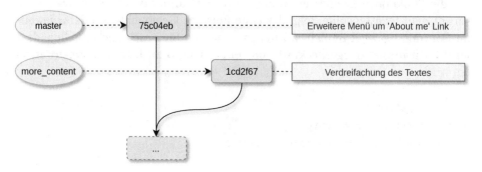

Abb. 3.12: Der Ausgangszustand vor dem Rebase wurde hergestellt.

Die Branches `master` und `more_content` sollen ohne Merge-Commit zusammengeführt werden. Wie die Commit-Historie der Grafik zeigt, ist ein Fast-Forward-Merge nicht mehr möglich. Der Vorgänger-Commit des letzten Commits von `more_content` entspricht nicht demselben letzten Commit wie auf `master`, da dort noch ein zusätzlicher Commit vorhanden ist. Mit dem Rebasen ist es möglich, den Commit aus `master` ohne Merge-Commit in `more_content` zu übernehmen. Ziel des Rebasens ist an dieser Stelle, dass der Entwicklungsbranch `more_content` auf den aktuellen Stand gebracht wird, ohne unschöne Merge-Commits in der Historie zu haben. Am Ende sieht der ursprüngliche Entwicklungsbranch so aus wie ein gerader Entwicklungs-Strang.

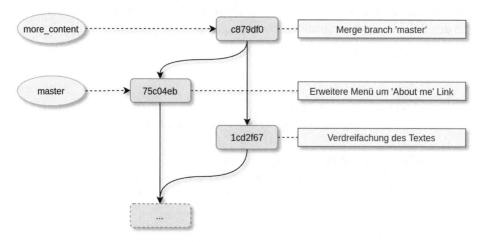

Abb. 3.13: Das soll verhindert werden: ein Merge-Commit in `more_content`.

Die obere Grafik zeigt genau das, was verhindert werden soll, nämlich der Merge-Commit in more_content. Wenn zu einem späteren Zeitpunkt more_content nach master gemergt wird, ist auch der Merge-Commit in der Historie enthalten, die aber nur stört, da sie in diesem Fall keinen Nutzen hat. Beachten Sie, dass es hier ausschließlich um die Merge-Commits in den Feature-Branches wie more_content geht! Die regulären Merge-Commits beim Mergen nach master sind häufig weiterhin gewollt.

Hier stellt sich natürlich die Frage, was jetzt die genauen Vorteile und auch Nachteile von Rebasen gegenüber Mergen ist. Wie bereits zuvor erwähnt, werden die Commits einzeln auf dem Branch neu angewendet. Die genaue Funktionsweise wird klarer, wenn Sie es einmal selbst durchführen. Hierfür müssen Sie zurück auf den Branch more_content wechseln, wo der Rebase durchgeführt werden soll.

```
$ git switch more_content
$ git rebase master
Erfolgreich Rebase ausgeführt und refs/heads/more_content aktualisiert.
```

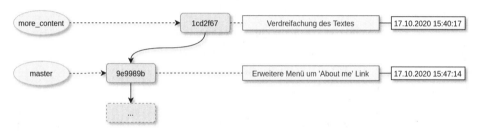

Abb. 3.14: Ein Rebase wurde von more_content auf master durchgeführt.

Das Ziel wurde mit dem Rebase erreicht, denn der Vorgänger-Commit vom Kopf von more_content fußt jetzt nicht mehr auf dem alten Commit, sondern auf dem neuen Commit auf master, indem das Menü erweitert wurde. Zu beachten ist, dass sich das Datum der beiden Commits nicht verändert hat. Der frühere Commit »f10a9ad« ist in diesem Beispiel somit etwa 7 Minuten älter als der Vorgänger-Commit und trägt jetzt die Commit-ID »1cd2f67«. Beim Rebasen wird die Historie neu geschrieben, weshalb der Commit von more_content neu erstellt wurde und somit eine neue ID bekommen hat.

Wenn Sie also auf dem Branch more_content ausgecheckt haben und die Commits aus dem Branch master nach more_content übernommen werden sollen, ohne einen Merge-Commit zu haben, dann müssen Sie git rebase master ausführen. Wie aus der Ausgabe abgelesen werden kann, wird der Branch zuerst »zurückgespult«, das heißt, dass in diesem Schritt vorübergehend die getätigten Änderungen – also die Commits – zurückgenommen werden. Anschließend übernimmt Git die Commits einzeln aus dem anderen Branch, in diesem Fall aus dem

Branch `master`. Zum Schluss werden die Commits vom Branch wieder einzeln angewandt. Da es sich lediglich um einen Commit handelt, wird auch nur dieser angewandt.

Klarer wird es, wenn man sich die Commits auf einem Branch als einen Stapel vorstellt. Beim Rebase wird auf `more_content` sozusagen jeder Commit anhand der ID vom Stapel genommen und mit den Commits aus `master` verglichen. Sobald bei beiden Stapeln die gleichen Commits gefunden wurden, wurde die Basis beider Branches gefunden. Dies sind dann in der Regel die neuen Commits vom Stapel `master`. Diese werden dann ebenfalls auch auf `more_content` gestapelt. Zu diesem Zeitpunkt sind beide Branches vorübergehend identisch. Es fehlen allerdings noch die weiteren Commits aus `more_content`, denn diese werden dann einzeln wieder aufeinandergestapelt.

Beim Rebasen kann es zwangsläufig häufiger zu Konflikten kommen, wenn bei beiden Branches etwas verändert wurde, vom Prinzip her ist es aber genauso wie bei Merges auch. Bevor dieser Fall genauer untersucht wird, lohnt sich mal wieder ein Blick auf die letzten Commits auf `more_content`.

```
$ git log -n 3
commit 1cd2f678273ac0e20a011879e7964101473decd8 (HEAD -> more_content)
Author: Sujeevan Vijayakumaran <mail@svij.org>
Date:   Sat Oct 17 15:40:17 2020 +0200

    Verdreifachung des Textes

commit 9e9989b9d8f20c8852bd3680cbefbbb2b8a46fd3 (master)
Author: Sujeevan Vijayakumaran <mail@svij.org>
Date:   Sat Oct 17 15:47:14 2020 +0200

    Erweitere Menü um 'About me' Link

commit 3b39f214f8166cf5cf2b47034fd49e5264b2df38
Merge: e046366 e092337
Author: Sujeevan Vijayakumaran <mail@svij.org>
Date:   Sat Oct 17 15:00:54 2020 +0200

    Merge branch 'titel' into master
```

Der unterste dieser drei Commits ist der Basis-Commit, den es vor dem Rebase auf beiden Branches gab. Zeitlich danach wurde der Branch `more_content` angelegt und ein Commit darauf erzeugt und erst danach wurde auf `master` der Menü-Punkt in `master` hinzugefügt. Im Log ist die zeitliche Reihenfolge nämlich nicht relevant, da ein Rebase durchgeführt wurde. Das erkennt man auch an den Uhrzeiten des Commits, denn so ist der letzte Commit auf dem Branch in diesem Beispiel etwa 24 Minuten älter als der vorletzte Commit.

Die Commits sind bekanntlich eine logisch verkettete Liste, in der das Erzeugungsdatum keine Rolle spielt. Einige werden sich vermutlich an dieser Stelle die Frage stellen: »Keine Merge-Commits sind schön und gut, aber warum brauche ich das und wann sollte ich das nun einsetzen?«

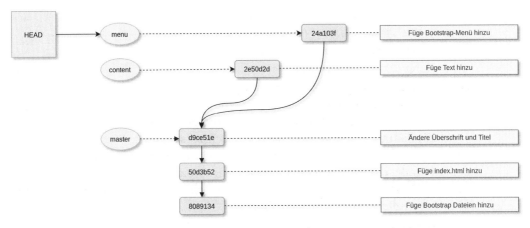

Abb. 3.15: Das Rebasen von Feature-Branches erzeugt eine schönere Historie als Mergen.

Beim Entwickeln von Software im Team werden häufig mehrere Features parallel entwickelt. Wenn etwa der Branch master nur vollständige und somit fertige Features enthält, dann werden dort immer nur die Änderungen zusammengeführt, wenn die Features in den Branches fertig entwickelt sind. Falls allerdings größere Features entwickelt werden, kann das durchaus eine längere Zeit in Anspruch nehmen. In der Zwischenzeit bleibt die Entwicklung im Projekt nicht stehen, denn es kommen immer wieder neue Features und Fehlerkorrekturen dazu. Die beiden Entwicklungslinien auf master und dem Entwicklungsbranch divergieren damit immer weiter. Ein Konflikt-freies Mergen wird immer unwahrscheinlicher und somit lässt sich das neue Feature auch nicht mehr so einfach nach master mergen.

Damit der Entwickler auf seinem Entwicklungsbranch immer auf dem aktuellen Stand der Entwicklung bleibt, muss er die neuen Commits aus master wieder in seinen Entwicklungsbranch holen. Da könnte er zwar jedes Mal einen Merge durchführen, doch würden dann häufig sehr viele Merge-Commits entstehen, die nur der Übersicht in der Historie schaden. Stattdessen kann der Entwickler immer ein Rebase von master durchführen. Die Konflikte, die beim Rebasen auftreten, müssen Sie dann selbst korrigieren und die Änderungen gegebenenfalls nachziehen.

Der Vorteil ist, dass der Branch am Ende weiterhin auf dem aktuellen Stand ist, obwohl die Commits durchaus älter sein können. Wenn nun der Entwicklungsbranch fertig ist und nach master überführt werden soll, möchte man häufig allerdings doch einen Merge-Commit haben, damit man die Existenz des Branches in der Historie noch sehen kann.

```
$ git switch master
$ git merge more_content --no-ff
Merge made by the 'recursive' strategy.
 index.html | 10 ++++++++++
 1 file changed, 10 insertions(+)
```

Somit enthält der Entwicklungsbranch – in diesem Fall `more_content` – nur die Änderungen, die relevant sind, und keine störenden Merge-Commits. Nach `master` kann dann `more_content` wieder gemergt werden, diesmal allerdings mit `--no-ff`, damit der Merge nach `master` noch zu sehen ist. Dies ist nur ein Beispiel, wie sinnvoll das Rebasen und Mergen genutzt werden können. Das ist wieder ein Punkt, der stark von dem Entwicklungsprozess, der Größe des Teams und somit des Workflows abhängt. Das ist noch mal ein großes Thema im sechsten Kapitel und wird dort ausführlichst behandelt.

Zum Schluss stellt sich noch die Frage, wann denn nun ein Rebase durchgeführt und wann lieber ein Merge vorgenommen werden sollte. Als kleine Grundregel kann man sich merken, dass immer dann ein Rebase genutzt werden sollte, wenn regelmäßig zeitgleich laufende Änderungen auch in den eigenen Entwicklungsbranch hineingeholt werden sollen. Ein Merge sollte man hingegen dann ausführen, wenn fertige Entwicklungsbranches in einem der Hauptentwicklungsbranches zusammengeführt werden sollen. Weder das eine noch das andere lässt sich immer problemlos durchführen, sodass es häufiger auch auf die jeweilige Situation ankommt, ob nun ein Rebase oder ein Merge ausgeführt wird.

> **Hinweis**
>
> Mit `git reflog` lässt sich näher überprüfen, was alles im lokalen Repository geschehen ist. Dies ist insbesondere dann hilfreich, wenn man in einen »kaputten« Zustand gerät, in dem alte Branches mit Commits wiederhergestellt werden sollen. Nähere Informationen dazu finden sich in Abschnitt 9.5.

3.8 Stash und Clean

Der Stash ist in Git eine Art Zwischenlager und wird häufig genutzt, wenn man mitten in der Arbeit steckt und trotzdem zwischen Branches wechseln möchte. So kann etwa angenommen werden, dass gerade an einem Feature entwickelt wird, das noch nicht fertig ist, man allerdings kurz auf einen anderen Branch wechseln muss, um beispielsweise den Code von Kollegen zu prüfen oder schnell einen Fehler zu korrigieren.

Man kann etwa einen »Work-in-Progress«-Commit mit dem unfertigen Code erstellen und zwischen den Branches hin- und herwechseln und später an der Stelle weitermachen. Das Erstellen eines Commits mit unfertigen Änderungen ist nicht sehr aufwendig, wenn aber die Arbeit fortgesetzt werden soll, ist das Verfahren dann doch etwas zu umständlich. Als Alternative bietet sich die Nutzung des Stashes an. Die Funktion des Stashes ist prinzipiell sehr simpel. Am besten probieren Sie den Stash selbst aus. Dabei ist es hilfreich, sich die Ausgabe von `git stash` anzusehen.

```
$ git stash
Keine lokalen Änderungen zum Speichern
```

Die Ausgabe ist klar – wo keine Änderungen zum Zwischenspeichern sind, kann auch keine Änderung gestasht werden. Voraussetzung ist also, dass sich im Arbeitsverzeichnis des Projekts Dateien befinden, die angepasst wurden und Git auch schon bekannt sind, also in diesem Beispiel die Datei `index.html`. Git speichert beim Stashen alle Änderungen an beobachteten Dateien zwischen; also werden komplett neue Dateien, die noch nicht in Commits oder im Staging-Bereich gelandet sind, vollständig ignoriert. Was gespeichert wird, sind der Staging-Bereich und die veränderten Dateien.

Nachdem Sie die `index.html` beliebig manipuliert haben, sollten Sie noch eine weitere leere Datei »temp« anlegen, die weder in einem Commit steckt noch in den Staging-Bereich wandern soll. Die Ausgabe von `git status` sieht dann in etwa so aus:

```
$ git status
Auf Branch master
Änderungen, die nicht zum Commit vorgemerkt sind:
  (benutzen Sie "git add <Datei>...", um die Änderungen zum Commit
vorzumerken)
  (benutzen Sie "git restore <Datei>...", um die Änderungen im
Arbeitsverzeichnis zu verwerfen)
        geändert:       index.html
Unversionierte Dateien:
  (benutzen Sie "git add <Datei>...", um die Änderungen zum Commit
vorzumerken)
        temp
keine Änderungen zum Commit vorgemerkt (benutzen Sie "git add" und/oder
"git commit -a")
```

Wie Sie sehen, gibt es sowohl die eine Änderung in `index.html` als auch die neue Datei. An dieser Stelle kann der aktuelle Stand gestasht werden.

```
$ git stash
Arbeitsverzeichnis und Index-Status WIP on master: c9e0f6c Merge branch
'more_content' into master gespeichert.
```

Die Änderungen wurden somit in den Stash geschoben. Das können Sie nochmals verifizieren, wenn Sie sich erneut die Status-Ausgabe anschauen:

```
$ git status
Auf Branch master
Unversionierte Dateien:
  (benutzen Sie "git add <Datei>...", um die Änderungen zum Commit vorzumerken)
        temp
```

Wie man sieht, ist die temporäre Datei `temp` immer noch vorhanden. Das liegt ganz einfach daran, dass die Datei Git noch gar nicht bekannt ist. Wenn diese also zum Staging-Bereich hinzugefügt wird und dann nochmals gestasht wird, dann ist sie auch im Stash.

```
$ git add temp
$ git stash
Arbeitsverzeichnis und Index-Status WIP on master: c9e0f6c Merge branch
'more_content' into master gespeichert.
$ git status
Auf Branch master
nichts zu committen, Arbeitsverzeichnis unverändert
```

Das Arbeitsverzeichnis des Projekts ist jetzt sauber. Allerdings wurde mittlerweile zweimal gestasht. Der Stash versteht sich als Stack. Das heißt also, dass es mehrere Elemente im Stash geben kann und nicht nur eines. Außerdem gilt dann das LIFO-Verfahren: »Last in – first out«. Eine Übersicht über die Elemente im Stash kann über `git stash list` ausgegeben werden.

```
$ git stash list
stash@{0}: WIP on master: c9e0f6c Merge branch 'more_content' into master
stash@{1}: WIP on master: c9e0f6c Merge branch 'more_content' into master
```

Die Ausgabe zeigt eine nummerierte Liste der Stashes an. WIP steht des Weiteren für »Work in Progress« und gibt den Branch an, von dem die geänderten Dateien gestasht wurden. Das heißt auch, dass das Stash Repository übergreifend funktioniert. Zusätzlich wird auch noch der letzte Commit angezeigt, der während des Stashens vorhanden war.

Die gestashten Änderungen sollen wieder in das Projektverzeichnis fließen. Die Datei temp ist allerdings überflüssig, da sie nicht mehr gebraucht wird, sie kann dann einfach gedropt werden.

```
$ git stash drop
refs/stash@{0} (f7d9b489c5d95149b037d1d3541d391f8d735b1d) gelöscht
```

Der Befehl löscht somit den Inhalt des Stashes – allerdings ausschließlich den Inhalt des neuesten Stash-Elements. Alle anderen Inhalte bleiben weiterhin enthalten. Der Befehl ist allerdings mit Bedacht anzuwenden, da es zu Datenverlusten kommt, wenn plötzlich doch kein drop ausgeführt werden sollte. Für diesen Fall gibt es noch etwas umständlichere Methoden, um verloren gegangene Änderungen aus dem Stash wiederherzustellen.

Zurück zum Stash: An dieser Stelle ist man wieder am ersten Stash-Element, das wieder in das Arbeitsverzeichnis geschoben werden kann.

```
$ git stash pop
Auf Branch master
Änderungen, die nicht zum Commit vorgemerkt sind:
  (benutzen Sie "git add <Datei>...", um die Änderungen zum Commit
vorzumerken)
  (benutzen Sie "git restore <Datei>...", um die Änderungen im
Arbeitsverzeichnis zu verwerfen)
     geändert:     index.html
keine Änderungen zum Commit vorgemerkt (benutzen Sie "git add" und/oder
"git commit -a")
refs/stash@{0} (fe449ec771c8468ed49368b8c7e0649325b51a5e) gelöscht
```

Mit git stash pop werden zwei Befehle kombiniert. Ein Stash kann mehrfach angewandt werden, es ist dann natürlich ungünstig, wenn er im Anschluss direkt beim ersten Mal gelöscht wird. Mit git stash apply werden nur die Änderungen wieder in den Arbeitsordner geschoben. Mit einem weiteren git stash drop wird das Element vom Stash gelöscht.

Sofern Sie keine Änderungen an der index.html-Datei vorgenommen haben, die zu Konflikten führen könnten, funktioniert das Anwenden des Stashes problemlos. Falls allerdings ein Konflikt vorliegt, kommt es nicht zu demselben Effekt wie bei Merge-Konflikten, stattdessen wird darauf hingewiesen, den Konflikt vorher zu korrigieren.

3.8.1 Das Arbeitsverzeichnis säubern

Je nach Projekt und Arbeitsweise liegen im Projektverzeichnis temporäre Dateien, seien es Dateien, die nur zwischenzeitlich gebraucht wurden, Log-Dateien oder Tests. Es fehlt also noch eine einfache Methode, um das Projektverzeichnis zu säubern, sodass hinterher nur noch die getrackten Dateien und Verzeichnisse vorliegen. Eine Möglichkeit ist es, `git status` auszuführen und dort die unbeobachteten Dateien händisch einzeln zu löschen. Je nachdem, wie viele Dateien gelöscht werden müssen, ist es mehr oder weniger praktikabel. Wenn es viele sind, dann bietet sich das `git clean`-Kommando an. Aktuell liegt die `index.html`-Datei verändert vor, diese Änderung wird durch das `git clean`-Kommando nicht angefasst, da es sich ausschließlich mit unbeobachteten und nicht mit veränderten Dateien befasst.

Um das Säubern des Arbeitsordners auszuprobieren, müssen Sie zunächst ein paar Dateien und Ordner anlegen, dies geht am einfachsten mit dem `touch`-Befehl für Dateien und `mkdir` für Ordner.

```
$ mkdir x y z
$ touch a b c x/x y/y z/z
$ git status
[...]
Unversionierte Dateien:
  (benutzen Sie "git add <Datei>...", um die Änderungen zum Commit vorzumerken)
        a
        b
        c
        x/
        y/
        z/
$ git clean
fatal: clean.requireForce standardmäßig auf "true" gesetzt und weder -i,
-n noch -f gegeben; "clean" verweigert
```

Wenn man `git clean` ganz ohne weitere Parameter aufruft, wird die Ausführung direkt verweigert, da es keinerlei Möglichkeit gibt, ein `clean` rückgängig zu machen. Bevor effektiv gelöscht wird, steht Ihnen die Möglichkeit offen, ein »dry-run« durchzuführen, das die zu löschenden Dateien vorsorglich ausgibt.

```
$ git clean -n
Würde a löschen
```

```
Würde b löschen
Würde c löschen
```

In der Ausgabe wird nur auf die Dateien im Hauptverzeichnis hingewiesen und nicht auf die Dateien in den Unterordnern x, y und z. Das liegt ganz einfach daran, dass defaultmäßig nur die unbeobachteten Dateien und nicht die unbeobachteten Ordner gelöscht werden.

```
$ git clean -f
Lösche a
Lösche b
Lösche c
```

Den Parameter -f, der für »force« steht, muss man explizit angeben, da Daten unwiderruflich gelöscht werden. Wenn Sie nun nachprüfen, ob wirklich alles gelöscht ist, fällt auf, dass die Verzeichnisse noch weiterhin vorhanden sind.

```
$ git status
[...]
Unversionierte Dateien:
  (benutzen Sie "git add <Datei>...", um die Änderungen zum Commit
vorzumerken)
        x/
        y/
        z/
```

Um letztendlich die Ordner gleichzeitig mitzulöschen, müssen Sie zusätzlich den -d-Parameter angeben.

```
$ git clean -df
Lösche x/
Lösche y/
Lösche z/
```

Der Befehl kombiniert dann sowohl die Löschung der Verzeichnisse als auch der Dateien im Projektverzeichnis. Allerdings gilt zu beachten, dass die Befehle jeweils abhängig vom Verzeichnis sind, in dem man sich gerade befindet. Wenn man sich also in einem tieferen Verzeichnis des Projekts befindet und dort clean ausführt, dann werden die Dateien und ggf. Verzeichnisse nur abhängig von diesem Verzeichnis gesäubert und nicht in den Verzeichnissen darüber.

Allerdings möchte ich betonen, dass die bisherigen Kommandos alle von Git ignorierten Dateien nicht löschen. Das sind alle Dateien und Ordner, die in der `.gitignore`-Datei gelistet sind. Wie diese Datei genau funktioniert, erfahren Sie im nächsten Unterkapitel. Nichtsdestotrotz sei erwähnt, dass zusätzlich der -x-Parameter angegeben werden muss, um wirklich alle unbeobachteten Dateien zu löschen, auch wenn sie von Git ignoriert werden.

3.8.2 Dateien ignorieren

Je nach Programmiersprache, Projekt und Entwicklungsumgebung fallen zwangsläufig Dateien an, die im Projektverzeichnis vorhanden sein müssen. Dies sind bei C++-Projekten zum Beispiel kompilierte Dateien, die in der Regel nicht mit in das Repository eingecheckt werden sollten. Solche Dateien werden häufig genug erzeugt und gebraucht, sodass sie nicht gelöscht werden dürfen. Beim Arbeiten mit Git stören solche Dateien allerdings, da sie immer in der Status-Ausgabe stehen und sie so schnell aus Versehen in das Repository geschoben werden können.

Abhilfe schafft die Datei `.gitignore`, die man im Repository anlegen kann. Wichtig: Den Punkt vor »gitignore« darf nicht weggelassen werden! In dieser Text-Datei können die zu ignorierenden Dateien aufgelistet werden. Sie sollte im Repository liegen, sodass sie für alle Nutzer des Repositorys zur Verfügung steht. Dadurch bedingt sollten die Einträge allgemeingültig für das Projekt sein und keine persönlichen festen Einträge enthalten.

Für das Webseiten-Projekt gibt es keinen direkten offensichtlichen Bedarf für eine `.gitignore`-Datei. Daher bietet sich an, es exemplarisch anhand eines C++-Projekts zu begutachten.

Wie zuvor schon erwähnt, sollten keine kompilierten Dateien im Repository landen. Dementsprechend sollen Dateien mit der Endung *.dll, *.so und *.exe ignoriert werden. Diese drei Dateiendungen sollen im ganzen Projekt ignoriert werden. Die passende `.gitignore`-Datei sieht dann so aus:

```
*.dll
*.so
*.exe
```

Das Sternchen wirkt als Wildcard für alle Dateien mit der entsprechenden Dateiendung. Zusätzlich soll ein kompletter Unterordner ignoriert werden, denn im `build`-Verzeichnis liegen weitere Dateien, die bei jedem Kompilier-Vorgang des Projekts erzeugt werden. Problematisch wird es zunächst nur, wenn in einem zu ignorierenden Ordner Dateien liegen, die nicht ignoriert werden sollen.

```
*.dll
*.so
*.exe
build/
!build/version.h
```

Das Ignorieren spezifischer Ordner kann direkt über den Namen oder auch über Wildcard-Einträge erfolgen. Mit einem Ausrufezeichen kann das Ignorieren einzelner Dateien oder Ordner wieder rückgängig gemacht werden. Wenn Sie das jetzt allerdings ausprobieren, dann fällt auf, dass das gar nicht so funktioniert wie gedacht, denn auch weiterhin wird die Datei build/version.h von Git ignoriert. Die Lösung ist, dass mit build/ immer alles ignoriert wird, egal ob danach noch ein Whitelisting erfolgt oder nicht. Umgehen kann man das Problem, indem man das Sternchen als Wildcard nutzt und somit alles innerhalb des build-Verzeichnisses ignoriert ohne das Verzeichnis selbst sowie ohne die darin befindliche version.h-Datei. Die funktionierende .gitignore-Datei sieht dann so aus:

```
*.dll
*.so
*.exe
build/*
!build/version.h
```

Es gibt nicht nur .gitignore-Dateien innerhalb von Repositorys, sondern auch globale Ignore-Dateien, die sich jeder Benutzer selbst konfigurieren kann. Die Datei kann in einem beliebigen Ordner liegen, etwa in ~/.gitignore_global. Der Aufbau innerhalb der Datei ist identisch mit den Repository-bezogenen .gitignore-Dateien. Allerdings müssen Sie Git noch konfigurieren, um die Datei einzubinden.

```
$ git config --global core.excludesfile ~/.gitignore_global
```

Für Anfänger wird die .gitignore-Datei zu Beginn, je nach Projekt, schnell wachsen und auch schnell unübersichtlich werden. Auf GitHub findet sich eine gute Quelle an .gitignore-Dateien, die entweder Programmiersprachen-bezogen oder relevant für die eingesetzte Entwicklungsumgebung sind. Das Repository mit all den Dateien findet sich auf http://github.com/github/gitignore.

3.9 Zusammenfassung

Dieses Kapitel behandelte im Wesentlichen die Handhabung von Branches. Die betraf sowohl das Anlegen und Wechseln als auch die Zusammenführung von Branches.

> **Überblick der eingeführten Befehle**
>
> - `git branch`
>   - Legt einen Branch an.
> - `git merge`
>   - Führt die Entwicklungslinien von mindestens zwei Branches zusammen.
> - `git rebase`
>   - Führt die Entwicklungslinien zusammen, indem es keinen Merge-Commit erzeugt, sondern die Commits einzeln auf Basis des anderen Branches anwendet. Dies führt zu einer geradlinigen Entwicklungslinie.
> - `git mergetool`
>   - Ermöglicht die Konfiguration eines grafischen Mergetools.
> - `git stash`
>   - Schiebt die nicht in einem Commit enthaltenen Änderungen seit dem letzten Commit in einen Zwischenspeicher.
>   - pop: Schiebt das letzte Element des Stashes wieder in das Arbeitsverzeichnis.
>   - drop: Verwirft das letzte Element des Stashes.
> - `git switch`
>   - Ermöglicht das Wechseln zwischen Branches.
> - `git clean`
>   - Ermöglicht das Säubern von nicht getrackten Dateien aus dem Arbeitsverzeichnis.

Kapitel 4

Verteilte Repositorys

Eine große Stärke von Git ist, dass ein Repository auf vielen verschiedenen Rechnern verteilt liegen kann. Es ist daher, wie eingangs schon beschrieben, ein verteiltes Versionsverwaltungsprogramm. In den ersten drei Kapiteln des Buches ging es darum, ein Repository mit einigen Dateien und Commits aufzubauen. All dies geschah vollständig lokal, sodass keine Daten Ihren Rechner verlassen haben. Für das allgemeine Verständnis kommt noch eine Abstraktionsschicht hinzu, da von nun die Arbeit an mit mehreren Repositorys im Vordergrund steht. In der Theorie ist jedes Repository mit jedem gleichgestellt. Dies sieht in der Praxis allerdings etwas anders aus, da bei den meisten Projekten mit einem zentralen Server gearbeitet wird, in dem die Repositorys liegen.

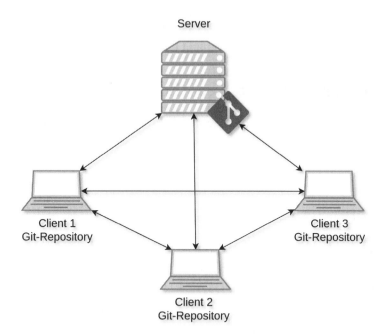

Abb. 4.1: Jedes Git-Repository ist prinzipiell mit jedem gleichgestellt.

Häufig wird von »entfernt« liegenden Repositorys geredet, da sie eben nicht auf demselben Arbeitsrechner liegen, sondern auf einem Rechner in einer gewissen

Entfernung. Diese Repositorys werden im Git-Kontext Remote-Repositorys genannt, da sie auf einem Remote-Server liegen. Um mit diesen Repositorys zu arbeiten, gibt es den Befehl `git remote`. Wenn Sie noch keine Remote-Repositorys hinzugefügt haben, wie es bei diesem Webseiten-Projekt der Fall ist, dann erfolgt keine Ausgabe beim Ausführen des Kommandos. Es bietet sich bei wichtigen Projekten grundsätzlich immer an, mit mindestens einem Remote-Repository zu arbeiten. Ein Projekt, dessen Git-Repository nur auf einem lokalen Rechner liegt, ist kaum vor Datenverlust gesichert. Zusätzlich sind Remote-Repositorys nützlich, da man mit wenig Aufwand einfach kollaborativ an einem Projekt arbeiten kann.

Um die Arbeitsweise mit Remote-Repositorys zu erläutern, werden wir das Projekt stufenweise um das ein oder andere Remote-Repository erweitern. Aus eigener Erfahrung kann ich sagen, dass die meisten Git-Anfänger zu Beginn Probleme haben, zu verstehen, wann welche Aktion wo ausgeführt wird. Es ist ihnen teilweise nicht klar, ob ein Commit nun nur lokal vorhanden oder ob es schon mit anderen geteilt ist. Dieses Problem tritt insbesondere bei Umsteigern von zentralen Versionsverwaltungsprogrammen wie Subversion auf, da dort eben das lokale Repository nicht existent ist.

Es gibt verschiedene Möglichkeiten, einen Git-Server einzurichten. In Kapitel 5 wird insbesondere das Hosting mittels GitLab und GitHub erläutert. Da es in diesem Kapitel hauptsächlich um die Arbeitsweise mit Remote-Repositorys geht, wird hier das Anlegen von Remote-Repositorys erst einmal lokal erledigt.

4.1 Projekt mit einem Remote-Repository

Zunächst fangen wir mit einem einfachen kleinen Setup an. Ziel ist es, dass ein Remote-Repository vorhanden ist, in das alle oder nur Teile des lokalen Repositorys geschoben werden können. Insgesamt soll nur eine Person an dem Repository arbeiten, nämlich Sie.

Zuerst gilt es, das Remote-Repository auf dem Dateisystem anzulegen. Dass die Dateien vorerst weiterhin auf demselben Rechner liegen, ist erst einmal egal. Ein Remote-Repository kann nämlich überall liegen – auch auf dem lokalen Rechner. Man kann sich daher einfach vorstellen, dass die Daten auf einem entfernten Server liegen. Die Daten dieses und der nachfolgenden Remote-Repositorys sollen im Verzeichnis ~/git landen, das somit der Ordner git im Home-Verzeichnis ist. Anschließend wird das Git-Repository an diese Stelle geklont.

```
$ mkdir ~/git
$ git clone --bare . ~/git/meineWebsite.git
Klone in Bare-Repository '/home/sujee/git/meineWebsite.git' ...
Fertig.
```

Der Befehl `git clone` mit dem Parameter `--bare` klont, also kopiert, das ganze Repository aus dem aktuellen Verzeichnis in das Verzeichnis `~/git/meineWebsite.git`. Der Inhalt des neuen Ordners sowie der des `.git`-Verzeichnisses im Projektordner sind fast identisch. Zur Erinnerung: Alle Dateien eines Git-Repositorys werden im `.git`-Verzeichnis gespeichert. Dies betrifft insbesondere alle Revisionen aller Dateien und Branches. Im Projekt-Ordner ist dann immer ein Stand des Repositorys in Form einer Arbeitskopie ausgecheckt.

> **Wichtig**
>
> Wie bereits erwähnt, ist `git clone --bare` kein alltäglicher Befehl aus der Praxis. In der Regel wird auf einen Git-Hosting-Server hochgeladen oder das Repository wird von einem Git-Hosting-Server geklont. Dazu mehr in Kapitel 5.

Der lokale Ordner `~/git/meineWebsite.git` wird nicht mehr händisch angefasst. Alle weiteren Befehle führen Sie wie gehabt aus dem Projektverzeichnis aus. So ist es an der Zeit, das lokale Repository mit dem Remote-Repository zu verbinden.

Da Sie noch keine Remote-Repositorys konfiguriert haben, gibt die Ausgabe von `git remote` noch nichts aus. Ein Remote-Repository lässt sich sehr einfach konfigurieren.

```
$ git remote add origin ~/git/meineWebsite.git
```

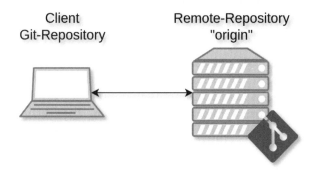

Abb. 4.2: Das Remote-Repository wurde mit dem lokalen Repository bekannt gemacht.

Auch bei diesem Befehl erfolgt im Erfolgsfall keine Ausgabe. Der Befehl unterteilt sich in mehrere Teile. Mit `remote` geben Sie, ähnlich wie es bei `commit` und `merge` der Fall ist, an, dass das Remote-Feature von Git genutzt werden soll. Mit dem Parameter `add` wird mitgeteilt, dass ein neues Remote-Repository hinzugefügt werden soll. Danach folgen der Name und die Adresse, worüber das Remote-Repository gefunden werden kann. Hier ist es ein lokaler Pfad, es kann sich dabei aber auch um einen Pfad handeln, der auf einem Netzwerklaufwerk liegt. Alternativ, und das ist die häufigste Variante, ist ein Remote-Repository über das HTTPS-, SSH- oder Git-Protokoll erreichbar.

Git hat an dieser Stelle aber noch keinen Versuch ausgeführt, um zu prüfen, ob das Remote-Repository erreichbar ist. Wenn Sie etwa einen falschen Pfad angegeben haben, erscheint noch keine Fehlermeldung, da nur die Konfiguration für das Remote-Repository gesetzt wurde.

Mit `git remote` können Sie nachprüfen, ob das gewünschte Remote-Repository konfiguriert wurde:

```
$ git remote
origin
```

Der Name `origin` für das Remote-Repository verhält sich ähnlich wie der Name des Branches `master`. Beim Klonen von einem anderen Ort in das lokale Verzeichnis legt Git automatisch das Remote-Repository mit dem Namen `origin` an. Wenn Sie ein Repository frisch klonen, dann muss die Konfiguration des Remote-Repositorys nicht durchgeführt werden. Wenn Sie das Repository wie hier allerdings erst lokal anlegen und im zweiten Schritt hochladen, dann ist die Konfiguration notwendig. Es ist nicht zwangsläufig so, dass ein Remote-Repository `origin` heißen muss, doch ist es geläufig, dass `origin` immer das Remote-Repository ist, auf dem der Nutzer Schreibrechte besitzt. Berechtigungen wurden bislang noch nicht behandelt, da noch nicht in das Arbeiten mit Git mit mehr als einer Person eingeführt wurde. Nichtsdestotrotz bietet es sich an, das eigene Remote-Repository immer `origin` zu nennen.

Bislang haben wir ausschließlich konfiguriert, aber es fand noch keinen Datenaustausch statt. Für jedes Interagieren mit einem entfernten Repository gibt es zusätzliche Befehle. Wenn Sie ganz normal Commits und Branches erstellen, dann wird im Hintergrund nie etwas automatisch hochgeladen. Zum jetzigen Zeitpunkt sind die Daten zwischen dem lokalen und dem Remote-Repository gleich, allerdings hat noch kein Abgleich stattgefunden. Mit dem `fetch`-Befehl können Sie die Daten des Remote-Repositorys abholen:

```
$ git fetch
Von /home/sujee/git/meineWebsite
 * [neuer Branch]      master        -> origin/master
 * [neuer Branch]      menu          -> origin/menu
 * [neuer Branch]      more_content  -> origin/more_content
 * [neuer Branch]      titel         -> origin/titel
```

Durch das Ausführen des Kommandos wurden die Branches des Remote-Repositorys auch lokal angelegt. Diese fangen mit dem Präfix `origin/` an, da dies der Name des Remote-Repositorys ist.

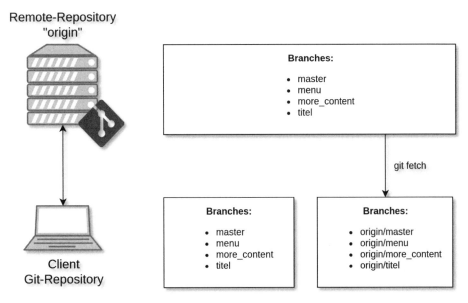

Abb. 4.3: `git fetch` macht die Branches von `origin` als zusätzliche Branches verfügbar.

Wenn Änderungen in einem Remote-Branch vorhanden sind, die nicht im lokalen Branch sind, müssen diese noch gemergt werden.

```
$ git merge origin/master
```

Hier sollten Sie allerdings aufpassen, da Merge-Commits entstehen können, wenn auch lokal neue Commits vorhanden sind. Schöner wäre daher ein Rebase. Nichtsdestotrotz gibt es auch eine kombinierte Variante von `fetch` und `merge`.

```
$ git pull origin master
Hinweis: Es wird davon abgeraten zu Pullen, ohne anzugeben, wie mit
Hinweis: abweichenden Branches umgegangen werden soll. Sie können diese
Hinweis: Nachricht unterdrücken, indem Sie einen der folgenden Befehle
Hinweis: ausführen, bevor der nächste Pull ausgeführt wird:
Hinweis:
Hinweis:   git config pull.rebase false  # Merge (Standard-Strategie)
Hinweis:   git config pull.rebase true   # Rebase
```

```
Hinweis:    git config pull.ff only        # ausschließlich Vorspulen
Hinweis:
Hinweis: Sie können statt "git config" auch "git config --global"
Hinweis: nutzen, um einen Standard für alle Repositories festzulegen.
Hinweis: Sie können auch die Option --rebase, --no-rebase oder --ff-only
Hinweis: auf der Kommandozeile nutzen, um das konfigurierte
Hinweis: Standardverhalten pro Aufruf zu überschreiben.
```

In diesem Fall wird der Branch master aus dem Remote-Repository origin heruntergeladen und mit dem lokalen Branch master gemergt.

> **Hinweis**
>
> In neueren Versionen fragt Git nach, welches Pull-Methode im Standard verwendet werden soll. Konkret gibt es drei Möglichkeiten: Merge ohne Rebase, Merge mit Rebase und ausschließlich per Fast-Forward Merge.
>
> In der Regel ist ein Pull mit Rebase sinnvoll, damit Sie ihre eigenen Änderungen gegebenenfalls an die heruntergeladenen Änderungen anpassen könne, ohne, dass Merge-Commits entstehen.

Beim Herunterladen von Daten des Remote-Repositorys ist hervorzuheben, dass die Remote-Branches als zusätzliche Branches vorliegen, wie Sie der Grafik entnehmen können. Bei einem Fetch bleiben die lokalen Branches unberührt. Der Stand ist dabei immer von der letzten Ausführung von git fetch abhängig. Wenn etwa längere Zeit vergangen ist und kein git fetch ausgeführt wurde, sind auch die Remote-Branches auf dem alten Stand. Wer sich an dieser Stelle anschaut, welche Branches vorhanden sind, sieht Folgendes:

```
$ git branch
* master
  menu
  more_content
  titel
```

Diese Ausgabe sieht so weit so aus, als wenn die Remote-Branches nicht vorhanden wären. Standardmäßig werden die Remote-Branches allerdings nicht aufgelistet. Dies können Sie nachvollziehen, wenn Sie mit dem Parameter -a die Branches auflisten.

```
$ git branch -a
* master
  menu
  more_content
  titel
  remotes/origin/master
  remotes/origin/menu
  remotes/origin/more_content
  remotes/origin/titel
```

Obwohl die Branchnamen mit `remotes/` eingeleitet werden, können Sie Remote-Branches ohne diesen Zusatz auschecken. Dazu mehr an späterer Stelle in diesem Kapitel.

Da beide Repositorys noch auf dem gleichen Stand sind, wird ein neuer Commit oder Branch benötigt, um die Kommunikation zwischen den lokalen und Remote-Repositorys zu erläutern. Am einfachsten ist es, ein weiteres Menü-Element im Menü hinzuzufügen. Der Ausschnitt der Datei `index.html` kann dann wie folgt aussehen:

```
[...]
        <li class="nav-item">
          <a class="nav-link" href="#">Impressum</a>
        </li>
        <li class="nav-item">
          <a class="nav-link" href="#">About me</a>
        </li>
        <li class="nav-item">
          <a class="nav-link" href="#">Social Media</a>
        </li>
[...]
```

Es wurde also nur der Menüpunkt »Social-Media« hinzugefügt, analog zu den anderen Menüpunkten. Die Änderung sollten Sie dann wieder als Commit speichern, dieses Mal beispielsweise mit der Commit-Message »Füge Social-Media-Menüpunkt hinzu«.

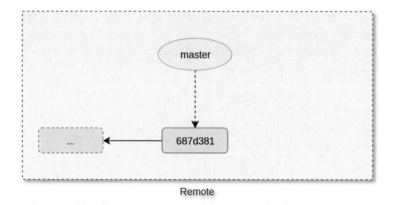

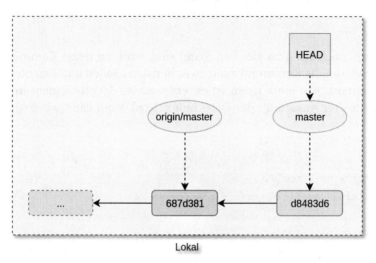

Abb. 4.4: master ist origin/master durch den neuen Commit um einen Commit voraus.

Der Commit ist jetzt zwar erzeugt worden, doch noch ist er ausschließlich lokal verfügbar. Der lokale Branch master enthält den neuen Commit. Lokal ist zudem origin/master auf dem alten Stand. Wenn Sie jetzt ein git fetch ausführen würden, wäre origin/master auch weiterhin auf dem alten Stand, denn das Remote-Repository kennt noch immer nicht den neuen Commit. Dem Remote-Repository muss daher explizit mitgeteilt werden, wenn die neuesten Änderungen auch dort verfügbar gemacht werden sollen. Bevor Sie das tun, lohnt sich erneut ein Blick auf git status:

```
$ git status
Auf Branch master
   nichts zu committen, Arbeitsverzeichnis unverändert
```

Die Status-Ausgabe zeigt an dieser Stelle noch nicht wesentlich mehr an als sonst auch. Insbesondere sehen Sie an dieser Stelle noch nicht, dass ein Commit vorhanden ist, den Sie auf den Server veröffentlichen können. Dies führen wir als Nächstes durch die Ausführung von `git push` durch:

```
$ git push
Fatal: Der aktuelle Branch master hat keinen Upstream-Branch.
Um den aktuellen Branch zu versenden und den Remote-Branch als Upstream-
Branch zu setzen, benutzen Sie
    git push --set-upstream origin master
```

Wenn `git push` ohne jeglichen Parameter ausgeführt wird, versucht Git, den aktuellen Branch auf das Remote-Repository zu übertragen. Allerdings führt Git den Push nur durch, wenn ein sogenannter Upstream-Branch konfiguriert wurde. Wie die Ausgabe zuvor aussagt, müssen Sie den folgenden Befehl ausführen, damit der Branch gepusht und der Upstream-Branch konfiguriert wird:

```
$ git push --set-upstream origin master
Objekte aufzählen: 5, Fertig.
Zähle Objekte: 100% (5/5), Fertig.
Delta-Kompression verwendet bis zu 4 Threads.
Komprimiere Objekte: 100% (3/3), Fertig.
Schreibe Objekte: 100% (3/3), 389 bytes | 389.00 KiB/s, Fertig.
Gesamt 3 (Delta 1), Wiederverwendet 0 (Delta 0)
To /home/sujee/git/meineWebsite.git
   687d381..d8483d6  master -> master
Branch 'master' folgt nun Remote-Branch 'master' von 'origin'.
```

Durch den Push ist der neue Commit auf dem Remote-Repository verfügbar. Die abgebildete Grafik zeigt den aktuellen Stand im lokalen Repository und im Remote-Repository. Der lokal vorliegende Remote-Branch `origin/master` wird auch automatisch aktualisiert, wenn zuvor auf diesen Remote-Branch gepusht wurde. Durch das Setzen des Upstream-Branches wurde die Verknüpfung des lokalen Branches mit dem Remote-Branch konfiguriert. Anschließend ist auch der kurze Befehl zum Pushen möglich:

```
$ git push
Everything up-to-date
```

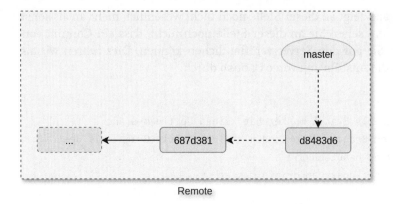

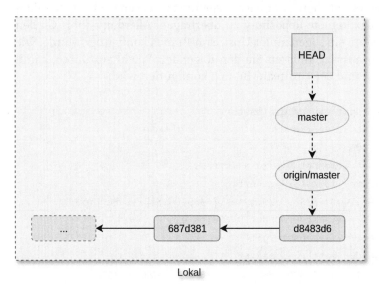

Abb. 4.5: Der neue Commit ist nach dem Push auch auf dem Remote-Repository verfügbar.

Da keine neuen Commits auf dem Branch vorhanden sind, vermeldet Git, dass alles so weit aktuell ist. Alternativ kann man auch Branches pushen, ohne jedes Mal einen Upstream-Branch setzen zu müssen. Dafür muss lediglich als zweiter Parameter das Remote-Repository und als dritter Parameter der lokale Branch angegeben werden. Das sieht dann so aus:

```
$ git push origin more_content
Everything up-to-date
```

Auch hier wieder die Erinnerung, dass keine neuen Commits auf den Branch `more_content` vorhanden sind, weshalb nichts weiter passiert ist.

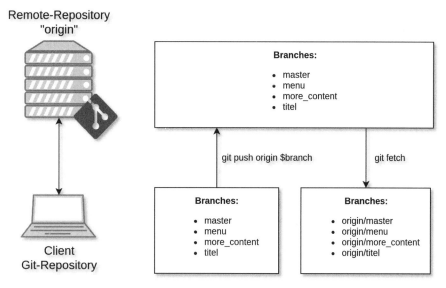

Abb. 4.6: Mit `git push origin $branchname` wird der angegebene lokale Branch auf das Remote-Repository hochgeladen.

4.2 Branch-Management

Mittlerweile haben sich einige Branches angesammelt, die Sie alle bereits nach `master` gemergt haben. Diese können Sie also bedenkenlos entfernen. Da sie sowohl lokal als auch auf dem Remote-Repository verfügbar sind, können sie auf beiden Seiten gelöscht werden. Obwohl Ihnen in diesem kleinen Projekt bekannt ist, dass die Branches schon gemergt wurden, ist dies bei größeren Projekten eher selten der Fall. Es gibt verschiedene Möglichkeiten, die gemergten Branches ausfindig zu machen.

```
$ git switch master
$ git branch --merged
* master
  menu
  more_content
  titel
```

Der Parameter `--merged` listet alle Branches auf, die in diesem Fall nach `master` gemergt wurden. Um genauer zu sein, prüft und listet es nur die Branches auf, die nach HEAD gemergt sind, also dem ausgecheckten Commit, das in diesem Fall den letzten Commit des aktuellen Branches `master` darstellt. Wenn man sich hingegen auf einem anderen Branch befindet, kann auch `git branch --merged master` ausgeführt werden, das liefert dann alle Branches, die nach `master` gemergt wurden, ganz unabhängig vom aktuellen HEAD. Auch die umgekehrte Prüfung ist möglich, nämlich welche Branches noch nicht in einen anderen Branch gemergt wurden, das sieht dann wie folgt aus:

```
$ git branch --no-merged menu
* master
  more_content
  titel
```

Da `menu` nur nach `master` geflossen ist, aber nicht umgekehrt, werden sowohl `master` als auch die anderen Branches aufgelistet. Diese Befehle agierten bisher vollständig lokal. Für den Fall, dass nun noch die Remote-Branches mit abgefragt werden sollen, existiert der zusätzliche Parameter -a.

```
$ git branch -a --merged master
* master
  menu
  more_content
  titel
  remotes/origin/master
  remotes/origin/menu
  remotes/origin/more_content
  remotes/origin/titel
```

Die Remote-Branches werden zusätzlich mit dem Präfix `remotes/` aufgelistet. Git unterstützt den Nutzer beim Löschen von Branches. Wie in Kapitel 3 schon einmal erwähnt, werden Branches mit dem Parameter -d gelöscht, und zwar nur dann, wenn sie bereits nach HEAD gemergt wurden. Da sowohl `more_content`, `menu`, als auch `titel` nicht mehr gebraucht werden, können Sie diese bedenkenlos löschen.

```
$ git branch -d menu
Branch menu entfernt (war e9f24e9).
$ git branch -d more_content titel
Branch more_content entfernt (war 1cd2f67).
Branch titel entfernt (war e092337).
```

Wenn Sie jetzt noch mal kontrollieren, ob die gemergten Branches gelöscht wurden, dann sehen Sie, dass die Remote-Branches noch vorhanden sind.

```
$ git branch -a --merged master
* master
  remotes/origin/master
  remotes/origin/menu
  remotes/origin/more_content
  remotes/origin/titel
```

Die vorherigen Kommandos wurden explizit nur lokal ausgeführt. Dem Remote-Repository muss die Löschung von Branches noch separat bekannt gemacht werden.

```
$ git push origin --delete menu more_content titel
To /home/sujee/git/meineWebsite.git
 - [deleted]         menu
 - [deleted]         more_content
 - [deleted]         titel
```

Das Löschen der Branches wird ebenfalls mit dem push-Sub-Kommando mit dem Parameter --delete erledigt. Es werden also nicht nur neue Commits und Branches auf ein Remote-Repository »gepusht«, sondern es werden auch Löschungen gepusht. Prinzipiell wird schließlich eine Änderung auf das Remote-Repository hochgeladen und dies beinhaltet auch gelöschte Branches.

4.3 Tracking-Branches

Zurück zu den Remote-Repositorys. An dieser Stelle lohnt sich ebenfalls ein Blick auf die Informationen des konfigurierten Remote-Repositorys.

```
$ git remote show origin
* Remote-Repository origin
  URL zum Abholen: /home/sujee/git/meineWebsite.git
  URL zum Versenden: /home/sujee/git/meineWebsite.git
  Hauptbranch: master
  Remote-Branch:
    master gefolgt
  Lokaler Branch konfiguriert für 'git pull':
    master führt mit Remote-Branch master zusammen
  Lokale Referenz konfiguriert für 'git push':
    master versendet nach master (aktuell)
```

Remote-Repositorys können vielfältig konfiguriert werden, sodass zum Abholen und zum Versenden verschiedene Adressen und somit Repositorys angeben werden können. Praktisch ist das etwa, wenn man sich zwar immer die Änderungen von einem Repository holt, diese aber beim Pushen woanders hinschieben möchte. Wenn Sie etwa in einem Team mit mehreren Git-Repositorys arbeiten, sollen vielleicht die Änderungen immer aus dem Haupt-Repository heruntergeladen werden. Ihre eigenen Änderungen sollen allerdings in Ihr eigenes Repository geschoben werden. Mehr zu solchen Workflows findet sich in Kapitel 6, wo es genau um solche Themen geht.

Git kann auch automatisch die sogenannten Tracking-Branches anlegen, wenn ein Branch ausgecheckt wird. Damit klar wird, wie das genau funktioniert, müssen Sie zunächst einen neuen Branch erstellen und pushen.

```
$ git branch new-footer
$ git push origin new-footer
To /home/svij/git/meineWebsite.git
 * [new branch]      new-footer -> new-footer
```

Anschließend soll ein neuer Klon des Remote-Repositorys erstellt werden. Dazu müssen Sie das Projektverzeichnis verlassen, um dann den Klon zu erstellen.

```
$ cd ~
$ git clone ~/git/meineWebsite.git meineWebsite2
Klone nach 'meineWebsite2' ...
Fertig.
$ cd meineWebsite2
```

Der Klon wird in das Verzeichnis `meineWebsite2` geschrieben. Wenn Sie jetzt prüfen, welche Branches vorhanden sind, wird Folgendes ausgegeben:

```
$ git branch
* master
```

Obwohl aus dem ersten Repository der neue Branch `new-footer` angelegt wurde, ist dieser im geklonten Repository nicht verfügbar. Wenn Sie sich allerdings alle Branches anschauen, ist auch `new-footer` da.

```
$ git branch -a
* master
  remotes/origin/HEAD -> origin/master
```

```
remotes/origin/master
remotes/origin/new-footer
```

Der Branch `new-footer` wurde lokal im zweiten Klon noch nicht direkt angelegt. Wenn Sie versuchen, diesen Branch auszuchecken, wird er automatisch als Remote-Branch konfiguriert.

```
$ git switch new-footer
Branch 'new-footer' folgt nun Remote-Branch 'new-footer' von 'origin'.
Zu neuem Branch 'new-footer' gewechselt
```

Dies bedeutet, dass sowohl der lokale als auch der Remote-Branch untereinander bekannt sind. Wenn Sie an dieser Stelle ein Push ausführen, fällt etwas auf.

```
$ git push
Everything up-to-date
```

Dadurch, dass der Branch `new-footer` dem Remote-Branch folgt, muss keine separate Bekanntmachung durchgeführt werden, wie es noch im ersten Beispiel zu `git push` der Fall war. Im ersteren Fall war dies nötig, da Sie aus dem lokal bestehenden Repository ein neues Remote-Repository hinzugefügt haben. In diesem Beispiel war es umgekehrt: Aus dem bestehenden Remote-Repository wurde ein neuer Klon erzeugt. Konkret heißt das, dass neue Branches auf `origin` in den Klons direkt nach einem Fetch ausgecheckt werden können. Auch ein Push erfolgt automatisch auf dem richtigen Branch.

Es ist zusätzlich möglich, denselben Effekt zu erzielen, aber einen anderen lokalen Branchnamen zu wählen. Unterschiede in der Handhabung gibt es sonst nicht.

```
$ git switch -c footer origin/new-footer
Branch 'footer' folgt nun Remote-Branch 'new-footer' von 'origin'.
Zu neuem Branch 'footer' gewechselt
```

Andersherum kann auch beim Check-out von einem neuen Branch automatisch der Tracking-Branch konfiguriert werden, unabhängig davon, von welchem Remote-Repository er stammt. Dies ist mit dem Parameter `-t` möglich.

```
$ git switch -t origin/new-footer
```

Als Nächstes gilt es zu zeigen, dass die Status-Ausgabe auch bei konfigurierten Tracking-Branches durchaus hilfreich ist. Hierzu brauchen Sie auf Ihrem Branch einen weiteren Commit. Anschließend können Sie erneut `git status` ausführen.

```
$ git status
Auf Branch footer
Ihr Branch ist 1 Commit vor 'origin/new-footer'.
  (benutzen Sie "git push", um lokale Commits zu publizieren)
nichts zu committen, Arbeitsverzeichnis unverändert
```

Mit dem Status-Befehl zeigt Git also auch hier an, dass ein neuer Commit vorhanden ist, der noch nicht durch einen Push veröffentlicht wurde. Dies ist der zweite wichtige Punkt, warum Tracking-Branches nützlich sind.

Was außerdem noch fehlt, ist eine gute Übersicht über die vorhandenen Remote-Branches. Bei größeren Repositorys und beim täglichen Arbeiten mit Branches werden Sie so eine Übersicht hin und wieder brauchen. Wenn man mehrere Commits auf den verschiedenen Branches angelegt hat, kann es etwa so aussehen.

```
$ git branch -vv
* footer     df6b1be [origin/new-footer: 1 voraus] Füge Footer hinzu
  master     d8483d6 [origin/master] Füge Social-Media-Menüpunkt hinzu
  new-footer d8483d6 [origin/new-footer] Füge Social-Media-Menüpunkt hinzu
```

Dargestellt werden alle lokalen Branches mit der aktuellen Commit-ID, dem dazugehörigen Remote-Branch und der Commit-Message. Zusätzlich wird auch noch angezeigt, um wie viele Commits der lokale Branch dem Remote-Branch voraus ist.

4.4 Projekt mit drei Remote-Repositorys

Bislang haben wir nur mit einem Remote-Repository gearbeitet, auf das die Daten hoch- und heruntergeladen wurden. Wenn das Projekt aber von einem Ein-Person-Projekt in ein Zwei-Personen-Projekt erweitert wird, gibt es Änderungen in der Arbeit mit den Remote-Repositorys. Es gibt verschiedene Möglichkeiten, ein solches Szenario in einem Git-Workflow abzubilden. Eine Möglichkeit wäre, dass beide Entwickler mit einem lokalen Repository arbeiten, aber gemeinsam auf demselben Remote-Repository, wo beide Schreibrechte besitzen.

Die Alternative ist, dass beide Entwickler jeweils eigene, persönliche Remote-Repositorys besitzen, auf denen jeweils nur Schreibrechte für die einzelnen Entwickler vorhanden sind. Zusätzlich kann dann ein zentrales Repository existieren, wo beide Schreibrechte besitzen, um etwa die Webseite gemeinsam fertigzustellen. Workflows sind ein Thema in Kapitel 6. Trotzdem folgt an dieser Stelle schon der erste Workflow, um das Arbeiten mit mehr als einem Remote-Repository zu erläutern.

In diesem Beispiel bekommt jeder Projekt-Mitarbeiter ein eigenes Remote-Repository. In der Praxis hat dann jeder nur Schreibrechte auf seinem eigenen Remote-Repository und gegebenenfalls auf dem Haupt-Repository, wo die Arbeiten beider Personen zentral landen.

Es werden also noch zwei Repositorys benötigt, die wieder, wie im vorherigen Beispiel, auf demselben Rechner unter einem anderen Pfad liegen. Weil aber noch der Name und Pfad des Remote-Repositorys geändert werden soll, wird auch die Verknüpfung zum bisherigen Remote-Repository gelöscht. In der Praxis nutzt man natürlich einen Server, etwa GitHub oder GitLab, wie es in Kapitel 5 thematisiert wird.

```
$ git remote rm origin
```

Der Befehl löscht das Remote-Repository aus dem lokalen Repository. Allerdings löscht er ausschließlich die Verknüpfung, also die Konfiguration, und nicht den Inhalt des Remote-Repositorys selbst.

Da nur ein Remote-Repository vorhanden ist, können die zwei neuen Repositorys angelegt werden.

```
$ git clone --bare . ~/git/$USER/meineWebsite.git
Klone in Bare-Repository '/home/sujee/git/$USER/meineWebsite.git' ...
Fertig.
$ git clone --bare . ~/git/dirk/meineWebsite.git
Klone in Bare-Repository '/home/sujee/git/dirk/meineWebsite.git' ...
Fertig.
```

Die Remote-Repositorys müssen anschließend wieder mit dem lokalen Repository verknüpft werden.

```
$ git remote add origin ~/git/$USER/meineWebsite.git
$ git remote add dirk ~/git/dirk/meineWebsite.git
$ git remote add upstream ~/git/meineWebsite.git
```

Wer genauer hingeschaut hat, hat vermutlich gemerkt, dass es einmal im ~/git-Verzeichnis das Repository meineWebsite.git gibt und weiterhin zwei Verzeichnisse mit dem Namen $USER und dirk, worin jeweils das Repository meineWebsite.git liegt. Die Verzeichnisse $USER und dirk sollen jeweils die privaten Repositorys beider Entwickler darstellen. In der Praxis wären sie jeweils nur von den einzelnen Projekt-Mitarbeitern beschreibbar. Dass dies hier nicht der Fall ist, können Sie getrost ignorieren, da es mal wieder um das generelle Verständnis geht.

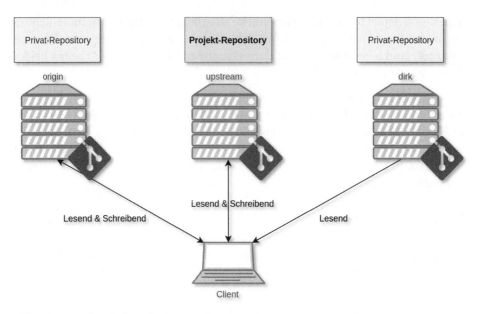

Abb. 4.7: Logischer Aufbau der Remote-Repositorys

Die Bedeutung von `origin` ist ähnlich geblieben wie im vorherigen Beispiel. In diesem Fall ist `origin` weiterhin ein Remote-Repository, in dem volle Schreibzugriffe möglich sind und in dem Sie sich prinzipiell austoben können, ohne andere Personen im Projekt zu stören. Ein Zugriff auf das Repository der zweiten Person sollte auch konfiguriert werden, um Branches der anderen Person testen zu können. In diesem Beispiel wird die Person einfach »`dirk`« genannt. Da es nicht Ihr eigenes Repository ist, besitzen Sie normalerweise nur Lese-Rechte. Sinnvoll ist es trotzdem, das Repository zu konfigurieren, da Sie dann einfach einige Entwicklungsbranches für die andere Person testen können, wenn diese etwa Feedback haben möchte. Das dritte Repository ist das Haupt-Repository. Das ist das Repository, auf das zwar beide Personen Zugriff haben, das aber genutzt wird, um die Entwicklungsbranches zu hosten. Die Projekt-Mitarbeiter nutzen also immer das Haupt-Repository, um sich die neuesten Änderungen aus dem Projekt herunterzuladen, auf denen dann die eigene Arbeit an neuen Features basiert. Eine sinnvolle Namensgebung für das Haupt-Repository ist `upstream`, da es eben genau das Repository ist, das den persönlichen Repositorys vorgelagert ist.

Die Ausgabe von `git remote` zeigt nun alle drei konfigurierten Remote-Repositorys an, die anschließend heruntergeladen werden sollen.

```
$ git remote
dirk
origin
```

```
upstream
$ git fetch
Von /home/sujee/git/$USER/meineWebsite
 * [neuer Branch]      master       -> origin/master
$ git fetch --all
Fordere an von origin
Fordere an von upstream
Von /home/sujee/git/meineWebsite
 * [neuer Branch]      master       -> upstream/master
Fordere an von dirk
Von /home/sujee/git/dirk/meineWebsite
 * [neuer Branch]      master       -> dirk/master
```

Der Befehl `git fetch` holt sich standardmäßig nur die Daten von `origin`. Mit `git fetch --all` werden die Daten aller Remotes geholt. Alternativ können Sie auch `git remote update` ausführen, das hat denselben Effekt.

4.5 Der Workflow mit drei Repositorys

Eigentlich möchte ich hier nicht sehr viel tiefer auf die Arbeit mit drei Remote-Repositorys eingehen, da sie in Kapitel 5 und 6 näher thematisiert wird, wo es um das Git-Hosting und Workflows geht.

Nichtsdestotrotz wird das Beispiel an dieser Stelle noch ein wenig fortgeführt, um die Sinnhaftigkeit von mehreren Remote-Repositorys besser herauszustellen und Stolpersteine aufzuzeigen.

Im vorherigen Schritt haben Sie also die drei Remote-Repositorys konfiguriert. Das Ziel in diesem Beispiel ist, für jedes neue Feature einen eigenen Feature-Branch zu erstellen, der in das eigene, private Repository gepusht wird. Die jeweils andere Person kann die anderen Branches prüfen, nach `master` mergen und dann auf das zentrale Repository pushen.

Die Voraussetzung ist zunächst, dass alle Repositorys auf demselben Stand sind. Die erste Person $USER erstellt anschließend einen neuen Branch `add-contact`, basierend auf dem lokalen Branch `master`.

```
$ git switch master
$ git switch -c add-contact
```

An dieser Stelle soll im Menü der Menüpunkt »Contact« eingefügt werden, sodass ein Ausschnitt des Inhalts der Datei `index.html` etwa so aussieht:

```
        <li class="nav-item">
          <a class="nav-link" href="#">Social Media</a>
        </li>
        <li class="nav-item">
          <a class="nav-link" href="#">Contact</a>
        </li>
```

Anschließend kann der Commit getätigt werden.

```
$ git add index.html
$ git commit -m "Füge Menüpunkt 'Contact' hinzu"
```

Der Commit ist nun erstellt, allerdings haben Sie ihn noch nicht gepusht. Der Branch ist generell weder für außenstehende Personen noch für Sie selbst in anderen Klons sichtbar, da er eben noch nicht auf dem Remote-Repository gelandet ist. Der Branch muss dazu gepusht werden.

```
$ git push origin add-contact
Objekte aufzählen: 5, Fertig.
Zähle Objekte: 100% (5/5), Fertig.
Delta-Kompression verwendet bis zu 4 Threads.
Komprimiere Objekte: 100% (3/3), Fertig.
Schreibe Objekte: 100% (3/3), 384 bytes | 384.00 KiB/s, Fertig.
Gesamt 3 (Delta 1), Wiederverwendet 0 (Delta 0)
To /home/sujee/git/sujee/meineWebsite.git
 * [new branch]      add-contact -> add-contact
```

Der Vorgang ist derselbe wie schon zu Beginn des Kapitels. Der Branch kann von der anderen Person begutachtet und gemergt werden. Das Mergen und Pushen ist prinzipiell ja bekannt, weshalb ich an dieser Stelle nicht wieder darauf eingehe. Allerdings ist zu beachten, dass in der Zwischenzeit auf `master` auf dem zentralen Entwicklungs-Repository einige neue Commits vorhanden sein könnten. Der lokale `master`-Branch muss daher auf den neuen Stand gebracht werden. Das Verfahren ist eigentlich bekannt, denn Sie müssen die Daten des Remote-Repositorys `upstream` herunterladen und mit `master` mergen.

```
$ git fetch upstream
$ git switch master
$ git merge upstream/master
```

Wenn `master` der Entwicklungsbranch ist, auf dem alle fertigen Feature-Branches landen, dann sollten in diesem Fall keine Merge-Commits auf `master` entstehen. Nach diesem Vorgang ist `master` wieder auf dem aktuellen Stand und von dort aus kann ein neuer Feature-Branch erstellt werden.

Dies ist eine starke Vereinfachung eines Workflows, der in Kapitel 5 und 6 näher behandelt wird. Wenn dieser Workflow bei der Entwicklung eingesetzt wird, dann passiert es häufiger, dass aus Versehen neue Commits auf `master` statt auf den Feature-Branch gesetzt werden. Dies sollten Sie dann natürlich rückgängig machen. In Kapitel 2 haben Sie dazu den `reset`-Befehl kennengelernt. In diesem Schritt wird ganz einfach der lokale Branch `master` auf den `upstream/master` gleichgesetzt.

An dieser Stelle nehmen wir also an, dass auf `master` ein oder mehrere Commits enthalten sind, die auf einen separaten Feature-Branch gehören. Das Problem lösen Sie am einfachsten so:

```
$ git switch -c new-feature-branch
```

Danach müssen Sie nur noch den `master`-Branch zurücksetzen. Die einfachste Möglichkeit ist, ihn mit dem Remote-Branch zurückzusetzen.

```
$ git reset --hard origin/master
```

In diesem Fall wird, wie auch schon im zweiten Kapitel erläutert, ein harter Reset durchgeführt. Daraus folgt, dass die neuen Commits aus dem Branch gelöscht werden. Da sie weiterhin in `new-feature-branch` enthalten sind, ist kein Datenverlust aufgetreten.

In diesem Workflow sind beide Personen dafür zuständig, die Branches der jeweils anderen Person zu prüfen, zu mergen und zu pushen. Um das Verhalten nachzustellen, können Sie einen zweiten Klon erstellen, der der Konfiguration der zweiten Person entspricht. Das geht ganz einfach so:

```
$ cd ~
$ git clone ~/git/dirk/meineWebsite.git meineWebsite-dirk
$ cd meineWebsite-dirk
$ git remote add dirk ~/git/$USER/meineWebsite.git
$ git remote add upstream ~/git/meineWebsite.git
```

Anschließend müssen Sie die Daten herunterladen und den Branch `add-contact` von $USER auschecken.

```
$ git fetch --all
$ git switch $USER/add-contact
fatal: Ein Branch wird erwartet, Remote-Branch 'origin/master' bekommen
```

Wenn Sie versuchen direkt auf den Remote-Branch zu wechseln, ohne einen lokalen Branch dafür zu nutzen, wird das wie oben gezeigt fehlschlagen.

Anders sieht es allerdings aus, wenn Sie das Gleiche mit den `git checkout`-Befehl ausführen, wie es viele noch tun:

```
$ git checkout $USER/add-contact
Hinweis: Wechsle zu 'origin/master'.

Sie befinden sich im Zustand eines 'losgelösten HEAD'. Sie können sich
umschauen, experimentelle Änderungen vornehmen und diese committen, und
Sie können alle möglichen Commits, die Sie in diesem Zustand machen,
ohne Auswirkungen auf irgendeinen Branch verwerfen, indem Sie zu einem
anderen Branch wechseln.

Wenn Sie einen neuen Branch erstellen möchten, um Ihre erstellten
Commits zu behalten, können Sie das (jetzt oder später) durch Nutzung
von 'switch' mit der Option -c tun. Beispiel:
  git switch -c <neuer-Branchname>
Oder um diese Operation rückgängig zu machen:
  git switch -
Sie können diesen Hinweis ausschalten, indem Sie die
Konfigurationsvariable
'advice.detachedHead' auf 'false' setzen.
HEAD ist jetzt bei e8fbb4e Füge Social-Media-Menüpunkt hinzu
```

An dieser Stelle kommt eine längere Ausgabe von Git und vermeldet einen »detached HEAD«. Das heißt, dass zwar ein Commit ausgecheckt ist, aber kein Branch existiert. Änderungen können daher nicht getätigt werden. Falls dieser Zustand eintritt, müssen Sie lediglich einen neuen lokalen Branch erstellen. Es handelt sich um einen »losgelösten HEAD«, da eben kein Branch existiert. Nachdem Sie den Branch lokal angelegt haben, kann auch nach **master** gemergt werden.

```
$ git switch -c dirk-add-contact
$ git switch master
$ git merge dirk-add-contact
```

Zur Vollständigkeit sei auch noch erwähnt, dass direkt `dirk/add-contact` gemergt werden kann, denn es muss nicht zwangsläufig ein lokaler Branch erstellt werden.

4.6 Zusammenfassung

Dieses Kapitel befasste sich mit dem Arbeiten mit verteilten Repositorys. Nun sollte also auch klar sein, wie Remote-Repositorys konfiguriert werden können und wie mit ihnen kommuniziert wird.

> **Übersicht der eingeführten Befehle**
>
> - `git clone`
>   - Klont ein Repository.
> - `git remote`
>   - Listet konfigurierte Remote-Repositorys auf.
>   - add: Konfiguriert neue Remote-Repositorys.
>   - update: Lädt alle Veränderungen von den Remote-Repositorys herunter.
> - `git fetch`
>   - Lädt die Veränderungen des angegebenen Remote-Repositorys herunter.
> - `git push`
>   - Ermöglicht das Pushen eines oder mehreren Branches zu einem Remote-Repository.

Kapitel 5

Git-Hosting

Im vierten Kapitel ging es um das Arbeiten mit verteilten Repositorys. Allerdings haben wir die Remote-Repositorys nur auf entfernten Servern simuliert, indem wir sie lokal angelegt haben. Ziel war es, dabei nicht zu viel Zeit für die Einrichtung eines echten Servers aufzuwenden und die Beispiele entsprechend einfach zu halten. Das Ganze wird an dieser Stelle nachgeholt. In diesem Kapitel geht es um verschiedene Hosting-Möglichkeiten, die im Team oder auch alleine verwendet werden können. Der Fokus liegt dabei auf GitLab und GitHub. Beide bieten als Grundfunktionalität das Hosten von Git-Repositorys an. Über die Jahre haben beide Lösungen allerdings noch sehr viel mehr Funktionen ergänzt, die das Entwickeln von Software vereinfachen können, insbesondere auf den Hinblick auf DevOps.

Es gibt viele verschiedene Möglichkeiten, Git-Repositorys auf einem Server zu hosten. Jede hat ihre eigenen Vor- und Nachteile. Einige Lösungen lassen sich selbst hosten, andere sind Dienste, die auf fremden Servern bereitgestellt werden. Prinzipiell können Sie zwischen verschiedenen Lösungen wählen. Das reine Hosten von Git-Repositorys ist mittlerweile weniger wichtig bei der Wahl der richtigen Lösung. Wichtiger ist, welche Anforderungen darüber hinaus gebraucht werden. Darunter fallen insbesondere etwa Integrationen rund um Continuous Integration und Continuous Delivery. Dazu an späterer Stelle aber mehr.

Für einzelne Personen kann das Hosting etwa recht unkompliziert sein, vor allem dann, wenn auf ein Web-Interface verzichtet werden kann. So können Sie etwa auf einem Server über einen dort vorhandenen Benutzer per SSH die Repositorys hochladen. Sie müssen nur Git und SSH auf dem Client und Server installiert haben.

Sobald mehr als eine Person an einem oder mehreren Remote-Repositorys arbeiten möchte, wird es langsam, aber sicher ein wenig aufwendiger. Dies trifft insbesondere dann zu, wenn für die Entwickler verschiedene Zugriffsrichtlinien gelten sollen. Wenn Sie in der Regel allein an einem Projekt arbeiten und hin und wieder von einzelnen Personen unterstützt werden, die sich den Code ebenfalls ansehen wollen, dann werden Sie diesen Personen eher keine vollständigen Schreibrechte gewähren. Ein Web-Interface könnte für diesen Fall sehr nützlich sein. Alternativ gibt es auch die Möglichkeit, eine ganze Firma mit mehreren Projektgruppen und verschiedenen Zugriffsrechten zu verwalten.

Wer etwas von Git gehört hat, hat höchstwahrscheinlich auch schon von GitHub und GitLab gehört. Beide Dienste besitzen sehr viele Funktionen, die sich um das kollaborative Arbeiten an Projekten mit Git drehen. Darüber hinaus besitzen sowohl GitHub als auch GitLab noch viele weitere Funktionen. Darunter, wie zuvor schon erwähnt, sowohl Funktionen aus der DevOps-Welt als auch allgemeine Projekt-Management-Features. Dieser Teil des Buches fokussiert sich allerdings größtenteils auf die reinen Git-Funktionen. GitHub ist mit GitHub.com die wohl größte zentrale Plattform für Software-Entwicklungsprojekte, die unter einer Open-Source-Lizenz stehen, obwohl GitHub selbst proprietäre Software ist. Für Firmen gibt es zudem noch die Möglichkeit, GitHub kostenpflichtig in eigener Infrastruktur zu betreiben. Je nachdem, welchen Funktionsumfang Sie auf GitHub.com brauchen, können Sie auch dort einen größeren Funktionsumfang kostenpflichtig erwerben.

Bei GitLab sieht das ein wenig anders aus. Die Community-Edition von GitLab ist Open-Source-Software und kann auch ohne weitere Lizenzkosten auf eigener Infrastruktur betrieben werden. Zusätzliche Funktionen sind in verschiedenen Abstufungen der Enterprise Edition kostenpflichtig verfügbar. Zudem existiert ebenfalls GitLab.com, wo Sie Ihre eigenen Projekte hosten können, auch da können optional kostenpflichtige Funktionen genutzt werden.

Sowohl die kostenfreien Nutzungsbedingungen von GitHub und GitLab als auch die verfügbaren Funktionen ändern sich alle paar Jahre. Für viele Jahre war es beispielsweise so, dass bei GitHub nur öffentliche Projekte vollständig kostenlos waren. Für private Repositorys musste hingegen bezahlt werden. Bei GitLab waren hingegen schon länger auch private und somit nicht öffentliche Repositorys kostenfrei nutzbar.

Seit Anfang 2019 ist GitHub mit GitHub.com sowohl für Open-Source-Projekte als auch private Projekte vollständig kostenlos nutzbar. Je nachdem, ob das jeweilige Projekt öffentlich ist oder nicht, gibt es allerdings ein paar Einschränkungen. Wenn man die Projekte in einem Team entwickelt, dann gibt es ebenfalls noch einmal ein paar andere Bedingungen. Für diesen Teil des Buches beschränke ich mich hauptsächlich auf die Funktionen, die für öffentliche Projekte und somit kostenfrei nutzbar sind. Generell lohnt sich daher ein Blick auf `github.com/pricing`, um die aktuellen Unterschiede zwischen kostenfreien und kostenpflichtigen Funktionen anzusehen. Der Quellcode landet bei der Nutzung von GitHub.com immer auf den Servern von GitHub, das im Sommer 2018 für 7,5 Milliarden US-Dollar von Microsoft gekauft wurde. Es gibt viele Firmen und Organisationen, die ihren Quellcode nicht unter eine Open-Source-Lizenz stellen und ihn nicht auf fremde Server hochladen möchten. Für diese gibt es noch die Option, GitHub Enterprise oder GitHub One zu nutzen, das es ermöglicht, eine GitHub-Installation in eigener Infrastruktur zu betreiben. Der Quellcode von GitHub selbst steht allerdings nicht unter einer Open-Source-Lizenz, im Gegensatz zu den vielen Projekten, die auf GitHub.com gehostet werden.

Die Alternative zu GitHub ist GitLab. Die Basis-Funktionen, was das Hosten von Git-Repositorys angeht, sind sehr ähnlich zu GitHub und hinter beiden Projekten sitzt jeweils eine große Firma. GitLab startete zwar in den Anfangsjahren nahezu ausschließlich mit der Möglichkeit, Git-Repositorys zu hosten, mittlerweile ist es aber ein Tool für den kompletten DevOps-Software-Development-Lifecycle.

> **Hinweis**
>
> Seit Frühjahr 2020 arbeite ich bei GitLab als Solutions Architect. Dieses Buch steht allerdings in keinem offiziellen Verhältnis zu GitLab und bleibt somit neutral.

Sie haben die Auswahl zwischen zwei verschiedenen Möglichkeiten, wie Sie GitLab nutzen können. Entweder nutzen Sie GitLab.com oder Sie hosten GitLab auf eigener Infrastruktur selbst. Bei beiden können Sie optional kostenpflichtige Enterprise-Features dazubuchen. Der Quellcode von GitLab ist hingegen Open Core, das heißt, dass der Core der Software unter einer Open-Source-Lizenz steht und die zusätzlichen kostenpflichtigen Enterprise-Features proprietär sind. Das Hosten von GitLab in eigener Infrastruktur bietet sich insbesondere für Firmen oder Gruppen an, die ihren Code nicht auf fremden Servern hosten wollen und selbst die größte Kontrolle darüber haben möchten. Details zu den existierenden Enterprise-Features, den Abstufungen und dem Lizenzmodell finden sich in der jeweils aktuellen Fassung auf `https://about.gitlab.com/pricing/`.

Wie zuvor bereits kurz angerissen, kommt GitLab mit sehr vielen Funktionen daher, die den ganzen DevOps-Lifecycle abbilden. Dies macht sich dann auch bei den Systemvoraussetzungen bemerkbar, da ein Betrieb mit mindestens vier CPU-Cores und 4 GB RAM empfohlen wird. Für mehr Details lohnt sich aber auch hier ein Blick auf die Dokumentation über die Systemvoraussetzungen: `https://docs.gitlab.com/ee/install/requirements.html`.

Für Maintainer von Open-Source-Projekten, die auf die Mitarbeit von externen Helfern angewiesen sind, bietet sich zwar sowohl der Einsatz von GitHub als auch GitLab an, doch ist ein großer Teil der Open-Source-Community auf GitHub unterwegs. GitHub bietet zudem ein großes Ökosystem in Hinblick auf externe Tools, die sich in GitHub integrieren. GitLab dürfte insbesondere für die Gruppen das Tool der Wahl sein, für die es wichtig ist, die Git-Repositorys in der eigenen Infrastruktur günstig selbst zu betreiben und den ganzen DevOps-Lifecycle aus einem Tool heraus zu implementieren. Während GitHub und GitLab neben dem reinen Hosting von Git-Repositorys noch zahlreiche weitere Funktionen liefern, gibt es noch einige andere Hosting-Möglichkeiten, wie BitBucket von der Firma Atlassian oder Gitea.io, die sich auf das reine Hosting von Git-Repositorys konzentrieren. Gitea ist beispielsweise eine leichtgewichtige Anwendung zum Hosten von Git-Repositorys mit rudimentärem Issue-Management. Es lässt sich auf schwachbrüstigen Geräten wie einem Raspberry Pi hosten, inklusive Web-Oberfläche zur Administration und Ansicht von Repositorys.

Sowohl unter GitHub als auch unter GitLab gibt es einen allgemeinen Standard-Workflow beim Arbeiten mit Git. Dieser findet zwar nicht in wirklich jedem Projekt Anwendung, doch kommt man damit bei vielen Projekten recht weit. Sowohl die Einrichtung als auch die Konfiguration von GitHub und GitLab sind Thema dieses Kapitels.

Software entwickelt sich über die Zeit immer weiter. Vor allem Online-Dienste wie GitHub und GitLab entwickeln sich schnell und können nach nur wenigen Monaten anders aussehen, mehr oder weniger Funktionen haben. Alle in diesem Kapitel beschriebenen Funktionen von GitHub und GitLab können daher schnell veraltet sein. An den Basis-Funktionen sollte sich höchstwahrscheinlich nur wenig ändern. Der Stand ist von Dezember 2020.

5.1 GitHub

Während in der Einleitung zu diesem Kapitel das Thema GitHub nur kurz angeschnitten wurde, wollen wir es jetzt ausführlich angehen. Prinzipiell lassen sich auf GitHub Git-Repositorys hosten, die entweder an einen Account oder eine Organisation geknüpft sind. Während ein Account eher als »privat« bzw. »persönlich« anzusehen ist, da nur der Account-Inhaber Zugriff darauf hat, können innerhalb von Organisationen mehrere Mitglieder hinzugefügt werden, die auf dem ein oder anderen Repository unter anderem Lese- oder Schreibrechte besitzen können. Das lässt sich innerhalb von Organisationen besser in Teams organisieren, als es bei einem persönlichen Account der Fall ist.

Neben dem reinen Hosting von Git-Repositorys inklusive der Rechte-Verwaltung ist GitHub quasi das Social-Network für Open-Source-Projekte. Jeder kann defaultmäßig mit wenigen Handgriffen mittels Pull-Requests Änderungen an anderen Repositorys vorschlagen und die Besitzer des Repositorys bzw. Projekts können die Änderungen überprüfen und Feedback geben oder diese direkt mergen. GitHub ergänzt die reinen Git-Hosting-Funktionen um weitere nützliche Funktionen, wie etwa das Verwalten von Fehlern und Feature-Wünschen in Tickets, die in diesem Fall »Issues« genannt werden. Zusätzlich kann man in wenigen Schritten ein Wiki anlegen, das direkt mit dem entsprechenden Repository des Projekts verknüpft ist. Mit GitHub Actions lassen sich zudem Automatisierungen für CI/CD umsetzen und durchführen.

5.1.1 Repository anlegen

Bevor ein Repository auf GitHub angelegt werden kann, wird ein Benutzerkonto benötigt. Die Registrierung erfolgt über `https://github.com/join` und ist kostenlos. Der kostenfreie Account ist seit Januar 2019 nicht mehr auf nur öffentliche Repositorys beschränkt, sondern es gibt auch die Möglichkeit, private Repositorys für weitere Personen kostenfrei freizugeben. Nach der Registrierung und dem Einloggen findet man in der oberen Leiste von GitHub diverse Bedienelemente, darunter ein »+«, um neue Repositorys, Gists, Projekte oder Organisationen anzulegen. Eine Organisation ist nichts weiter als eine Gruppe, in der weitere Repositorys mit Mitgliedern angelegt werden können. Gists sind versionierbare Code-Schnipsel, die außerhalb von Repositorys weitergegeben werden können, und Projekte sind die Möglichkeit, Issues aus verschiedenen Repositorys in einem Board zu verwalten und zu managen.

Zunächst liegt hier aber die Konzentration auf dem Anlegen von neuen Repositorys:

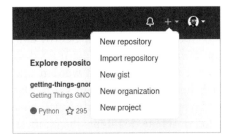

Abb. 5.1: Ein Repository lässt sich über das Menü anlegen.

Wenn Sie ein Repository anlegen, müssen Sie ihm zunächst einen sinnvollen Namen geben.

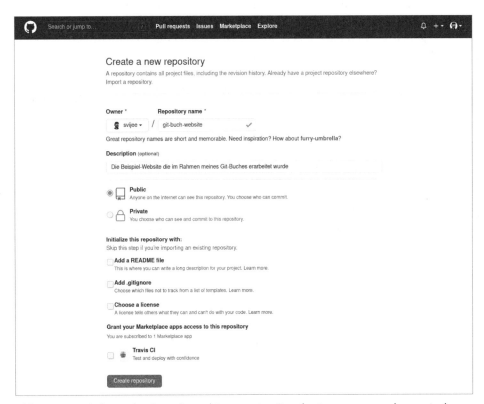

Abb. 5.2: Beim Anlegen des Repositorys können seine Details eingetragen werden sowie das Repository initialisiert werden.

Optional ist hingegen eine Beschreibung des Repositorys. Da das Webseiten-Projekt hochgeladen werden soll, können Sie das Repository beispielsweise »git-buch-website« nennen. Als zusätzliche Möglichkeit können Sie dem Repository auch direkt eine `README.md`-Datei hinzufügen, ebenso wie eine `.gitignore`-Datei sowie die Lizenz-Bestimmungen des Projekts.

Da das Repository, das hochgeladen werden soll, schon lokal existiert, soll es weder mit einer `README.md`-Datei initialisiert werden noch soll in diesem Schritt eine `.gitignore`-Datei oder eine Lizenz hinzugefügt werden. Der Grund dafür ist, dass sonst die ersten Commits auf dem Repository auf GitHub angelegt werden und das vorhandene lokale Repository nicht einfach hochgeladen werden kann. Das Hinzufügen einer `README.md`-Datei sowie der Lizenz-Angabe ist prinzipiell aber auch wichtig. Die `README.md`-Datei ist quasi die Startseite des Repositorys, diese wird nämlich auf der Hauptseite angezeigt. Die Datei wird hauptsächlich dazu genutzt, Informationen zum Projekt darzustellen, etwa was es ist und wie es eingerichtet und installiert werden kann. Wenn Sie dem Link zu einem beliebigen Repository folgen, dann ist die `README.md`-Datei die Datei, die man als Erstes sieht. Die Lizenz sollten Sie für Ihre eigenen Projekte sorgsam auswählen. Sie gibt an, unter welchen Bedingungen das im Repository liegende Projekt genutzt und weitergegeben werden darf. Open Source ist ein wichtiges Element bei Projekten auf GitHub.

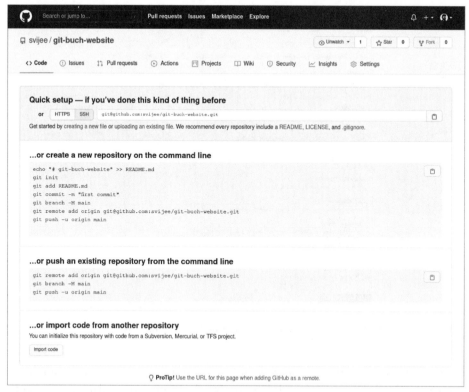

Abb. 5.3: Ein leeres GitHub-Repository wurde angelegt.

Nachdem Sie das Repository angelegt haben, ist es zunächst vollständig leer, da keine Commits und somit keine Daten enthalten sind. GitHub unterstützt Sie direkt, indem es Möglichkeiten aufzählt, wie ein Repository angelegt und hochgeladen werden kann, wie auf dem Screenshot zu sehen. Beachten Sie: GitHub hat die Befehle mittlerweile so umgebaut, dass ihr lokaler `master`-Branch vor dem Push in `main` umbenannt wird. Da das Repository schon lokal vorliegt, müssen Sie nur noch das GitHub-Repository als Remote-Repository hinzufügen und dorthin hochladen. Bevor Sie dies allerdings erledigen, müssen Sie noch einen SSH-Key erzeugen, um mit den GitHub-Servern kommunizieren zu können.

Wer nicht weiß, welche Lizenzen welche Bedingungen mit sich bringen, dem sei `https://choosealicense.com` empfohlen, das bei der Auswahl der richtigen Open-Source-Lizenz hilfreich ist.

5.1.2 SSH-Keys anlegen und hinzufügen

Um mit dem GitHub-Server kommunizieren zu können, sollte mindestens ein SSH-Key im GitHub-Konto hinterlegt werden. Sofern Sie noch keinen Schlüssel erstellt haben, muss er zuvor angelegt werden. Dieser Abschnitt gilt äquivalent auch für andere Git-Server, wie GitLab.

Falls Ihnen nicht bekannt ist, ob schon ein SSH-Key angelegt wurde, können Sie den `~/.ssh`-Ordner überprüfen. Ein SSH-Key setzt sich aus zwei Dateien zusammen. Dies ist zum einen der private und zum anderen der öffentliche Schlüssel. Beispielsweise ist die Datei `id_rsa` der private Schlüssel, während `id_rsa.pub` der öffentliche Schlüsselteil ist. Die Dateiendung `.pub` steht für »public« und somit öffentlich.

SSH ist sowohl ein Protokoll als auch ein Programm, um eine verschlüsselte Netzwerkverbindung mit einem anderen Server herstellen zu können. Der gängige Einsatz ist die Ausführung einer Shell über das Netzwerk auf einem anderen Server, um dort einige Operationen durchführen zu können. SSH wird für Git verwendet, um die Kommunikation zwischen Git-Repositorys sicher und verschlüsselt zu übertragen. Das HTTPS-Protokoll wird zwar auch unterstützt, doch ist es unkomfortabel und unsicherer, da defaultmäßig immer Nutzername und Passwort eingegeben oder unverschlüsselt auf der Festplatte abgespeichert werden müssen. Bei SSH-Keys ist das Ganze angenehmer, dazu aber später mehr.

Sofern noch kein SSH-Key erstellt wurde, können Sie mit dem folgenden Befehl ein neues Schlüsselpaar erzeugen. Ersetzen Sie dabei die E-Mail-Adresse durch Ihre eigene:

```
$ ssh-keygen -t rsa -b 4096 -C "mail@svij.org"
```

Dieser Befehl erzeugt ein RSA-Schlüsselpaar mit einer Schlüssellänge von 4096 Bit. Beim Aufruf können Sie Ihre E-Mail-Adresse angeben. Das Kommando ist interaktiv, sodass einige Nachfragen gestellt werden, in denen Sie entweder die Standard-Vorschläge akzeptieren oder einen alternativen Wert angeben können.

```
Generating public/private rsa key pair. Enter file in which to save the
key (/home/sujee/.ssh/id_rsa):
```

Zuerst wird abgefragt, in welchem Pfad die SSH-Keypairs gespeichert werden sollen. Im Standard ist es im `.ssh`-Ordner im Home-Verzeichnis unter dem Namen `id_rsa`. Das können Sie entweder so akzeptieren oder einen eigenen Namen und Pfad für die Keys angegeben: `/home/$USER/.ssh/id_github`.

```
Enter passphrase (empty for no passphrase):
Enter same passphrase again:
```

Den privaten Schlüsselteil des Schlüsselpaares können Sie mit einem Passwort absichern. Es wird strengstens empfohlen, den Key sicher abzuspeichern und zudem ein gutes und sicheres Passwort zu setzen, denn sonst können unbefugte Personen vollen Zugriff auf die Repositorys erlangen, falls der private Schlüssel mitsamt Passwort in die falschen Hände gelangen sollte. Das Passwort des privaten Schlüssels lässt sich im Nachhinein auch ohne die Neuerstellung des Schlüssels ändern.

```
Your identification has been saved in ~/.ssh/id_github.
Your public key has been saved in ~/.ssh/id_github.pub.
The key fingerprint is:
SHA256:1S9wg3KyUIoF2KHxU45qL7o2bhPIs81M30hA6Dw/FhM mail@svij.org
[...]
```

Die Keys wurden nun erfolgreich angelegt und sind in diesem Fall unter `/home/$USER/.ssh/id_github` und `/home/$USER/.ssh/id_github.pub` zu finden. Der öffentliche Schlüssel `id_github.pub` kann ohne Bedenken publiziert werden, falls jemand Ihnen Zugriff auf Server oder Repositorys geben möchte, darunter eben auch GitHub. Die Verbindung kann nur hergestellt werden, wenn man im Besitz des passenden privaten Schlüssels inklusive des gesetzten Passworts ist. Deshalb ist es umso wichtiger, dass sowohl der private Schlüssel als auch das dazugehörige Passwort nicht in falsche Hände geraten. Falls dies doch einmal der Fall sein sollte, können Sie neue SSH-Keys generieren. Die öffentlichen SSH-Keys müssen anschließend an den entsprechenden Stellen ausgetauscht werden.

Zurück zu GitHub: Der öffentliche SSH-Schlüssel muss noch dem GitHub-Repository hinzugefügt werden. Dies ist in den GitHub-Account-Einstellungen unter `https://github.com/settings/ssh` möglich. Als Titel können Sie einen belie-

bigen Text für den SSH-Schlüssel setzen und im Feld »Key« muss der Inhalt der
Datei id_rsa.pub bzw. id_github.pub eingefügt werden.

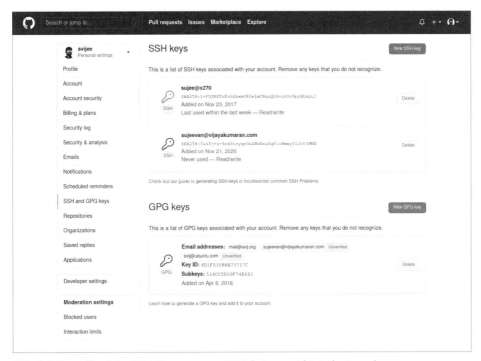

Abb. 5.4: Der öffentliche SSH-Key muss im GitHub-Account hinterlegt werden.

5.1.3 SSH-Agent konfigurieren

Bei jeder Kommunikation wird nach dem Passwort des SSH-Schlüssels gefragt, mitunter kann das durchaus umständlich sein, insbesondere wenn die Nachfrage viel zu häufig erscheint. Wenn Sie etwa mit git remote update die konfigurierten Remote-Repositorys herunterladen möchten, wird für jedes einzelne Remote-Repository das Passwort des SSH-Keys abgefragt.

Faule Leute würden einfach einen SSH-Key anlegen, der ohne Passwort daherkommt. Aus Sicherheitsgründen sollten Sie dies nur dann tun, wenn Sie wirklich wissen, was Sie tun. Das ist etwa dann der Fall, wenn Sie sicher sein können, dass der Key Ihren Rechner keinesfalls verlässt und auch sonst niemand Zugriff bekommen kann. Als Alternative kann ein SSH-Agent gestartet werden, der im Hintergrund die vom Passwort befreiten SSH-Keys bereitstellt. Unter Ubuntu läuft ein SSH-Agent standardmäßig, sodass das Passwort beim ersten Abfragen im Agent gespeichert wird und keine weiteren Eingaben mehr notwendig sind. Das Gleiche gilt auch für macOS.

> **Hinweis**
>
> Diese Konfiguration ist fast nur notwendig, wenn Git aus der Kommandozeile heraus genutzt wird. Für diejenigen, die ausschließlich Git-GUI-Tools verwenden, die in Kapitel 10 vorgestellt werden, ist die Konfiguration nicht zwangsläufig notwendig, da die meisten Tools den Vorgang idealerweise erleichtern.

Unter Windows oder anderen Linux-Distributionen läuft nicht zwangsläufig ein SSH-Agent. Es gibt zwei Möglichkeiten, einen SSH-Agent zu nutzen. In der Git Bash muss der SSH-Agent gestartet werden und anschließend wird der private Schlüssel dem Agent hinzugefügt.

```
$ eval "$(ssh-agent -s)"
Agent pid 58238
$ ssh-add
Enter passphrase for /home/sujee/.ssh/id_rsa:
Identity added: /home/sujee/.ssh/id_rsa (/home/sujee/.ssh/id_rsa)
```

Der SSH-Agent läuft nach diesen beiden Kommandos im Hintergrund. Falls man einen SSH-Key angelegt hat, der nicht `id_rsa` heißt, sondern `id_github`, dann muss er direkt mit dem Pfad aufgerufen werden.

```
$ ssh-add ~/.ssh/id_github
Enter passphrase for /home/sujee/.ssh/id_github:
Identity added: /home/sujee/.ssh/id_github (/home/sujee/.ssh/id_github)
```

Mit einem SSH-Agent können Sie mehrere Keys verwalten, sodass mit einem Befehl auch mehrere private Schlüssel hinzugefügt werden können. Damit Sie nicht immer mehr als einen Befehl ausführen müssen, sondern immer nur dann, wenn die Bash gestartet wird, können Sie auch ein Start-up-Skript verwenden. Das folgende Skript muss entweder in die Datei `~/.profile` oder in `~/.bashrc` oder der alternativ genutzten Shell eingefügt werden.

```
env=~/.ssh/agent.env
agent_load_env () {
    . "$env" >| /dev/null ; }
agent_start () {
    (umask 077; ssh-agent >| "$env")
    . "$env" >| /dev/null ; }
if [ ! "$SSH_AUTH_SOCK" ] || [ $agent_run_state = 2 ]; then
    agent_load_env
    agent_start
    ssh-add
```

```
elif [ "$SSH_AUTH_SOCK" ] && [ $agent_run_state = 1 ]; then
    ssh-add
fi
unset env
```

Wenn Sie anschließend die (Git-)Bash öffnen, wird einmal nach dem Passwort des SSH-Keys gefragt, das dann für die Benutzer-Session gültig ist.

> **Hinweis**
>
> Im Firmenumfeld werden häufiger Ports blockiert, sodass eine Kommunikation über SSH ggf. nicht möglich ist. Dann muss die Kommunikation über HTTPS erfolgen. Mit GitHub kann man auch hinter einem Proxy über SSH kommunizieren. Es muss nur konfiguriert werden, dass die Kommunikation über Port 443 laufen soll. Dies kann in der ~/.ssh/config erfolgen:
>
> ```
> Host github.com
>   Hostname ssh.github.com
>   Port 443
> ```
>
> Anschließend läuft die Kommunikation zwar über Port 443, aber weiterhin über das SSH-Protokoll.

5.1.4 Lokales Git-Repository konfigurieren

Die Vorarbeiten auf GitHub sind erledigt, denn jetzt ist die Kommunikation mit den GitHub-Servern über SSH möglich. Was noch fehlt, ist die Konfiguration und das Hochladen des lokalen Repositorys. In Kapitel 4 wurde erläutert, wie Remote-Repositorys hinzugefügt werden können. Dort ging es noch um die Konfiguration von Remote-Repositorys, die lokal liegen, jetzt liegen sie eben auf den GitHub-Servern. Bevor Sie das GitHub-Repository konfigurieren, sollten Sie die bisherigen Remote-Repositorys entfernen, falls diese konfiguriert waren.

```
$ git remote remove origin
$ git remote remove upstream
$ git remote remove dirk
```

Anschließend können Sie dann das neue Remote-Repository namens origin hinzufügen.

```
$ git remote add origin git@github.com:$GH_USER/git-buch-website.git
```

Die URL setzt sich aus verschiedenen Teilen zusammen, so erfolgt das Login über das Benutzerkonto git auf dem Server und mit $GH_USER/git-buch-

`website.git` wird sowohl der Name des GitHub-Nutzerkontos als auch der Name des Git-Repositorys angegeben.

```
$ git push -u origin master
Enter passphrase for key '/home/sujee/.ssh/id_rsa':
```

Wenn Sie nun den ersten Push durchführen, wird nach dem Passwort des SSH-Schlüssels gefragt. Zunächst einmal sollten Sie sich nicht wundern, wenn beim Tippen keine Zeichen dargestellt werden, denn diese werden ganz bewusst nicht gezeigt, weder in Klartext noch in Sternchenform.

```
Zähle Objekte: 54,Fertig.
Delta compression using up to 8 threads.
Komprimiere Objekte: 100% (54/54), Fertig.
Schreibe Objekte: 100% (54/54), 261.08 KiB | 0 bytes/s, Fertig.
Total 54 (delta 16), reused 0 (delta 0) To git@github.com:$GH_USER/git-buch-website.git
 * [new branch]      master -> master
Branch master konfiguriert zum Folgen von Remote-Branch master von origin.
```

Wenn Sie das SSH-Schlüssel-Passwort korrekt eingetippt haben, wird der `master`-Branch des Repositorys nach GitHub hochgeladen. Im Anschluss können Sie auf der Seite `https://github.com/svijee/git-buch-website` alle Dateien sehen, die im Repository enthalten sind. Hier müssen Sie natürlich Ihren eigenen GitHub-Nutzernamen in der URL verwenden.

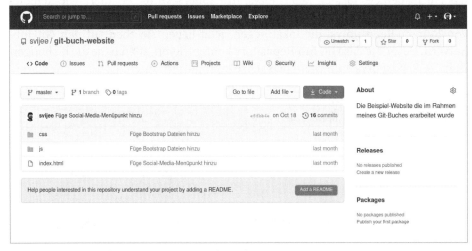

Abb. 5.5: Das hochgeladene Repository wird mit den Dateien angezeigt.

5.1.5 Repository klonen

Im vorherigen Schritt haben Sie das Git-Repository erfolgreich nach GitHub hochgeladen. Seitdem ist es möglich, das lokale Repository zu löschen oder es auch auf einem anderen Rechner zu klonen.

```
$ git clone git@github.com:$GH_USER/git-buch-website.git
Klone nach 'git-buch-website' ...
Enter passphrase for key '/home/sujee/.ssh/id_rsa':
remote: Counting objects: 54, done.
remote: Compressing objects: 100% (38/38), done.
remote: Total 54 (delta 16), reused 54 (delta 16), pack-reused 0
Empfange Objekte: 100% (54/54), 261.08 KiB | 0 bytes/s, Fertig.
Löse Unterschiede auf: 100% (16/16), Fertig.
Prüfe Konnektivität ... Fertig.
```

Mit `git clone` können Sie beliebige Git-Repositorys klonen, sofern mindestens Lese-Berechtigungen vorhanden sind. Die URL, die Sie zum Klonen benötigen, ist im GitHub-Repository zum Zeitpunkt der Drucklegung des Buches (Januar 2021) oberhalb der Datei- und Ordner-Auflistung zu finden, hinter dem grünen Bedienfeld »Code«. Falls das Klonen auf einem anderen Rechner durchgeführt wird, muss auch dort der SSH-Key an die richtige Stelle kopiert oder ein weiterer SSH-Key erstellt werden, den Sie im GitHub-Account hinterlegen.

Wenn Sie das Repository direkt klonen, konfiguriert Git automatisch das geklonte Repository als das `origin`-Remote-Repository. Dies können Sie wie gewohnt verifizieren, wenn Sie in das Projektverzeichnis wechseln, wo die Remote-Repositorys aufgelistet sind.

```
$ cd git-buch-website
$ git remote -v
origin git@github.com:svijee/git-buch-website.git (fetch)
origin git@github.com:svijee/git-buch-website.git (push)
```

Sowohl dort als auch im vorherigen Verzeichnis, wo das gleiche Repository liegt, können nun normal weitere Commits gemacht, Branches erstellt und zum GitHub-Repository gepusht werden.

5.1.6 Der GitHub-Workflow

Das Besondere an GitHub ist, dass es nicht nur eine einfache Möglichkeit bietet, eigene Git-Repositorys zu hosten, sondern auch, dass andere Personen oder Organisationen mit wenigen Schritten Änderungen an Repositorys vorschlagen können.

Die Maintainer des Projekts können dann die Änderungen reviewen, kommentieren, akzeptieren oder auch ablehnen. Der GitHub-Workflow dient als Übersicht über die Arbeitsweise von und mit GitHub: vom Forken über das Erstellen von Pull-Requests bis zum Code-Review. Einige Teile, die im Folgenden behandelt werden, sind für alle Entwicklungsprozesse relevant. Einige sind wiederum sehr spezifisch für das Beitragen zu Open-Source-Projekten.

Forken

Im GitHub-Kontext finden häufig die Wörter »Forken« und »Pull-Request« Verwendung. Im Default-Zustand besitzt nur der Repository-Inhaber Schreibrechte an einem Repository, dies ist entweder eine einzelne Person oder eine Organisation. Um nun die Änderungen an einem fremden Repository vorzuschlagen, muss das Ziel-Repository geforkt werden. Bei einem Fork handelt es sich um eine Abspaltung.

Hin und wieder liest man bei bekannteren Open-Source-Projekten, dass aus verschiedenen Gründen ein Fork entstanden ist. So ist die Office-Suite LibreOffice ein Fork von Apache OpenOffice, in das allerdings nicht die Änderungen an Apache OpenOffice zurückgeflossen sind.

Wenn bei GitHub von einem Fork die Rede ist, dann heißt es in der Regel, dass geforkt wird, um Änderungen zum Ursprungsprojekt beitragen zu können. Das Forken kann direkt über die Webseite von GitHub erfolgen. Letztendlich wird eine Kopie des Repositorys, das ist dann der Fork, im eigenen Account abgelegt. Dort sind dann im Gegensatz zum fremden Repository vollständige Zugriffsrechte vorhanden. Dies ist eine sehr einfache und bequeme Möglichkeit, um ein Repository zu klonen.

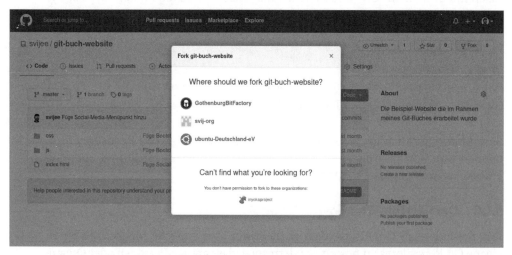

Abb. 5.6: Der Fork-Button befindet sich auf der Repository-Seite oben rechts, es öffnet sich dann ggf. eine Aufforderung, den Zielort auszuwählen.

Alternativ ist es weiterhin möglich, das Repository lokal zu klonen, sich in GitHub ein neues Repository zu erstellen und anschließend das lokale Repository wieder hochzuladen. Ein weiterer Vorteil bei der Fork-Funktion auf GitHub ist, dass der Fork mit dem ursprünglichen Repository verknüpft ist. Wenn Sie also an dem Repository svijee/git-buch-website Änderungen vorschlagen wollen, dann müssen Sie es auf GitHub forken, sodass es anschließend unter $GH_USER/git-buch-website verfügbar ist.

Nach dem Klick auf den FORK-Button dauert das Erstellen des Forks ein paar Sekunden. Der Fork ist anschließend mit dem Ursprungs-Repository verlinkt, sodass Außenstehende direkt sehen, dass es kein vollständig eigenes, sondern ein geforktes Repository ist.

Abb. 5.7: Der Fork ist mit dem Ursprungs-Repository verlinkt.

Pull-Request erzeugen

Da an dem Fork vollständige Schreibrechte vorhanden sind, können Sie dort alles tun, was Sie möchten. Ziel des Ganzen ist allerdings in der Regel, Änderungen zu machen, die dem Maintainer des Repositorys gefallen, damit sie in das Hauptprojekt mit einfließen können. Zunächst müssen Sie also das geforkte Repository lokal klonen.

```
$ git clone git@github.com:$GH_USER/git-buch-website.git
$ cd git-buch-website
```

$GH_USER sollte natürlich durch den eigenen GitHub-Namen ersetzt werden. GitHub rät, jedem Repository eine LICENSE- und README-Datei hinzuzufügen. Da diese noch fehlen, können sie ganz einfach im lokalen Repository hinzugefügt werden. Zuvor soll in diesem Beispiel allerdings ein neuer Branch angelegt werden.

```
$ git switch -c add-readme
```

Wie Sie den Branch nun benennen, kann eine Geschmacksfrage sein. Ein häufiger und gängiger Ansatz ist, dass aus dem Branchnamen prinzipiell hervorgehen sollte, was in dem Branch erledigt wurde. Da eine README.md-Datei hinzugefügt wird, kann der Branch auch ganz einfach add-readme heißen. Die hinzuzufügende README.md-Datei beinhaltet in der Regel eine einfache Beschreibung des Projekts und gegebenenfalls, wie und wo Fehler zu melden sind. Nach dem Erstellen der Datei können Sie wie gewohnt ein Commit erstellen.

```
$ git add README.md
$ git commit -m "Füge README Datei hinzu"
```

Zur Wiederholung: Wichtig ist an diesem Punkt, nicht zu vergessen, den Branch des Repositorys zu pushen, ansonsten sind diese Änderungen nur lokal und nicht auf GitHub vorhanden.

```
$ git push origin add-readme
```

Nach dem Pushen können Sie über GitHub den sogenannten Pull-Request erstellen. Darin können die Änderungen an dem Haupt-Repository zur Übernahme vorgeschlagen werden. Bei jedem Repository, in dem die Pull-Request-Funktion nicht abgeschaltet wurde, findet sich auf seiner Startseite ein grüner Button mit COMPARE & PULL REQUEST, über den der Pull-Request angelegt werden kann. Im Menü des Repositorys findet sich ebenfalls eine Übersicht über alle offenen Pull-Requests, wo man im Vorhinein nachschauen kann, ob nicht jemand schon den gleichen Änderungsvorschlag gemacht hat.

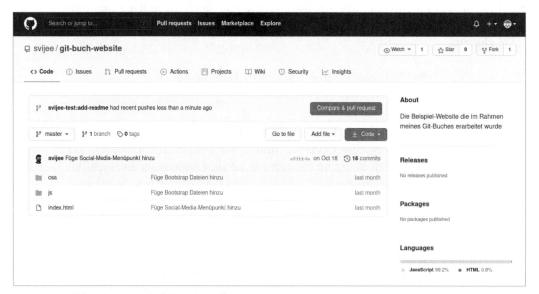

Abb. 5.8: Neuen Pull-Request anlegen

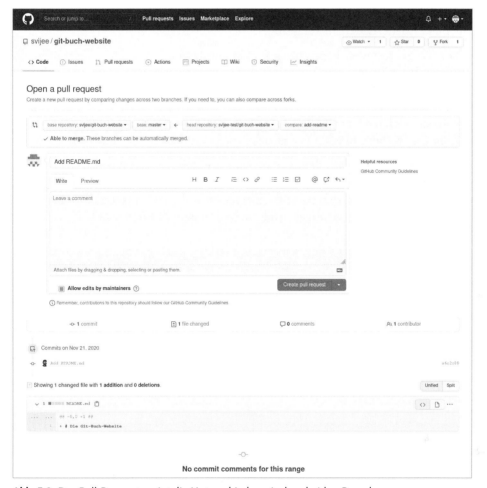

Abb. 5.9: Der Pull-Requests zeigt die Unterschiede zwischen beiden Branches an.

Beim Anlegen eines Pull-Requests müssen Sie beide Branches und beide Repositorys angeben, das wäre dann der Branch aus dem Fork, der in den Entwicklungsbranch des Haupt-Repositorys gemergt werden soll. In diesem Beispiel ist das add-readme nach master.

Der Pull-Request muss allerdings von dem eigenen Fork aus erstellt werden. Bevor Sie den Pull-Request anlegen, haben Sie die Möglichkeit, ein Diff beider Branches im Browser anzuschauen, um anschließend den Pull-Request zu stellen. Zusätzlich müssen Sie einen Titel setzen. Optional ist auch eine Beschreibung möglich. Hierbei ist zu beachten, dass sowohl Titel als auch Beschreibung klar und ausführlich sein sollten. Die Maintainer, die den Pull-Request überprüfen, müssen schließlich sehen und erkennen, welchen Mehrwert das Projekt durch die Annahme erfährt. Ein eindeutiger Titel, eine hilfreiche Beschreibung und übersichtliche Commits helfen dabei sehr. Häufig wird hier auch noch eine Referenz zu einem existierenden Ticket gezogen.

Bevor Sie bei fremden Repositorys Pull-Requests anlegen, sollten Sie prüfen, ob und in welcher Form Änderungen zugeführt werden sollen. Vor allem bei größeren Änderungen bietet es sich an, den Maintainer zu kontaktieren, bevor zu viel Zeit in einen Pull-Request gesteckt wird, wenn die Änderungen letztendlich doch nicht gebraucht werden oder nicht den Anforderungen der Maintainer entsprechen. Auch ein Blick in die bestehenden Issues des Projekts ist häufig sehr hilfreich.

Wenn Sie nun einen Pull-Request anlegen, werden unterhalb der Beschreibung die Commits inklusive ihrer Commit-Message angezeigt. Darunter sehen Sie dann den Diff, den Sie sich definitiv anschauen sollten. Das ist insbesondere deshalb wichtig, damit die richtigen Änderungen in dem Pull-Request landen.

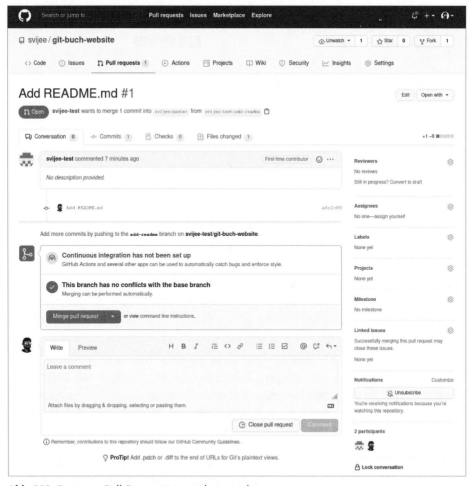

Abb. 5.10: Der erste Pull-Request ist angelegt worden.

Pull-Request überprüfen

Die Maintainer können anschließend ein Review des Pull-Requests durchführen. Die Reviewer können in dem Pull-Request Kommentare abgeben, sei es an einzelnen Zeilen oder als genereller Kommentar. Sofern Sie alle Hinweise berücksichtigt haben, kann der Pull-Request von dem Projekt-Maintainer angenommen werden und Ihre Änderungen sind somit erfolgreich in das Projekt geflossen.

Code-Review

Eins der wichtigen Elemente in der Software-Entwicklung in Teams sind Code-Reviews. GitHub macht das Reviewen von Code mittels Pull-Requests sehr einfach und komfortabel. Sie haben nun bereits erfahren, wie Sie Pull-Requests erstellen können. Es wurde allerdings noch nicht genauer thematisiert, wie und wofür Pull-Requests genutzt und wie als Projekt damit umgegangen werden sollte.

Generell sei angemerkt, dass die Pull-Request-Funktion kein Feature ist, das sich GitHub ausgedacht hat. Mit dem Kommando `git request-pull` gibt es auch eine Variante, um Pull-Requests zu erzeugen, doch ist das eher ungemütlich und unkomfortabel. GitHub ermöglicht das Erstellen von Pull-Requests und das Code-Review innerhalb des Browsers, was einige Hürden senkt und die beiden Vorgänge deutlich einfacher macht.

Ein Pull-Request besitzt vier Reiter, über die Sie Zugriff auf verschiedene Informationen haben. Der Erste ist »Conversation«, darin sind die Kommentare enthalten, die sich entweder auf den ganzen Pull-Request beziehen, auf einzelne Commits oder auf Zeilenabschnitte. Der zweite Reiter enthält die Liste aller Commits mitsamt der Commit-Message, dem Autor, dem Datum und der Commit-ID. Die Commits können einzeln angeklickt werden, um ihre Änderungen zu sehen. Im dritten Reiter werden Checks von CI-Servern wie Travis-CI oder GitHub Actions gelistet. Und im vierten Reiter lassen sich wiederum alle Änderungen in allen veränderten Dateien anzeigen.

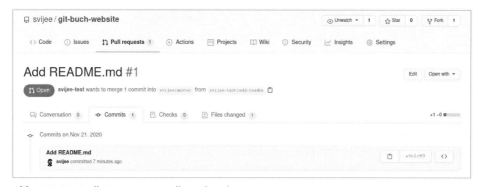

Abb. 5.11: Der Pull-Request zeigt alle vorhandenen Commits in einer Liste an.

Wenn Sie einen Pull-Request reviewen möchten, gibt es verschiedene Möglichkeiten, Kommentare abzugeben. So lassen sich der Pull-Request als Ganzes, einzelne Commits und einzelne Zeilen kommentieren. Das Praktische ist, dass unter jeder veränderten Zeile Code ein Kommentar abgegeben werden kann. So können Sie dem Ersteller des Pull-Requests mit wenigen Maus-Klicks Tipps oder Hinweise geben, was korrigiert werden sollte, damit der Pull-Request angenommen werden kann.

Sofern der Entwickler die entsprechenden Stellen überarbeitet und neue Commits pusht, erkennt GitHub automatisch die geänderten Zeilen. Daraus ergibt sich der Vorteil, dass die Kommentare weiterhin vorhanden, aber minimiert sind, sofern die entsprechende(n) Zeile(n) über dem Kommentar angepasst wurde(n). Sowohl der Reviewer als auch der Entwickler sehen dann auf den ersten Blick, ob alle Hinweise bearbeitet wurden oder ob nicht doch etwas vergessen worden ist.

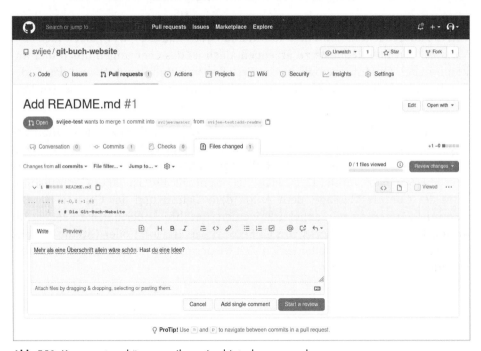

Abb. 5.12: Kommentare können zeilenweise hinterlassen werden.

Prinzipiell kann sich die Vorgehensweise bei Open-Source- und Closed-Source-Projekten unterscheiden. In einem festen Team kann man diverse Paradigmen festlegen, etwa die Benennung von Branches oder ein Schema für Commit-Messages. Bei Open-Source-Projekten ist das nicht so einfach möglich, sofern die Arbeit von Freiwilligen nicht unnötig verkompliziert werden soll. Als kleine Empfehlung sei gesagt, dass Sie sowohl Pull-Requests als auch Bug-Reports auf GitHub von

Freiwilligen immer ernst nehmen und auch sinnvolles Feedback geben sollten. Sofern beides in einem gewissen Rahmen gut stattfindet, können Sie sich über die Arbeit von Freiwilligen freuen. Wie genau mit der Community umgegangen werden sollte, ist schwierig in wenigen Sätzen zusammenzufassen, da das Thema an sich schon ein ganzes Buch füllen kann. Es bietet sich weiterhin an, eine Datei CON-TRIBUTING oder CONTRIBUTING.md im Repository hinzuzufügen, in der Regeln und Hinweise, wie Änderungen kommuniziert oder vorgeschlagen werden sollten, niedergeschrieben sind. Dies ist für beide Seiten hilfreich, um möglichst komplikationslos zu kollaborieren. GitHub verlinkt praktischerweise die Datei beim Anlegen eines Pull-Requests.

Ein Pull-Request kann über zwei Arten angenommen werden. Entweder direkt über den Browser durch den Klick auf MERGE PULL REQUEST, alternativ ist auch das Mergen über die Kommandozeile möglich. Die benötigten Befehle zeigt GitHub nach einem zusätzlichen Klick an. Sofern lokal gemergt wurde, erkennt GitHub nach dem Push automatisch, dass der Pull-Request angenommen wurde, und schließt ihn.

Über den Browser kann der Merge ebenfalls durchgeführt werden, dort kann man zusätzlich die Commit-Message beim Merge anpassen. Dabei wird explizit im Standard ein Merge mit Merge-Commit durchgeführt, damit man in der Historie erkennen kann, dass die Änderung durch den bestimmten Pull-Request in das Projekt geflossen ist. Alternativ kann auch ein Squashen aller Commits mit anschließendem Merge oder ein Rebase mit Merge durchgeführt werden. Der Merge-Button ist allerdings nur dann vorhanden, wenn ohne Merge-Konflikte gemergt werden kann. Sofern ein Konflikt vorhanden ist, ist es in der Regel die Aufgabe der Person, die den Pull-Request erstellt hat, den Konflikt zu beheben.

Issues

GitHub besitzt ein eigenes Ticket-System, das ohne großen zusätzlichen Aufwand verwendet werden kann. Im Vergleich zu anderen Ticket-Systemen gibt es diverse Unterschiede, die allerdings hier nicht näher thematisiert werden sollen. Generell kann jeder Issues an einem Repository eröffnen, sofern die Möglichkeit für das Repository nicht deaktiviert wurde. Issues lassen sich Labels zuordnen, um sie zu kategorisieren. So ist eine Kategorisierung in Features und Bugs möglich oder auch eine Unterteilung in die Komponenten der Software. Die Labels lassen sich mit wenigen Klicks filtern. Zusätzlich können die Issues bestimmten Personen zugewiesen werden, die sich darum kümmern sollen. Auch existiert eine Möglichkeit, Milestones zu definieren, um den Fortschritt für eine zu veröffentlichende Version zu tracken.

Generell lässt das Issue-System von GitHub dem Anwender viele Freiheiten. Durch die einfache Filterungsmöglichkeit lassen sich etwa Fragen von Nutzern und Bugs mit wenigen Klicks kategorisieren und anschließend filtern.

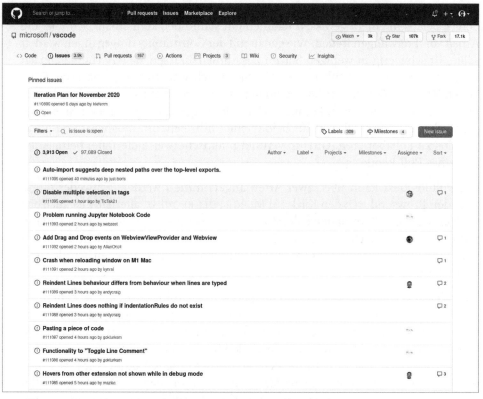

Abb. 5.13: Die Issues im Visual-Studio-Code-Projekt von Microsoft

Ein kleines, aber feines Feature sind die Check-Listen innerhalb von Issues. Die meisten Textfelder in GitHub erlauben die Nutzung von »GitHub Flavored Markdown«, was Markdown mit einigen GitHub-spezifischen Zusätzen ist. Dazu gehören etwa das Durchstreichen von Wörtern, Tabellen oder die automatische Verlinkung von URLs.

Die Check-Listen erlauben in Pull-Requests und Issues eine abhakbare Auflistung von Unteraufgaben, die gelöst werden müssen. Der Inhalt der Textfelder kann dann im Markdown so aussehen:

```
- [ ] Einleitungsinformationen des Projekts erweitern
- [ ] Ziel des Projekts beschreiben
- [ ] Mitwirkende eintragen
```

GitHub macht daraus automatisch eine Checkliste, die im Browser angezeigt und abgehakt werden kann. In der Issue-Übersicht sieht man zusätzlich einen Balken mit dem aktuellen Fortschritt des Issues in Prozent.

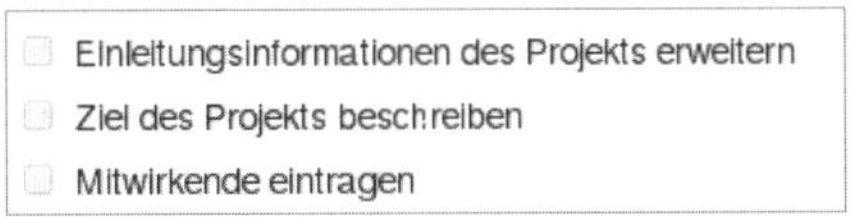

☐ Einleitungsinformationen des Projekts erweitern
☐ Ziel des Projekts beschreiben
☐ Mitwirkende eintragen

Abb. 5.14: Gerenderte Checkliste im Browser

Commit-Messages, Issues und Pull-Requests koppeln

Pull-Requests und Issues können auf GitHub lose miteinander gekoppelt werden. Es gibt also kein direktes Bedienelement, um ein Issue mit einem Pull-Request zu koppeln, allerdings kann es über Kommentare erledigt werden. Wenn man in einem Commit oder in einem Kommentar eines Pull-Requests die Issue-Nummer beginnend mit einer Raute nennt, dann vermerkt GitHub das sowohl im Issue als auch im Pull-Request. Bei Nennung von #3 in einem Issue oder Pull-Request wird nach dem Abspeichern der Link zu dem Issue in dem Projekt gesetzt. Das gilt unabhängig davon, ob es ein Pull-Request oder Issue ist. Der wesentliche Vorteil davon ist, dass man sofort erkennen kann, welche Tickets dazugehören.

Praktisch ist auch die automatische Erkennung und Schließung eines Issues, wenn in der Commit-Message oder im Pull-Request die passenden Schlüsselwörter genutzt werden. Das sind die folgenden Wörter, die Sie gefolgt von der Issue-Nummer verwenden können:

- `close, closes, closed`
- `fix, fixes, fixed`
- `resolve, resolves, resolved`

Eine Commit mit der Nachricht »Füge README hinzu. Fixes #1« würde nach der Annahme des Pull-Requests bzw. durch den Merge nach `master` automatisch das Issue #1 schließen.

Lokale GitHub-Konfiguration

Wenn Sie regelmäßig etwas zu einem Projekt über GitHub beitragen, bietet sich eine lokale Konfiguration an, die das Arbeiten mit zwei Remote-Repositorys erleichtert. Der Workflow ähnelt den in Kapitel 4 beschriebenen Workflows, wo das Arbeiten mit drei Remote-Repositorys erläutert wurde. Das Arbeiten mit zwei Remotes ist zwar ähnlich, soll aber an dieser Stelle nochmals kurz behandelt werden, um die Arbeitsweise am Beispiel von GitHub deutlich zu machen.

Die Voraussetzung ist, dass Sie an einem Projekt von einer Person oder Organisation mitarbeiten möchten und dazu ein Fork existiert. Forken und das Erzeugen von Pull-Requests wurden schon erläutert, allerdings müssen Sie den Fork regelmäßig aktualisieren, um auf dem aktuellen Stand zu bleiben. In diesem Beispiel ist das Hauptprojekt `git-buch-website` des Benutzers `svijee`, auf dem keine Schreib-, sondern nur Leserechte vorhanden sind. Der Fork ist dementsprechend unter `$GH_USER/git-buch-webseite` zu finden.

Wenn Sie zuvor schon den eigenen Fork geklont haben, ist `origin` bereits konfiguriert. Um die Neuerungen aus dem Hauptprojekt zu beziehen, bietet es sich an, ebendieses Repository als `upstream`-Remote-Repository hinzuzufügen.

```
$ git remote add upstream git@github.com:svijee/git-buch-webseite.git
```

Diejenigen, die sich an den Abschnitt aus Kapitel 4 erinnern, wissen, dass zwar das Remote-Repository konfiguriert wurde, die Daten allerdings noch nicht heruntergeladen wurden. So können Sie einen der beiden aufgeführten Befehle verwenden:

```
$ git remote update
$ git fetch upstream
```

Es bietet sich immer wieder an, die neuen Commits aus dem Upstream-Repository herunterzuladen und mit dem Entwicklungsbranch auf dem lokalen Repository zu mergen. Bei diesem Beispiel-Repository nennt sich der Hauptentwicklungsbranch schlicht `master`, in anderen Projekten kann es auch `main`, `develop` oder `staging` heißen, je nachdem wie die Richtlinien in dem Projekt gesetzt sind. Bevor Sie einen neuen Feature-Branch erstellen, sollte also der Hauptentwicklungsbranch auf den aktuellen Stand gebracht werden. Nach dem Updaten der Remote-Repositorys muss also nochmals gemergt werden.

```
$ git merge upstream/master
```

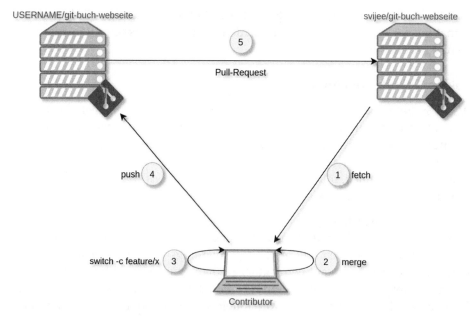

Abb. 5.15: Die vereinfachte Form des Workflows

Die abgebildete Grafik zeigt eine simple Form des Workflows, ohne auf die genauen Befehle einzugehen. Wenn Ihnen nicht ganz klar ist, von wo die Änderungen heruntergeladen werden, soll diese Grafik weiterhelfen. Auch wenn beide Repositorys auf GitHub liegen, müssen sie als eigenständige Quellen angesehen werden. In diesem Beispiel findet die hauptsächliche Entwicklungsarbeit auf `svijee/git-buch-website` statt. Da Sie keine Zugriffsrechte dafür haben, müssen Sie mit dem eigenen Fork arbeiten, wohin Sie die Feature-Branches schieben. Um nun den eigenen Branch zum Hauptprojekt zu mergen, müssen Sie jedes Mal ein Pull-Request anlegen.

Zurück zum Workflow: Sofern Sie keine Commits auf dem lokalen `master`-Branch gemacht haben, sollte der Merge problemlos vonstattengehen. Prinzipiell sollten Sie direkte Commits auf den Hauptentwicklungsbranches vermeiden, sondern im GitHub-Workflow immer neue Branches für ein Feature oder Bugfix anlegen, damit er dann auf dem Stand des aktuellen Entwicklungsbranches startet. Ziel des Ganzen ist zum einen, dass die eigenen Entwicklungsbranches auf dem aktuellen Stand gehalten und zum anderen mit wenig Aufwand neue Feature- oder Bugfix-Branches erstellt werden können. Zusammengefasst sieht der Workflow in Kommandos so aus:

```
$ git remote update
$ git switch master
$ git merge upstream/master
$ git switch -c feature/X
$ git add ...
$ git commit -m "..."
$ git push origin feature/X
```

Bei jedem neuem Feature-Branch werden diese Schritte wiederholt. Allerdings ist das kein Allheilmittel, um immer problemlos entwickeln zu können. Je nach Aktivität im beizutragenden Projekt treten häufiger Konflikte in den Feature-Branches auf. Wenn Sie etwa verhältnismäßig lange an einem Feature-Branch arbeiten und in der Zwischenzeit Branches gemergt wurden, kann dies zu Konflikten führen. Sofern die Änderungen nicht heruntergeladen und gemergt werden, erscheint beim Erstellen eines Pull-Requests auf GitHub direkt die Meldung, dass der Branch nicht konfliktfrei mit dem Ziel-Branch gemergt werden kann. Die Entwickler, die zu dem Projekt beitragen möchten, sollten sich darum kümmern, dass sich die Pull-Requests ohne Beanstandungen mergen lassen können. Daher ist es bei solchen Vorkommnissen notwendig, den eigenen Branch regelmäßig auf den aktuellen Stand zu bringen, indem man ein Rebase vom Entwicklungsbranch durchführt.

```
$ git remote update
$ git switch master
$ git merge upstream/master
$ git switch feature-branch
$ git rebase master
[Konflikte beheben]
$ git push origin feature-branch -f
```

Wie Sie sehen, werden dafür zunächst wieder die Änderungen von den Remote-Repositorys heruntergeladen und der lokale `master`-Branch mit dem Upstream-`master`-Branch gemergt. Anschließend wechselt man erneut auf den lokalen Feature-Branch und macht anschließend ein Rebase vom Hauptentwicklungsbranch, hier `master`. In diesem Schritt treten hin und wieder ein paar Konflikte auf, die behoben werden müssen.

Wenn anschließend der Branch mit einem normalen `git push origin feature-branch` gepusht werden soll, verweigert der Server zunächst die Annahme. Der Grund ist ganz einfach: Durch ein Rebase wird die bisherige Commit-Historie neu geschrieben, dadurch existieren neue Commits und die alten, vorhandenen sind nicht mehr mit derselben ID gekennzeichnet. Aus diesem Grund müssen Sie einen Force-Push tätigen, den Sie mit dem `-f`-Parameter durchführen können.

Allerdings sollten Sie bei diesem Befehl haarscharf aufpassen, denn falls ein Force-Push auf den falschen Branch ausgeführt wird, kann das die Historie – und möglicherweise auch Daten – des Branches im Handumdrehen zerstören. Zusätzlich sollten Sie darauf achten, dass Force-Pushes nur auf Branches ausgeführt werden sollten, auf die kein anderer Zugriff hat oder auf denen keiner seine Arbeit basiert, da es den kompletten Arbeitsbranch lahmlegen kann. Sie sollten Force-Pushes also niemals auf den Hauptentwicklungsbranches wie `master` oder `develop` durchführen, denn das führt nur zu einem kaputten Repository.

Die oben aufgeführten Befehle können auch ein wenig optimiert werden, indem Sie weniger Befehle ausführen, die aber fast den gleichen Effekt haben.

```
$ git switch master
$ git pull upstream master
$ git switch feature-branch
$ git push origin feature-branch
```

Die Befehle `git remote update` und `git merge upstream/master` wurden weggelassen, stattdessen ist der Befehl `git pull upstream master` dazugekommen.

Mit dem Pull wird das Herunterladen und das Mergen des Upstream-`master`-Branches kombiniert.

Workflow der Maintainer

Bislang ging es nur um den Workflow der beitragenden Person. Die Maintainer eines Projekts müssen die Pull-Requests auch testen und mergen. Generell ist der Workflow der Maintainer eher kurz und bündig, allerdings auch stark abhängig vom Projekt. Die Aussage zielt jedoch rein auf den Workflow und nicht auf das Review selbst, das kann natürlich sehr arbeitsaufwendig sein.

Sobald ein neuer Pull-Request angelegt wurde, gilt es, diesen zu überprüfen. Dafür gibt es verschiedene Ansätze. Prinzipiell sollten Sie auf das Code-Layout und -Konventionen achten. Weiterhin gilt es, die Funktionalität und Korrektheit der Änderung zu gewährleisten.

Das bezieht sich nicht nur auf die mögliche implementierte Funktion, sondern auch darauf, ob die Implementierung nicht gegebenenfalls andere Funktionen beeinträchtigt hat. Dazu kann bei Software-Projekten auch gehören, den Code lokal auszuchecken und zu testen. In der Regel ist es eher lästig, die Repositorys aller beitragenden Entwickler lokal zu konfigurieren. Zum Glück gibt es eine einfache Methode, um die Branches von Pull-Requests lokal auszuchecken. Dafür benötigen Sie die ID des Pull-Requests, die in dem Pull-Requests-Reiter im Repository zu finden ist. Für dieses Beispiel ist die ID des Pull-Requests »1« und der Branch-Name `add-readme`.

```
$ git fetch origin pull/1/head:add-readme
```

Der Branch eines Pull-Requests kann mittels der ID heruntergeladen werden. Hinter dem Doppelpunkt geben Sie den Namen des Branches an, der lokal angelegt wird. Dieser kann im Anschluss ausgecheckt werden.

```
$ git switch add-readme
```

Nach dem ausgiebigen Testen des Pull-Requests können Sie den Branch entweder lokal oder durch die Betätigung des Merge-Buttons im Pull-Request in den Entwicklungsbranch mergen.

```
$ git switch master
$ git merge --no-ff add-readme
$ git push origin master
```

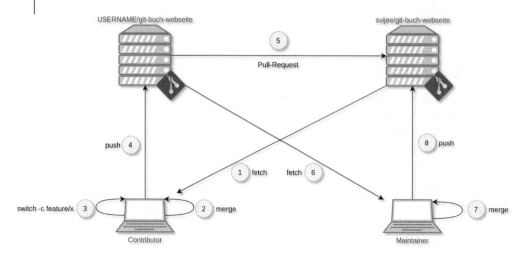

Abb. 5.16: Workflow von Entwicklern und Maintainern im Überblick

Die Maintainer besitzen weiterhin die Möglichkeit, den Quell-Branch aus dem geforkten Repository zu löschen. Da gemergte Branches nicht mehr gebraucht werden, können sie prinzipiell auch gelöscht werden. Im lokalen Repository bleiben die Branches sowieso bestehen, sofern sie nicht händisch gelöscht werden. Wenn Sie häufig neue Features auf Feature-Branches entwickeln, sollten Sie diese auch aufgrund der Übersichtlichkeit aufräumen. Tracking-Branches können mit dem prune-Sub-Kommando einfach aufgeräumt werden. Wenn also auf dem Server der Branch nicht mehr existiert, kann auch der lokale Branch gelöscht werden.

```
$ git remote prune origin
```

Der Befehl löscht ohne weitere Nachfrage die lokalen Branches. Falls Sie lieber sicherstellen wollen, dass nicht doch benötigte Branches gelöscht werden, kann mit dem Parameter --dry-run eine Simulation ausgegeben werden. Unabhängig davon können Sie Branches auch weiterhin ohne Remote-Repository-Abfrage löschen.

> **Tipp**
>
> Wenn extensiv mit GitHub gearbeitet wird, bietet sich ggf. ein weiteres Kommandozeilentool an, das die tägliche Arbeit erleichtert. Auf https://cli.github.com/ findet sich eine Anleitung zu GitHubs Kommandozeilenprogramm, das einige nette Funktionen mitbringt.
>
> Zudem existiert der GitHub-Desktop-Client, der in Kapitel 10 auch noch ein klein wenig ausführlicher behandelt wird.

GitHub-Organisationen

Bisher wurde nur das Anlegen eines Repositorys innerhalb eines Benutzer-Kontos thematisiert. Es ist zwar möglich, an Einzel-Repositorys die Rechte für Commits und das Management für weitere Nutzer freizuschalten, doch ist es für eine größere Anzahl von Repositorys und Personen nicht sehr komfortabel, da Möglichkeiten zum Erstellen von Gruppen und Berechtigungen nur eingeschränkt verfügbar sind. Stattdessen bietet sich das Erstellen einer Organisation an.

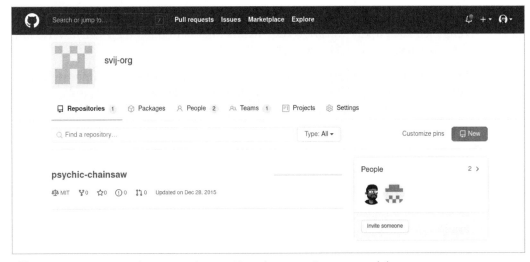

Abb. 5.17: Organisationen bieten eine bessere Verwaltung von Personen und deren Berechtigungen als normale Accounts.

In Organisationen können, wie bei normalen Benutzerkonten auch, Repositorys angelegt werden. In einem weiteren Tab auf der Übersicht der Organisation sind die Personen zu finden, die Zugriff auf die Organisation haben. Die Nutzer können über den Benutzernamen hinzugefügt werden.

Innerhalb von Organisationen lassen sich Teams erstellen, die verschiedene Berechtigungen bekommen können. Dies ist einer der großen Vorteile von Organisationen, da je nach Zusammensetzung der Teams eigene Berechtigungen für die Repositorys gesetzt werden können. Daraus lässt sich die Organisation in die unterschiedlichsten Positionen unterteilen. Für Entwickler kann etwa das Team »Developer« angelegt werden, die für die Entwicklungs-Repositorys zuständig sind und dort Schreibrechte besitzen. Weiterhin könnten auch Teams für Designer, Mitglieder der Qualitätssicherung oder auch Dokumentations-Schreiber erstellt werden, für die spezielle Rechte für Repositorys vergeben werden können.

5.1.7 GitHub-Repositorys um externe Tools erweitern

Wenn Sie GitHub nutzen, hat es zusätzlich den Vorteil, dass es mittlerweile viele externe Tools gibt, die einem Repository hinzugefügt werden können, um diverse Dienste zu nutzen.

Es gibt unterschiedliche externe Dienste, die integriert werden können, so gibt es diverse Kategorien, wie Continuous Integration, Monitoring oder Chat. Eine vollständige aktuelle Liste findet sich unter https://github.com/marketplace. Ziel der einzelnen 3rd-Party-Tools ist es, die Arbeit während der Software-Entwicklung auf verschiedene Weisen zu erleichtern oder zu unterstützen. Die Tools fließen zeitgleich auch in die Workflows der Teams mit ein und nehmen stellenweise Einfluss auf die Art und Weise der Arbeit.

Ein Punkt, den Sie mittels Git, Branches und Pull-Requests problemlos umsetzen können, ist die kontinuierliche Integration von Code, was auf Englisch »Continuous Integration« genannt und mit CI abgekürzt wird. Es gibt verschiedene CI-Software, um Continuous Integration durchzuführen. Häufig verläuft die Entwicklung dadurch auch testgetrieben, sodass zu jedem neuen Feature oder jeder Fehlerkorrektur auch ein Test geschrieben wird. Es wäre natürlich schade und auch nutzlos, Tests zu schreiben, die nicht regelmäßig automatisch ausgeführt werden. Sowohl in vielen Projekten als auch in Firmen findet man CI-Software wie Jenkins, die auch für CD genutzt werden. Nicht umsonst werden Continuous Integration und Continuous Delivery (kurz: CI/CD) häufig in einem Atemzug genannt.

Die verschiedenen Dienste können sich in GitHub-Repositorys einklinken und diverse Jobs durchführen. Während man früher externe Tools für CI/CD nutzen musste, etwa das zuvor erwähnte Jenkins oder auch Travis-CI, hat GitHub mittlerweile nachgezogen und GitHub Actions eingeführt. Damit lassen sich Workflows erstellen, die sich bei jedem Pull-Request und bei jedem Branch automatisiert ausführen lassen, um so schnelles und zügiges Feedback zu erhalten, ob das gerade entwickelte Feature oder der Bugfix an anderen Stellen zu Problemen führt. Solche Tools müssen natürlich zum entsprechenden Workflow des Teams passen und bieten eine gute Möglichkeit, das Code-Review sinnvoll zu erweitern. Es gibt auch noch einige weitere Tools, die man verwenden kann, etwa das automatische Deployment von Software oder das automatische Bauen und Veröffentlichen von Dokumentation. Näheres zu CI/CD, GitHub Actions und dann auch GitLab CI wird in Abschnitt 5.4 tiefer behandelt.

5.2 GitLab

Die Basisfunktionalität von GitLab ist sowohl vom Umfang als auch vom Komfort her vergleichbar mit GitHub. Die Workflows und die Arbeitsweise sind grundsätzlich ebenfalls identisch mit GitHub. Eine kleine Einführung in GitLab finden Sie am Anfang des Kapitels.

Durch die sehr starke Ähnlichkeit beim Arbeiten mit Git-Repositorys auf GitHub und GitLab konzentriert sich dieser Abschnitt daher mehr auf die Installation und Konfiguration von GitLab.

5.2.1 Installation

Einer der vielen Einstiegsgründe in GitLab ist, dass es eine Open-Source-Variante mit zahlreichen Features gibt. Weiterhin existiert die Möglichkeit, GitLab auf der eigenen Infrastruktur mit relativ geringem Aufwand zu installieren und zu betreiben. Die Installation von GitLab auf dem eigenen Server soll hier allerdings nicht näher erläutert werden, da sich die Anleitung recht schnell ändern kann und Sie somit besser der Anleitung auf der Projekt-Downloadseite folgen: https://about.gitlab.com/downloads. Die Hardware-Voraussetzung ist relativ hoch, da mindestens vier CPU-Kerne und mindestens 4 GB RAM selbst für eine kleine Gruppe Nutzer empfohlen werden. Dafür können allerdings bis zu 500 Accounts gleichzeitig GitLab ohne größere Einschränkungen nutzen, ohne dass sehr viel stärkere Hardware benötigt wird. Eine schwächere Hardware ist zwar auch möglich, doch warnt GitLab selbst davor, dass es zu langsam sein könnte.

Die Installation selbst ist für die gängigen Linux-Distributionen beschrieben, wofür vorgefertigte Pakete bereitliegen. Das zu installierende Paket liegt als Omnibus-Paket vor. Das heißt konkret, dass GitLab alle Abhängigkeiten bündelt und mit ausliefert. Darunter etwa auch die Datenbank PostgreSQL. Vorteil ist, dass sich GitLab selbst um mögliche Konfigurationsänderungen kümmert und Migrationen bei Aktualisierungen in der Regel selbst durchführt.

GitLab veröffentlicht an jedem 22. des Monats eine neue GitLab-Version. Darin kommen Monat für Monat zahlreiche Funktionen hinzu. Das betrifft nicht nur die kostenpflichtige Enterprise-Edition in verschiedenen Ausführungen, sondern auch die Open-Source-Variante, die als Community-Edition vorliegt. Der Funktionsumfang der Enterprise-Edition und der Community-Edition ist identisch, sofern keine Lizenz eingespielt wird. Hin und wieder werden diverse Features auch von der Enterprise-Edition in die Community-Edition überführt und für alle zugänglich gemacht. Hier lohnt es sich daher, regelmäßig sowohl die verfügbaren Aktualisierungen zu installieren und die Neuerungen in den Release Notes zu verfolgen.

5.2.2 Konfiguration

Nach der Installation können Sie sich erstmals in das Default-Root-Konto einloggen und dabei ein Passwort setzen. Das Root-Konto sollte nur für administrative Zwecke genutzt werden und nicht für das Hosten von Repositorys. Für Letzteres ist ein separater Account sinnvoll, der ebenfalls Admin-Rechte besitzen darf.

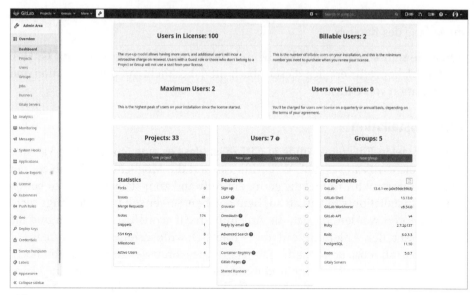

Abb. 5.18: Die Admin-Oberfläche von GitLab

In der oberen Leiste in GitLab befindet sich der Button mit dem Schraubenschlüssel-Symbol, der zum Admin-Menü führt, das auch über den Zusatz /admin/ über die URL erreicht werden kann. Dort können Sie dann unter anderem Projekte, Nutzer und Gruppen administrieren.

Im Gegensatz zu GitHub nutzt GitLab eigene Bezeichnungen für die strukturelle Organisation. Generell können auf einer GitLab-Instanz mehrere Gruppen erzeugt werden. Innerhalb von Gruppen können Subgruppen angelegt werden. Sowohl in Gruppen als auch in Subgruppen können Projekte angelegt werden. Nahezu alle Kollaborationsfunktionen sind innerhalb einer Gruppe verfügbar, nicht aber über Gruppen hinweg. Unter Projekten verstehen die meisten bei GitLab das, was man als Git-Repository kennt. Das Git-Repository ist aber nur ein Teil eines Projekts, da es noch Issues, CI/CD, Container- und Package-Registry, Wiki und Security- und Compliance-Features gibt. GitLab ist letztendlich ein Produkt, um den ganzen DevOps-Lifecycle innerhalb eines einzigen Tools abzubilden, ohne zwischen verschiedenen Tools hin und her wechseln zu müssen, wie es sonst häufig der Fall ist.

Gruppen, Projekte und Nutzer anlegen

Wie zuvor schon erwähnt, entsprechen Gruppen Organisationen von GitHub. Über das Administrationsmenü können Sie Gruppen, Nutzer und Projekte schnell anlegen. Defaultmäßig können auch normale registrierte Benutzer Gruppen und Projekte anlegen. Beim Anlegen einer Gruppe muss lediglich ihr Name definiert werden. Zusätzlich können Sie auch eine Beschreibung und ein Gruppen-Avatar setzen.

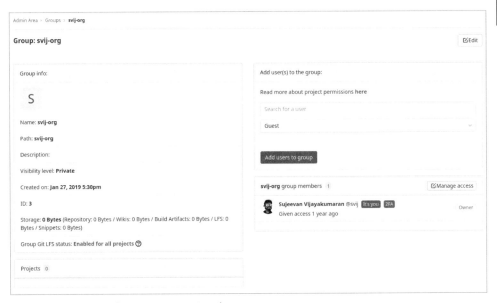

Abb. 5.19: Gruppen-Administration in GitLab

Die Gruppen-Administration ist prinzipiell übersichtlich und selbsterklärend. So werden die Projekte aufgelistet, sofern sie vorhanden sind. Weiterhin werden die GitLab-Nutzer in der Gruppe dargestellt. Über dieselbe Seite können Nutzer zur Gruppe hinzugefügt werden. GitLab besitzt genau fünf Benutzer-Gruppen innerhalb der Gruppe selbst, die unterschiedliche Berechtigungen haben. Dadurch können die Rechte der Benutzer eingegrenzt werden.

Die Berechtigungsgruppe mit den niedrigsten Rechten sind die Gäste. Diese dürfen nur sehr wenig. Darunter fällt die Anlage von neuen Issues im Issue-Tracker, die Abgabe von Kommentaren und die Erlaubnis, vieles, aber nicht zwangsläufig alles zu lesen. Die nächsthöhere Stufe sind die »Reporter«. Diese Personen haben Zugriff auf den Code und können unter anderem Code-Snippets anlegen und den Issue-Tracker verwalten. Eine Möglichkeit, Merge-Requests anzulegen, besteht für Reporter allerdings nicht. Denn das können nur mindestens Entwickler – deren Gruppe »Developer« heißt.

Entwickler haben zusätzlich die Möglichkeit, neue Branches anzulegen, dahin zu pushen und diese auch zu löschen. Die letzten beiden Berechtigungsgruppen sind »Maintainer« und »Owner«, die sich nur in wenigen Details unterscheiden. Mitglieder von »Master« dürfen etwa neue Team-Mitglieder hinzufügen, die Projekte bearbeiten und Git-Tags ändern oder löschen. Als »Owner« ist es zusätzlich möglich, Projekte zu löschen und den Namen oder die Sichtbarkeit des Codes zu ändern. GitLab bietet durch diese vorkonfigurierten Gruppen eine einfache Möglichkeit, schnell und einfach Projekte mit einer Benutzer-Struktur zu erstellen, ohne dass man sich selbst großartig über die Berechtigungen den Kopf zerbrechen muss.

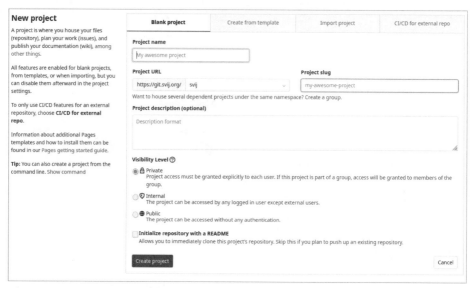

Abb. 5.20: Neues Repository anlegen

Repositorys können im Namespace von Nutzern oder Gruppen angelegt werden. Den Umstieg von anderen Git-Hosting-Möglichkeiten zu GitLab erleichtert GitLab dadurch, dass ein Projekt direkt von externen Servern importiert werden kann. So existieren unter anderem Importer für GitHub, Bitbucket und Gitea. Zum Import gehört dann nicht nur das Repository selbst, sondern je nach Quellprojekt auch die Issues. Ein separater Import von JIRA-Tickets existiert zum Beispiel ebenfalls. GitLab-Repositorys besitzen drei Sichtbarkeitslevels: Privat, Intern und Öffentlich. Bei privaten Projekten können nur diejenigen das Repository sehen, die explizit zum Projekt hinzugefügt wurden. Interne Projekte sind Projekte, die nur von registrierten und eingeloggten Nutzern auf dem Server eingesehen werden können, während öffentliche Repositorys von jedem einsehbar sind. Falls der GitLab-Server im Internet erreichbar ist und keine Open-Source-Projekte gehostet werden, sollte das Projekt nicht öffentlich sichtbar sein.

Issue-Tracker und Merge-Requests

Der Issue-Tracker ähnelt vom grundsätzlichen Ansatz her sehr stark dem von GitHub. So können Sie auch hier Issues anlegen, die dann anderen Nutzern zugewiesen werden können. Zusätzlich können Sie auch Milestones und Labels definieren, die an die Issues angehängt werden. Dazu lassen sich Issue-Boards anlegen, in denen die Issues in einer Art Kanban-Board verwaltet werden. Diese Boards sind sowohl auf Projektebene vorhanden als auch auf Gruppenebene, wo sie dann mehrere Projekte überspannen. Wichtig hierbei ist: Das Nutzen der Issue-Boards wird ausschließlich über Labels ermöglicht, von denen es verschiedene Arten gibt. Mit Labels und den Issue-Boards lassen sich dann auch Workflows erstellen. In der Enterprise-Edition sind noch weitere Funktionen wie Epics, Roadmaps, Iterations und noch vieles mehr verfügbar, die das Planen von Projekten vor allem für größere Projekte deutlich verwaltbarer macht.

Um Code-Reviews durchzuführen, können in GitHub Pull-Requests angelegt werden, in denen eine Anfrage gestellt wird, um einen Branch zu mergen. In GitLab geht das auch, nennt sich allerdings Merge-Request. Handhabung und Durchführung sind grundsätzlich ähnlich wie bei GitHub. Dies betrifft insbesondere den Git-Workflow. Bei den verfügbaren Funktionen innerhalb eines Merge-Requests gibt es einige kleinere und größere Unterschiede. Sinn und Zweck ist aber ziemlich gleich: Sie sehen die Resultate von einzelnen Checks einer Pipeline, können es Personen zuweisen, kommentieren und natürlich den Merge durchführen. Beim Mergen gibt es zusätzlich die Möglichkeit, verschiedene Merge-Strategien anzuwenden, darunter ein Merge mit Merge-Commit oder auch ein Merge per Rebase, um einen Merge-Commit zu vermeiden.

GitHub bietet die Möglichkeit, mittels Code-Wörtern in Commits-Messages Issues zu schließen, diese Funktion ist auch in GitLab verfügbar. Dies ist der Vorteil, wenn man Lösungen einsetzt, die mehrere Funktionen bündeln, die letztendlich zusammengehören: Man erhält eine sehr gute Integration und muss sich nicht um diese Integration kümmern. Für GitLab existiert zwar zum Beispiel auch eine JIRA-Integration, doch ist es wie mit jedem externen Tool auch: Es muss für jedes Projekt konfiguriert und verwaltet werden. Dies trifft nicht nur auf GitLab zu, sondern auch auf GitHub. Andere Einschränkungen gibt es dann zusätzlich natürlich auch.

Obwohl sich GitHub und GitLab in der Grundfunktionalität ziemlich ähnlich sind, gibt es viele kleine, aber feine Unterschiede. Die Besonderheiten liegen bekanntlich in den Details. Es gibt diverse sinnvolle Features, die stellenweise nur in der Enterprise-Edition von GitLab vorhanden sind. GitLab kann in Merge-Requests mit einem »Draft« umgehen. (Das hieß zuvor »Work in Progress«). Konkret kann der Entwickler im Titel eines Merge-Requests »Draft«, »WIP« oder »[WIP]« eintragen, damit der Button zum Annehmen automatisch verschwindet. Dies ist immer dann praktisch, wenn zwar ein Merge-Request zum Review schon erstellt ist, aber definitiv noch nicht gemergt werden soll, etwa dann, wenn es notwendig ist, schon früher Feedback zu bekommen.

Ein wichtiger Unterschied zwischen GitHub und GitLab sind die Funktionen, die in GitHub Actions und GitLab CI/CD verfügbar sind. Während es GitLab CI/CD schon seit etlichen Jahren gibt und es perfekt integriert ist, ist GitHub Actions erst Ende 2019 eingeführt worden. Dadurch ergeben sich einige Einschränkungen, die aber den Rahmen des Buches sprengen würden. Ein oberflächlicher Überblick und Vergleich zwischen GitHub Actions und GitLab CI/CD folgt in Abschnitt 5.4. Denn mittlerweile ist das reine Hosten von Git-Repositorys vergleichsweise langweilig. Wichtig ist, welche Funktionen darüber hinaus verfügbar sind, die die Entwicklungsarbeit im DevOps-Development-Lifecycle deutlich vereinfachen und beschleunigen. Genau aus diesem Grund wird Bitbucket in diesem Buch nicht näher betrachtet, denn es bietet nicht sehr viel mehr Funktionen über das Hosting von Git-Repositorys und dem Review von Changes hinaus.

5.3 Weitere Git-Hosting-Lösungen

Neben GitLab und GitHub gibt es eine Vielzahl von anderen Git-Hosting-Möglichkeiten. Eine Möglichkeit wäre zum Beispiel die Einrichtung mit Linux und Git-Hausmitteln, was allerdings häufig eher aufwendig und wenig flexibel ist. Mit Gitweb und cgit gibt es auch eine Web-Oberfläche, die sich zur Ansicht von Git-Repositorys über den Webbrowser nutzen lässt. Auf https://git.kernel.org wird beispielsweise cgit eingesetzt.

Einige der übrigen Lösungen ähneln GitHub stark, andere weniger. Einige sind Open Source und andere nur als Software-as-a-Service verfügbar. Die Software gogs.io (https://gogs.io) und gitea.io (https://gitea.io) sind leichtgewichtige GitHub-Klone und sehen auch von der Benutzeroberfläche sehr ähnlich aus. Gitea ist ein Fork von Gogs, was eher vorzuziehen ist. Beide bieten die Basis-Funktionen für das Hosten von Git-Repositorys sowie einer Benutzerverwaltung und Issue-Tracking an. Bitbucket von der Firma Atlassian ist entweder über die Webseite http://bitbucket.org verfügbar oder kann gegen Bezahlung auch auf dem eigenen Server installiert werden. Weiterhin gibt es auch noch Gerrit – was sowohl Git-Repositorys hosten kann als auch als Code-Review-Tool dient. Der Workflow sieht dort nochmals anders aus und ist für Einsteiger durchaus komplizierter, da die Arbeitsweise eine ganz andere ist. Mehr Informationen zu Gerrit finden sich auf https://www.gerritcodereview.com.

5.4 CI/CD: Continuous Integration und Continuous Delivery

Sowohl GitHub als auch GitLab bringen eine tiefe Integration der eigenen CI/CD-Tools mit. Namentlich ist das GitLab CI/CD und GitHub Actions. Andere bekannte und verbreitete Tools sind etwa Travis-CI oder Jenkins, die schon deutlich länger verfügbar sind.

CI ist die Abkürzung von »Continuous Integration«, was auf Deutsch »Kontinuierliche Integration« heißt. CD hat wiederum eine doppeldeutige Abkürzung. So kann es entweder für Continuous Delivery oder für Continuous Deployment stehen. Auf dem ersten Blick sieht das zwar ziemlich gleich aus, doch gibt es da einen Unterschied, dazu später aber mehr.

Kurz ausgedrückt ist CI/CD ein Prozess, der dafür steht, dass Software häufig um kleine und größere Funktionen erweitert wird – kontinuierlich wird dadurch neuer Code in das Projekt integriert und auch ausgerollt. Konkret heißt es, dass jede kleine Änderung regelmäßig mittels Feature-Branches in den Hauptentwicklungsbranch gemergt und dann auch ausgerollt werden soll. Es ist eine Verbindung von Entwicklungstätigkeit und Administrationstätigkeit, da die Anwendung dann auch auf den Servern automatisiert installiert werden soll. Das fällt auch unter »DevOps«, was in Kapitel 12 näher beleuchtet wird.

Zurück zu CI/CD: CI/CD-Software unterstützt diesen Prozess. Damit lassen sich automatisiert Skripte ausführen, die beispielsweise die Software bauen und testen. Der Art und Weise, CI-Software einzusetzen, ist nahezu keine Grenzen gesetzt. Es bietet eine einfache Möglichkeit, auf bestimmte Aktionen zu horchen und definierte Jobs zu starten. Sie können die Entwickler bei der Gewährleistung von Stabilität und Qualität unterstützen. Einige mögen sich an dieser Stelle vielleicht fragen, was das Thema genau in einem Git-Buch zu suchen hat. CI-Software kann die Entwicklung von Software positiv beeinflussen, indem man immer im Blick hat, ob das Projekt richtig baut und die Tests nicht fehlschlagen. Dies ist insbesondere bei der Nutzung von Git mit GitHub oder GitLab praktisch, da beide Dienste mit hauseigener CI-Software eng verknüpft sind. Neben GitHub Actions und GitLab CI/CD gibt es die Open-Source-Lösungen Jenkins und auch Travis-CI. Jenkins kann flexibel mit verschiedenen Git-Hosting-Servern betrieben werden, Travis-CI funktioniert hingegen nur mit GitHub. Während Jenkins in der Regel selbst gehostet wird, ist dies bei Travis-CI nicht der Fall, denn das wird als Software as a Service angeboten.

5.4.1 Der Workflow

Den Workflow, um an GitHub-Repositorys zu arbeiten, habe ich in diesem Kapitel bereits erläutert. Der Workflow kann durch den Einsatz von CI-Software nochmals ergänzt werden. Konkret wird er beim Anlegen von Pull-Requests erweitert. Das heißt, nach dem Anlegen eines Pull-Requests auf GitHub oder Merge-Requests auf GitLab werden ein oder mehrere Jobs von der CI-Software ausgeführt. Dies ist in der Regel ein Build-Vorgang und ein oder mehrere Test-Vorgänge, die verschiedene Arten von Tests ausführen. Sobald diese Jobs durchgelaufen sind, wird ein Status zurückgegeben, dieser kann den Job als »stabil«, »instabil« oder »fehlgeschlagen« kennzeichnen. Wenn etwa in einem Job Tests ausgeführt werden, kann er als »stabil« definiert werden, wenn alle Tests ohne Fehler durchlaufen. Falls einige wenige Tests fehlschlagen, dann kann ein Job instabil sein, oder eben fehlschlagen, wenn zu viele Tests fehlgeschlagen sind oder aus einem anderen Grund abbrechen.

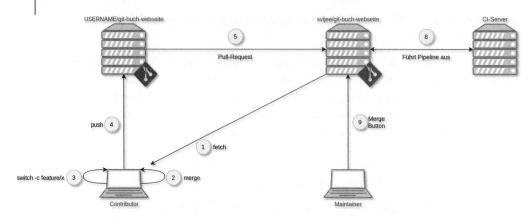

Abb. 5.21: Der Server triggert die CI-Software, die einen Status zurückliefert.

Durch den Einsatz von CI-Software erfährt sowohl der Entwickler als auch der Maintainer, ob der Pull-Request prinzipiell funktionsfähig ist. Das hängt aber auch stark davon ab, wie, was und wie viel getestet bzw. geprüft wird. Man muss also eine gewisse Vorarbeit leisten, die sich lohnt. Beispielsweise könnten diese Arten von Jobs definiert werden:

- Kompilierung und Paketierung
- Bau von Container-Images
- Durchführung von automatischen Unit- und Integration-Tests
- Prüfung der Test-Abdeckung
- Code-Layout-Prüfung
- Code-Qualität-Prüfung
- Dynamische und statische Applikationstests
- Deployment auf einer Review-Umgebung
- Deployment auf Produktivsysteme

Viele dieser Punkte lassen sich theoretisch problemlos prüfen und ausführen, sofern das Projekt dafür ausgelegt ist. Wenn das nicht zutrifft, kann schon viel Arbeit notwendig sein, um dies zu bewerkstelligen. Um die einzelnen Möglichkeiten soll es an dieser Stelle auch nicht gehen, da sie stark vom Projekt, der verwendeten Programmiersprache und Tools abhängig sind.

Prinzipiell bietet diese Art von automatisierten Jobs allerdings die Möglichkeit, frühzeitig und rechtzeitig kleine und größere Fehler zu finden, sofern alles korrekt eingebunden wurde und auch zuverlässige Tests geschrieben wurden. Sowohl die Maintainer als auch das Entwicklungsteam bekommen frühzeitig und automatisiert Feedback. Für das Entwicklungsteam kann es allein deshalb schon hilfreich sein, da die Implementierung im Pull-Request schon korrigiert werden kann, bevor ein Review erfolgt. So lassen sich Probleme frühzeitig und automatisiert erkennen, ohne dass andere Personen involviert werden müssen.

Die nächsten Abschnitte erläutern die zwei CI-Software-Tools GitHub Actions und GitLab CI/CD. Es wird gezeigt, was ihre prinzipiellen Funktionsweisen sind und worin sie sich grundsätzlich unterscheiden. Elementar ist dabei die Integration in den Entwicklungsalltag. Auf alle Details kann leider nicht eingegangen werden, da es den Umfang des Buches sprengen würde. Ziel ist es daher, die Unterschiede und die grundlegenden Features zu erläutern, um Ihnen einen Einblick zu geben, welche Software im Entwicklungsprozess eingesetzt werden kann. Da es sich um ein Git-Buch handelt, muss sich anschließend jeder selbst um die nähere Konfiguration kümmern.

5.4.2 GitHub Actions

GitHub Actions ist eine vergleichsweise neue Funktion, die zu GitHub hinzugefügt wurde, um CI und CD direkt innerhalb von GitHub auszuführen.

Im Gegensatz zum Begriff »Pipeline«, der sich unabhängig vom Projekt oder Produkt durchgesetzt hat, nennt GitHub es schlicht »Workflows«. Ein Workflow wird in GitHub in einer YAML-Datei spezifiziert.

Diese YAML-Datei muss mit im Repository versioniert werden, damit es von dem Projekt genutzt werden kann. GitHub erwartet eine oder mehrere solcher Dateien im Verzeichnis .github/workflows/ im Repository. An dieser Stelle soll nun ein simples Beispiel folgen, wie eine einfache Pipeline geschrieben werden kann, um ein Java-Projekt mit mvn zu bauen, zu testen und zu deployen. Dazu werden die entsprechenden mvn-Befehle ausgeführt. Das Beispiel ist ganz bewusst so kurz und einfach gehalten, weil eine tiefe Betrachtung von GitHub Actions das Buch sprengen würde. Voraussetzung ist also, dass man ein Java-Projekt vorliegen hat, das sich mit Maven bauen lässt.

Im Verzeichnis .github/workflows/ kann im ersten Schritt die Datei build.yml angelegt werden. In diesem Verzeichnis können mehrere YAML-Dateien angelegt werden, um Workflows zu spezifizieren und zu nutzen. In diesem Beispiel beschränken wir uns allerdings auf die eine YAML-Datei.

Zunächst soll das Projekt mittels Maven gebaut werden. Es gibt verschiedene Ansätze, den Workflow zu spezifizieren, hier ist nun einer davon:

```
name: Java CI
on: [push]
jobs:
  build:
    runs-on: ubuntu-latest
```

```
    steps:
      - uses: actions/checkout@v2
      - name: Set up JDK 1.8
        uses: actions/setup-java@v1
        with:
          java-version: 1.8
      - name: Build with Maven
        run: mvn -B package --file pom.xml
```

Die erste Zeile stellt den Namen des Workflows dar. Dieser kann theoretisch willkürlich gesetzt werden, sollte allerdings passend gewählt werden, da er in der Web-Oberfläche dargestellt wird. Die zweite Zeile gibt an, wie der Workflow gestartet werden soll. In diesem Beispiel erfolgt sein Ausführen jedes Mal, wenn eine Änderung gepusht wird.

Danach wird es ein wenig spannender. Unter `jobs` werden die Jobs definiert, die ausgeführt werden sollen. In diesem Beispiel ist genau ein Job definiert mit dem Namen `build`, schließlich wollen wir hier das Projekt bauen. Mit `runs-on` wird spezifiziert, auf welchen Typ Runner die einzelnen Schritte auszuführen sind, die danach aufgelistet werden. Der Runner ist die Software, die auf den Server installiert werden muss, um die Workflows ausführen zu können. In diesem Fall wird definiert, dass eine komplett neue virtuelle Maschine gestartet werden soll, die ein aktuelles Ubuntu beinhalten soll. Da hier der Runner von GitHub.com verwendet wird, muss er nicht separat konfiguriert werden.

In den ersten echten Schritten (`steps`) des Workflows wird anschließend angewiesen, dass der Code ausgecheckt werden soll. Wenn dies nicht angegeben wird, wird der Code des Repositorys nicht ausgecheckt und ist somit nicht verfügbar. Dies ist also für Bau der Software essenziell. Weiter geht es mit dem Setup des JDK. Die bereitgestellte VM ist nämlich ein nacktes Ubuntu-System, sodass keine Entwicklungstools enthalten sind. Durch die Nutzung von `uses` und der Angabe der Java-Version wird in diesem konkreten Fall das JDK installiert.

Erst im Schritt danach wird Maven ausgeführt. Mit `run` wird dann der Befehl spezifiziert, der ausgeführt werden soll, um das Projekt zu bauen.

Der Workflow kann nun weiter ergänzt werden, damit auch noch die Tests ausgeführt und ein Deployment durchgeführt wird.

```
[...]
  test:
    runs-on: ubuntu-latest
    steps:
      - uses: actions/checkout@v2
      - name: Set up JDK 1.8
```

```
            uses: actions/setup-java@v1
            with:
                java-version: 1.8
          - name: Run the Maven verify phase
            run: mvn -B verify --file pom-ci.xml
      deploy:
        runs-on: ubuntu-latest
        steps:
          - uses: actions/checkout@v2
          - name: Set up JDK 1.8
            uses: actions/setup-java@v1
            with:
                java-version: 1.8
          - name: Build with Maven
            run: mvn deploy --file pom.xml
```

Der restliche Teil des Workflows sieht nun wenig überraschend aus. Es werden weitere Jobs definiert, die jeweils den Code auschecken, das JDK auf dem frischen Ubuntu-System installieren und die entsprechenden Maven-Befehle absetzen.

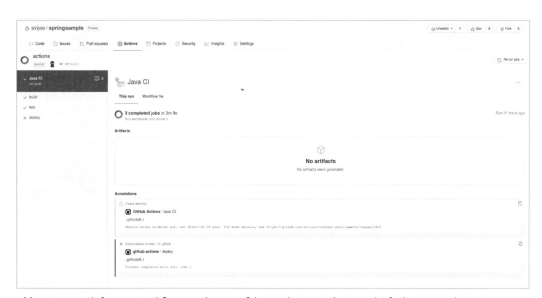

Abb. 5.22: Der definierte Workflow wurde ausgeführt und stoppte beim nicht funktionierenden Deployment.

Dieser Abschnitt sollte bis hierhin die grundsätzlichen Möglichkeiten von GitHub Actions aufzeigen. Dieses Beispiel ist auf keinen Fall ein Paradebeispiel, da noch einiges optimiert und angepasst werden kann. So können auch Container-Images spezifiziert werden, die genutzt werden sollen, um Maven auszuführen. Der Prozess kann durch einen Cache auch beschleunigt werden.

Für weitere Informationen lohnt sich ein tieferer Blick in die Dokumentation von GitHub Actions. Diese zeigen genauere und stets aktuelle Hinweise zur Nutzung. Zu finden ist es unter dieser URL: https://docs.github.com/en/free-pro-team@latest/actions.

Das bisherige Beispiel war sehr einfach gehalten. Wichtig war mir, an diesem Punkt zu zeigen, dass man solche Lösungen auf jeden Fall einsetzen sollte, da sie mögliche Probleme frühzeitig und rechtzeitig aufdecken können. Wer GitHub Actions nicht so toll findet, kann auch GitLab CI/CD nutzen, auch wenn GitHub für das Source-Code-Management genutzt wird. Mehr zu GitLab CI/CD folgt direkt im nächsten Abschnitt.

5.4.3 GitLab CI/CD

GitLab CI/CD ist der Teil von GitLab, mit dem CI und CD ermöglicht wird. Im Internet finden sich noch viele Stellen, wo von GitLab CI die Rede ist. Hier sollten Sie sich nicht verwirren lassen, weil der Zusatz »CD« später ergänzt wurde, nachdem Funktionen rund um Continuous Delivery und Deployment ergänzt wurden. GitLab CI/CD ist direkt in GitLab eingebunden, wird mit dem Installationspaket ausgeliefert und ist direkt startklar. Zusätzlich installiert werden muss hingegen der GitLab Runner, der auf den Systemen installiert werden muss, auf denen die Jobs der Pipeline laufen sollen. Wenn Sie GitLab.com verwenden, sind Shared-Runner bereits verfügbar. Diese sind auf eine bestimmte Anzahl von kostenfreien CI-Minuten limitiert. Eine Pipeline ist die komplette Automatisierung, die zu dem Projekt gehört. Die Pipeline beinhaltet dann einzelne Jobs. Das sind dann meist der Build- und mehrere Test-Prozesse, die nacheinander oder auch parallel ausgeführt werden können. Die Konfiguration der Pipeline erfolgt wie auch bei GitHub Actions über eine YAML-Datei mit der Datei-Endung `.yml`. In diesem Fall heißt die Datei allerdings `.gitlab-ci.yml`. Analog zu GitHub Actions müssen Sie auch in dieser Datei angeben, was GitLab mit Ihrem Projekt tun soll. Im Repository müssen Sie dazu also die `.gitlab-ci.yml` anlegen, und aufgrund ihres Inhalts wird bei jedem Push ein Build der Pipeline gestartet. Vorteil bei diesem Verfahren ist auch, dass ein alter Build immer abhängig von der zu der Zeit aktuellen `.gitlab-ci.yml` gebaut werden kann.

Um ein praktisches Beispiel zu verwenden, wollen wir hier, wie bei GitHub Actions auch, ein Java-Projekt mit Maven bauen, die Tests ausführen und ebenfalls mit Maven deployen. Angestoßen wird das Ganze natürlich über die GitLab-Pipeline.

Dazu fangen wir zunächst klein an und definieren in der Pipeline erst einmal nur einen Job, um das Projekt zu bauen:

```
stages:
    - build

build:
    stage: build
    image: maven:latest
    script:
        - mvn compile
```

Diese Pipeline-Definition besteht aus zwei Teilen: `stages` und `build`. Mit `stages` wird angegeben, welche Stages es geben soll, die nacheinander ausgeführt werden sollen. In dem Fall haben wir zunächst einmal nur eine Stage.

Der zweite Teil ist die Job-Definition mit dem Namen `build`. Hier kann ein beliebiger Name gesetzt werden, das hat erst einmal nichts mit der Definition der Stages zu tun. Diese Definition kommt nämlich in der Zeile darauf, in der konfiguriert wird, dass dieser Job `build` zur Stage `build` gehört. Anschließend wird noch angegeben, welches Container-Image verwendet und welches Skript ausgeführt werden soll, um das Projekt zu bauen.

In diesem konkreten Beispiel wird ein Container-Image angegeben, in dem alle Tools enthalten sind. Beim Ausführen der Pipeline wird daher das Container-Image, hier `maven:latest`, gezogen und das definierte Skript ausgeführt. Im `script`-Teil können ein oder mehrere Zeilen angegeben werden, die dann ausgeführt werden. Alternativ lässt sich ein komplexes Build-Skript auch in eine Datei auslagern. Selbstverständlich ist in diesem Fall auch: Das Repository wird ebenfalls heruntergeladen und alle Dateien davon sind verfügbar, sodass keine Konfiguration des Klons vom Repository benötigt wird.

Spannender wird aber nun, wenn man noch ein paar Stages und Jobs hinzufügt, sodass die Pipeline-Definition wie folgt aussieht:

```
stages:
    - build
    - test
    - deploy

build:
    stage: build
    image: maven:latest
    script:
        - mvn compile
```

```yaml
test:
    stage: test
    image: maven:latest
    script:
        - mvn test

deploy:
    stage: deploy
    image: maven:latest
    script:
        - mvn deploy
```

Wie Sie lesen können, sind zwei neue Jobs und zwei neue Stages dazugekommen. Die Definition sieht ziemlich gleich aus, der einzige Unterschied ist der jeweils andere Maven-Befehl.

Die .gitlab-ci.yml muss immer im Repository enthalten sein. Änderungen an der Pipeline, die Sie in Branches erzeugen, werden entsprechend der Änderungen ausgeführt.

Wenn Sie das obige Beispiel nun ausführen, sieht die laufende Pipeline wie der folgende Screenshot aus.

Abb. 5.23: Die laufende Pipeline mit den drei definierten Stages und Jobs

Die Pipelines werden mit jedem Push von jedem Branch ausgeführt. Sie können Pipelines auch komplett separat starten, indem Sie auf den Menüpunkt »CI/CD« im Projekt klicken, um dort sowohl die ausgeführten Pipelines anzusehen als auch um eine Pipeline händisch zu starten.

Abb. 5.24: Mit einem Klick auf den Job können Sie sein Log einsehen.

Ein wichtiger Punkt, der bisher ein wenig untergegangen ist, ist die Software, die benötigt wird, um eine GitLab-Pipeline ans Laufen zu bekommen. Der GitLab-Runner ist ein Stück Software, das auf nahezu allen Betriebssystemen installiert werden kann. Er wird dort benötigt, wo die Jobs der Pipelines ausgeführt werden sollen. Der GitLab-Runner muss nach der Installation registriert werden, sodass man ihm mitteilt, wo sich der GitLab-Server befindet, von dem er sich die Jobs holen soll. Die jeweiligen Installationsanleitungen finden sich in der GitLab-Dokumentation: https://docs.gitlab.com/runner/install/.

Hier könnte ich noch über sehr viele Funktionen berichten, aber das würde den Rahmen des Buches sprengen. Stattdessen will ich noch kurz auf ein paar der nutzbaren Exekutoren eingehen. Die Beispiel-Pipeline von vorhin nutzt den Docker-Exekutor. Dieser ermöglicht es, dass jeder Job ein Docker-Image spezifizieren kann, das bei Bedarf heruntergeladen und ausgeführt wird. Darüber hinaus gibt es auch noch Exekutoren für Kubernetes, SSH, VirtualBox und noch ein paar mehr.

Auto DevOps

Ein praktisches Feature von GitLab ist das Feature, das sich »Auto DevOps« nennt. Mit Auto DevOps versucht GitLab, das Leben des Entwicklungsteams so gut es geht zu vereinfachen. Im Idealfall muss für ein Projekt keine Pipeline geschrieben werden. Das heißt konkret, dass die Definition in der .gitlab-ci.yml hinfällig ist. Sofern Auto DevOps aktiviert ist, versucht es, die Programmiersprache und den Typ des Projekts zu erkennen, und baut selbstständig eine Pipeline, die das Projekt baut, die Tests ausführt und auch ein Deployment macht.

Diese Funktion ist vor allem bei Microservices, für kleine Projekte und für Projekte, die dem Standard der Programmiersprache folgen, nützlich. Je mehr das Projekt vom Standard abweicht, desto eher wird Auto DevOps nicht funktionieren.

Was tut es aber nun? Wie zuvor erwähnt ermittelt es zunächst die Programmiersprache und baut dann das Projekt. Bei Java-Projekten, die mit Maven gebaut werden, wird es dann etwa automatisch mit Maven gebaut. Danach wird daraus im selben Job ein Container-Image gebaut. Das Image wird anschließend direkt auf die in GitLab integrierte Container-Registry gepusht. Wenn ein eigenes Dockerfile im Repository liegt, baut GitLab automatisch das Image auf Basis dieses Dockerfiles. Bedingung hierfür ist allerdings, dass ein GitLab-Runner mit Docker Exekutor existiert, der im privilegierten Modus läuft. Je nach Sicherheitsrichtlinie der Firmen ist so etwas häufiger nicht verfügbar. Dies dürfte sich im Laufe der Zeit bei GitLab allerdings ändern. Wenn Sie GitLab sowieso auf GitLab.com nutzen, ist das weniger das Problem, da es die Shared-Runner selbst zur Verfügung stellt.

Im nächsten Schritt, und somit in der zweiten Stage, werden die Tests ausgeführt. Wenn man GitLab in der freien Variante betreibt, ist der Spaß hier leider eher gering, da dort fast nur automatisch die Tests ausgeführt werden und die Code-Qualität geprüft wird. In den verschiedenen Varianten der Enterprise-Edition gibt es zudem noch einige Scans in der Test-Stage, die Security-Checks durchführen. Darunter Container-Image-Scanning, Dynamic und Static Application Security Testing und noch einiges mehr, wie etwa Load- oder Performance-Tests. Das Praktische dabei ist, dass das Ergebnis im dazugehörigen Merge-Request aufbereitet wird. Das heißt, es gibt zügiges Feedback, was die Änderung in dem Merge Request brachte, darunter eben Punkte, wie verbesserte oder verschlechterte Performance, Code-Qualität, Tests oder Security. Wie zuvor erwähnt sind einige dieser Features nur in der Enterprise-Edition verfügbar, doch bringt selbst die Auto-DevOps-Funktionalität in der freien Variante einige Vorzüge, da man diese vorhandenen Funktionen auch um eigene Jobs in der Pipeline ergänzen kann. Einzelne Jobs von Auto DevOps lassen sich per `include` in das eigene Projekt einbinden, sodass Sie weniger Arbeit haben und nicht zwangsläufig für alles Ihren eigenen Pipeline-Code schreiben müssen.

5.5 Zusammenfassung

Dieses Kapitel gab einen Einblick in einen Teil der gängigen Git-Hosting-Möglichkeiten. Konkret wurden GitHub und GitLab thematisiert. Darüber hinaus erfolgte ein Einblick in die Nutzung von Tools für Continuous Integration, um Git, den Hosting-Server und die Tools sinnvoll miteinander zu verbinden.

Kapitel 6

Workflows

Für den Ein- und Umstieg sind die in den bisherigen Kapiteln vorgestellten Themen das notwendige Übel, um mit Git starten zu können. Die Grundlagen sind gelegt und alles Nötige an Informationen sollte nun da sein, um es produktiv im Team einsetzen zu können.

Genau da kommen aber auch schon die ersten Probleme: Wie fängt man nun richtig an? Wie sollte gearbeitet werden? Welches Branching-Modell sollte genutzt werden und welche Vor- und Nachteile gibt es? All diese Fragen sollten vor dem Ein- oder Umstieg geklärt werden. Das betrifft vor allem kleinere und größere Teams und weniger die kleinen Hobbyprojekte für zu Hause.

Es gibt viele verschiedene Workflows, die sich für die verschiedenen Einsatzzwecke eignen oder auch nicht. Die konkrete Arbeitsweise kann von der Projektart, der Programmiersprache, der Programmiertools und der Anzahl der Personen abhängig sein. Wenn Sie auf Git umsteigen, sollten Sie einen guten und passenden Workflow für sich selbst bzw. für das Team auswählen, der gegebenenfalls in der Zukunft immer mal wieder angepasst werden kann. Ziel ist es nämlich nicht nur, Git als reines Versionsverwaltungsprogramm zu nutzen, sondern auch die Arbeitsweise an Git anzupassen, um die Funktionen sinnvoll und arbeitserleichternd zu nutzen. Ein reines Migrieren von anderen Tools wie Subversion ohne Anpassen des Workflows ist zwar möglich, aber relativ sinnlos. Wichtig ist, dass Sie die Vorteile mitnehmen. Es wäre dann also viel mehr eine Transition als eine Migration.

Beim Umstieg von anderen Versionsverwaltungsprogrammen wie etwa Subversion wirkt das Ganze zu Beginn vielleicht etwas groß und komplex, doch sind richtig gewählte Workflows sowohl hilfreich für Sie selbst als auch für Ihr Team. Dies trifft vor allem dann zu, wenn andere Personen Ihren Code verstehen sollen oder wenn Sie auf Fehlersuche gehen, wobei Git Sie unterstützen kann.

Keiner der folgenden Workflows ist ein allgemeingültiges Rezept, das ohne Anpassungen ausgewählt und genutzt werden kann. Ziel dieses Kapitels ist es, die verschiedenen Workflows für einzelne Anwender und für Teams zu präsentieren, inklusive der Vor- und Nachteile.

6.1 Interaktives Rebasing

Das interaktive Rebasing ist kein Workflow per se. Es ist eher ein Vorgang, der lokal und für sich alleine angewandt werden kann. Trotz des Namens (siehe Kapitel 3), geht es beim interaktiven Rebasen nicht um das Zusammenführen von Branches. Stattdessen ist dies eher das Neu-Schreiben der Historie für den aktuellen Branch, auf dem Sie arbeiten.

Das interaktive Rebasing kann Teil eines anderen Workflows sein und geschieht vollständig lokal. Dementsprechend ist das in der Regel ein Vorgang, der nur eine Person betrifft, nämlich Sie selbst.

Aber was heißt nun genau Neu-Schreiben der Historie? Wenn Sie mit Git arbeiten, sollten Sie generell häufig Commits erstellen. Die Commits sollten so klein wie möglich und so groß wie nötig sein. Prinzipiell gilt, dass die Commit-Message die Änderung gut beschreiben sollte, und dabei helfen relativ kleine Commits. Dies ist besonders beim Reviewen vor dem Mergen von Branches hilfreich.

Eine Ausnahme gilt, wenn dadurch extrem viele Commits erstellt würden, sonst entwickelt sich dieser Vorteil schnell zu einem Nachteil. Ein weiterer wesentlicher Vorteil ist, dass Merge-Konflikte sehr viel einfacher behoben werden können, wenn die Commits klein sind. Je größer die Commits, desto unübersichtlicher wird es bei einem Merge-Konflikt und desto wahrscheinlicher ist es, dass schnell resigniert wird oder Fehler passieren. Der Nachteil von vielen kleinen Commits ist hingegen, dass dieser Vorgang verhältnismäßig viel Arbeit erzeugt. Man muss jede Änderung zuerst überprüfen, dann zum Staging-Bereich hinzufügen und anschließend den Commit tätigen. Viel zu häufig kümmert man sich dann um die schöne Git-Historie, anstatt die eigentliche Entwicklungsarbeit zu leisten. Das ist natürlich nicht Sinn der Sache, da man sich während der Entwicklung von Software nicht zu häufig mit dem Committen von Änderungen beschäftigen möchte. Außerdem ist während der Entwicklung noch nicht immer bekannt, ob die aktuelle Implementierung in der Form korrekt ist oder nicht doch später über den Haufen geworfen wird, um wieder von vorne anzufangen. Bei so einem Fall hilft auch keine schöne Git-Commit-Historie.

Teilweise kann man die Nachteile umgehen, indem man die Commits zum Schluss erzeugt. Aber auch das ist nicht immer möglich oder sinnvoll. Genau an dieser Stelle kommt das Neu-Schreiben der Historie mittels des interaktiven Rebasen ins Spiel. Hiermit können Sie nicht nur die vorherigen Commits verändern, sondern auch die Commit-Messages modifizieren, die vorher eventuell nicht ganz so gut gesetzt worden sind. Zusätzlich besteht auch die Möglichkeit, mehrere Commits zusammenzufassen oder zu zerteilen. Dadurch lässt sich auch im Nachhinein eine schöne und gut reviewbare Historie erzeugen.

6.1.1 Branches pseudo-sichern

Bevor wir in die Thematik des interaktiven Rebasens einsteigen, zeige ich Ihnen noch einen kleinen, aber feinen Trick, um einen Branch einfach und ohne große Umwege zu »sichern«. Dies ist sinnvoll, da es beim Verändern der Historie gegebenenfalls zu fehlerhaften Zuständen kommt.

Bereits früh in diesem Buch haben Sie erfahren, wie ein neuer Branch angelegt werden kann. Obwohl in der Regel darauf weitergearbeitet wird, kann so ein Branch auch angelegt werden, um als lokales »Quasi-Backup« zu dienen. Falls Sie etwa gerade am Branch issue/1337 arbeiten, können Sie vor dem Rebasen einen neuen Branch erstellen, der so aussehen kann:

```
$ git branch issue/1337-save
```

Falls Sie in einen Zustand geraten, aus dem Sie ohne Hilfe nicht mehr herauskommen, gibt es somit eine einfache Möglichkeit, auf den ursprünglichen Stand zurückzukehren. Dazu muss zunächst auf den »Sicherungsbranch« gewechselt und anschließend von dort der alte Branch gelöscht werden. Anschließend wird dann der Branch basierend auf dem Sicherungsbranch wieder erzeugt.

```
$ git switch issue/1337-save
$ git branch -D issue/1337
$ git switch -c issue/1337
```

Und voilà: Der alte Stand ist mit diesem simplen Trick wieder hergestellt. Natürlich kann der aktuelle Branch auch von einem Remote-Branch wiederhergestellt werden, wenn dieser nicht überschrieben wurde. Zusätzlich gibt es noch weitere Möglichkeiten, wenn keine der beiden genannten Optionen infrage kommen. Das ist allerdings nicht mehr Thema dieses Kapitels, sondern wird in Kapitel 9 näher beleuchtet.

> **Hinweis**
>
> Mit git reflog lässt sich näher überprüfen, was im lokalen Repository geschehen ist, dies ist insbesondere dann hilfreich, wenn man in einen »kaputten« Zustand gerät, in dem alte Branches mit Commits wiederhergestellt werden sollen. Nähere Informationen finden sich dazu in Abschnitt 9.5.

6.1.2 Den letzten Commit verändern

Die wohl häufigste und einfachste Methode, um die bisherige Historie neu zu schreiben, ist das Anpassen des letzten Commits. Dies ist zum Beispiel dann nötig, wenn diverse Änderungen an Dateien in Commits geschoben wurden und Sie anschließend merken, dass noch eine Änderung vergessen wurde, zu stagen. Das Beispiel dazu sieht dann etwa wie folgt aus:

```
$ git switch master
$ git switch -c add-readme
$ echo "# Die Git-Buch-Website" >> README
$ git add README
$ git commit -m "README mit Überschrift hinzugefügt"
$ git push origin add-readme
$ echo "\nDie Beispiel-Website, die im Rahmen des Git-Buches erarbeitet wurde." >> README
$ git add README
```

Die Vorbereitungen sind nun abgeschlossen. Zunächst wurde auf Basis des Branches master ein neuer Branch add-readme angelegt, in dem dann eine Überschrift für die README-Datei hinzugefügt wurde. Diese wurde dann auch direkt zum Staging-Bereich hinzugefügt und anschließend wurde der Commit erzeugt.

Leider fällt Ihnen danach auf, dass ja noch eine Beschreibung unterhalb der Überschrift hinzugefügt werden sollte. Sie haben den Commit aber schon angelegt und auf das Remote-Repository gepusht. Der neue Satz wurde in der Datei hinzugefügt und befindet sich danach auch im Staging-Bereich. Dieser soll in den letzten Commit mit einfließen und gleichzeitig soll dessen Commit-Message angepasst werden. Der letzte Commit lässt sich mit dem Parameter --amend abändern, die Änderungen, die sich bereits im Staging-Bereich befinden, fließen dadurch mit den Änderungen aus dem letzten Commit zusammen. Der letzte Commit wird also mit dem aktuellen Staging-Bereich zu einem einzigen Commit zusammengefasst.

```
$ git commit --amend
```

Beim Ausführen des Kommandos öffnet sich der eingestellte Editor mit folgendem Inhalt:

```
README mit Überschrift hinzugefügt
# Bitte geben Sie eine Commit-Beschreibung für Ihre Änderungen ein.
# Zeilen, die mit '#' beginnen, werden ignoriert, und eine leere
# Beschreibung bricht den Commit ab. #
# Datum:            Sun Nov 29 12:36:36 2020 +0100 #
# Auf Branch add-readme
```

```
# zum Commit vorgemerkte Änderungen:
#   neue Datei:     README
```

Jetzt können Sie entweder die Commit-Message unverändert übernehmen oder sie eben verändern. Da zuvor die erweiterte README-Datei zum Staging-Bereich hinzugefügt wurde, fließt diese mit in diesen neuen überarbeiteten Commit ein. Es reicht also, die Commit-Message in »README mit Überschrift und Beschreibung hinzugefügt« zu ändern und die Datei zu speichern und zu schließen.

```
[add-readme ee1581f] README mit Überschrift und Beschreibung hinzugefügt
 Date: Sun Nov 29 12:36:36 2020 +0100
 1 file changed, 3 insertions(+)
 create mode 100644 README
$ git push origin add-readme
To git@github.com:svijee/git-buch-website.git
 ! [rejected]        add-readme -> add-readme (non-fast-forward) error:
Fehler beim Versenden einiger Referenzen nach 'git@github.com:svijee/
git-buch-website.git'
Hinweis: Aktualisierungen wurden zurückgewiesen, weil die Spitze Ihres
Hinweis: aktuellen Branches hinter seinem externen Gegenstück
Hinweis: zurückgefallen ist. Führen Sie die externen Änderungen zusammen
Hinweis: (z.B. 'git pull ...') bevor Sie "push" erneut ausführen. [...]
```

Wenn Sie den Branch mit dem veränderten Commit dann pushen wollen, verweigert der Git-Server die Annahme, da es sich nicht um einen Fast-Forward-Push handelt.

> **Wichtig**
>
> Die Thematik wurde zwar schon im vorherigen Kapitel beleuchtet, doch hier nochmals der wichtige Hinweis, dass Sie bei einem Rewrite der Historie genau aufpassen müssen. Insbesondere geht es darum, die Branches anderer Personen nicht kaputtzumachen, da ein Force-Push notwendig ist! Ein Rewrite sollte daher nur dann durchgeführt werden, wenn niemand anderes an dem Branch arbeitet oder von diesem Branch abhängig ist.
>
> Hauptentwicklungsbranches wie `master` oder `develop` müssen tabu sein und das sollte auch im ganzen Team bekannt sein. Einige Git-Server haben die Möglichkeit, sogenannte »protected Branches« zu konfigurieren, wodurch auf diese Branches kein Force-Push durchgeführt werden kann. Diese Funktion gibt es sowohl in GitHub als auch in GitLab und kann auch abhängig von Berechtigungsgruppen konfiguriert werden. Es ist strengstens empfohlen, diese Einstellungen im Projekt zu setzen.

Das Ziel, einen bereits getätigten Commit zu überschreiben, ist erreicht. Wenn allerdings mehr als nur der letzte Commit überschrieben werden soll, muss das über das interaktive Rebasen erfolgen.

6.1.3 Mehrere Commits verändern

> **Hinweis**
>
> Das interaktive Rebasen ist nur bei Commits möglich, die keine Merge-Commits sind! Da Merge-Commits zwei Parent-Commits haben, kann kein Rebase durchgeführt werden.

Commit-Messages verändern

Das interaktive Rebasen kann, je nach Gegebenheit, sowohl schwierig als auch einfach sein. Das erste Beispiel ist eher simpel, da nur die Commit-Messages angepasst werden sollen. Die Inhalte der Commits bleiben vorerst unangetastet. Zunächst ist wichtig zu wissen, wie viele Commits bearbeitet werden sollen, denn die Anzahl muss beim Aufruf mit angegeben werden. Für das Beispiel reichen die letzten beiden Commits auf dem Branch `add-readme`, die Sie im vorherigen Teil erstellt haben.

```
$ git rebase -i HEAD~2
pick bf55e27 Social-Media Menüpunkt hinzugefügt
pick ee1581f README mit Überschrift und Beschreibung hinzugefügt
# Rebase af4a589..ee1581f onto af4a589 (2 command(s))#
# Befehle:
# p, pick <Commit> = Commit verwenden
# r, reword <Commit> = Commit verwenden, aber Commit-Beschreibung
# bearbeiten
# e, edit <Commit> = Commit verwenden, aber zum Nachbessern anhalten
# s, squash <Commit> = Commit verwenden, aber mit vorherigem Commit
# vereinen
# f, fixup <Commit> = wie "squash", aber diese Commit-Beschreibung
# verwerfen
# x, exec <Commit> = Befehl (Rest der Zeile) mittels Shell ausführen
# b, break = hier anhalten (Rebase später mit 'git rebase --continue'
# fortsetzen)
# d, drop <Commit> = Commit entfernen
# l, label <Label> = aktuellen HEAD mit Label versehen
# t, reset <Label> = HEAD zu einem Label umsetzen
# m, merge [-C <Commit> | -c <Commit>] <Label> [# <eineZeile>]
```

```
#    . Merge-Commit mit der originalen Merge-Commit-Beschreibung erstellen
#    . (oder die eine Zeile, wenn keine originale Merge-Commit-Beschreibung
#    .    spezifiziert ist). Benutzen Sie -c <Commit> zum Bearbeiten der
#    .        Commit-Beschreibung.
#
# Diese Zeilen können umsortiert werden; sie werden von oben nach unten
# ausgeführt.
#
# Wenn Sie hier eine Zeile entfernen, wird DIESER COMMIT VERLOREN GEHEN.
#
# Wenn Sie jedoch alles löschen, wird der Rebase abgebrochen.
#
```

Das interaktive Rebasen wird mit dem Parameter -i ausgeführt und weiterhin müssen die zu bearbeitenden Commits, in diesem Fall HEAD~2 mit angegeben werden. HEAD ist bekanntlich der letzte Commit auf dem aktuellen Branch, den man gerade ausgecheckt hat, und mit ~2 wird angegeben, dass man sich auf die letzten beiden Commits bezieht. Anschließend öffnet sich der Editor mit dem oben aufgeführten Inhalt. Wie gewöhnlich werden von Git dort direkt Hilfestellungen angegeben. Zurzeit steht vor beiden Commits das Wort »pick«, sodass sie unverändert übernommen werden würden. Die Reihenfolge in der Auflistung ist wichtig, denn je tiefer ein Commit in der Liste steht, desto neuer ist er. Es ist somit genau umgekehrt wie im Standard, beispielsweise im Git-Log.

In den Kommentaren im Editor steht bereits, dass man die Commits mit »r« bzw. »reword« beibehalten kann, aber dann die Möglichkeit besteht, die Commit-Messages anzupassen. Das »pick« sollte in beiden Commits dann durch »reword« ersetzt werden, was so aussieht:

```
reword bf55e27 Füge Social-Media-Menüpunkt hinzu
reword ee1581f Füge README mit Überschrift und Beschreibung hinzu
```

Sie können die Commit-Message allerdings nicht direkt ändern, diese steht dort nur, damit besser zu sehen ist, welche Commits bearbeitet werden sollen. Sie müssen also nur das Wort vor der Commit-ID anpassen.

Nach dem Schließen des Editors öffnet sich sofort der Editor erneut, diesmal mit der Commit-Message des ältesten der ausgewählten Commits. Nach dem Abändern der Commit-Message müssen Sie den Editor schließen und im Anschluss öffnet sich der Editor erneut, diesmal mit der zweiten Commit-Message. Das Prinzip ist bei beiden Vorgängen dasselbe. Die Ausgabe zum Schluss kann dann etwa so aussehen:

```
[losgelöster HEAD 342cda8] Ergänze Social-Media-Menüpunkt
Date: Sat Nov 21 19:06:49 2020 +0100
1 file changed, 1 insertion(+)
[losgelöster HEAD 792545e] README mit Überschrift und Beschreibung
Date: Sun Nov 29 12:36:36 2020 +0100
1 file changed, 3 insertions(+) create mode 100644
README Successfully rebased and updated refs/heads/add-readme.
```

Und somit haben Sie Ihre erste Git-Historie neu geschrieben! Das Verändern der Commit-Messages ist eine der einfachen Aufgaben. In den folgenden Beispielen werden die weiteren Funktionen des interaktiven Rebasens weiter erläutert.

6.1.4 Reihenfolge der Commits anpassen

Die Reihenfolge der Commits anzupassen, ist fast noch einfacher als das Neuschreiben der Commit-Messages. Der initiale Befehl ist dabei identisch, da die Anpassung erst im Editor im Schritt danach erfolgt.

```
$ git rebase -i HEAD~2
pick 792545e README mit Überschrift und Beschreibung hinzugefügt
pick 342cda8 Social-Media-Menüpunkt hinzugefügt
```

Die Reihenfolge der Commits wurde angepasst, sodass der Commit 342cda8 nach dem Commit 792545e folgt. Nach dem Schließen des Editors ist die Reihenfolge der Commits ausgetauscht. Aufpassen müssen Sie nur, wenn beide Commits voneinander abhängig sind, da es sonst zu Konflikten kommen kann.

Die Commits in einem Branch sollten logisch sortiert sein, das heißt, dass Dinge, die aufeinander aufbauen, auch in der Reihenfolge als Commits erstellt werden sollten. Bei einem Fehler können die Commits so mit wenig Aufwand gedreht werden.

6.1.5 Commits ergänzen

In diesem Punkt geht es darum, einen der vorhandenen Commits im Nachhinein anzupassen, also nachträglich noch eine weitere Änderung hinzuzufügen, die Sie vergessen haben oder weil es Ihnen schlicht später erst auffiel. So wurde zwar im add-readme-Branch eine README.md-Datei hinzugefügt, doch besitzt sie einen eher kleinen Inhalt. Sie könnten Sie durchaus erweitern, ohne viel mehr Commits anlegen zu müssen.

```
$ git rebase -i HEAD~2
pick 342cda8 Füge Social-Media-Menüpunkt hinzu
edit 792545e Füge README mit Überschrift und Beschreibung hinzu
```

Dieses Mal werden ausnahmsweise zwei Dinge kombiniert, denn die Umkehrung der Commits wurde wieder rückgängig gemacht, indem die Reihenfolge der Zeilen ausgetauscht wurde, und des Weiteren wurde das Wort »edit« anstelle von »pick« ausgewählt, um den Commit zu nutzen. Dort soll aber gestoppt werden, um diesen Commit zu ändern. Der andere Commit bleibt einfach unberührt bei »pick« stehen. Nach dem Schließen vermeldet die Konsole Folgendes:

```
Angehalten bei  9a51f1ac332399a6251f31decdde2b8a49d0aeeb... Füge README
mit Überschrift und Beschreibung hinzu
```

Sie können den Commit nun nachbessern mit:

```
$ git commit --amend
```

Sobald Sie mit Ihren Änderungen zufrieden sind, führen Sie aus:

```
$ git rebase -continue
```

Git arbeitet in diesem Fall genauso schrittweise wie beim Verändern von Commit-Nachrichten. Git geht dementsprechend von Commit zu Commit und führt die jeweiligen Aktionen aus. Beim Editieren von Commits wartet Git auf die Interaktion mit dem Nutzer. Wie immer verrät die Ausgabe von `git status`, was als Nächstes zu tun ist. Die gewünschten Änderungen können also an der README-Datei durchgeführt werden. Anschließend gilt es, den Commit mittels `--amend` zu erneuern. Bevor Sie das ausführen, ist erneut ein Blick auf die Status-Ausgabe hilfreich.

```
$ git status
interaktives Rebase im Gange; auf af4a589
Zuletzt ausgeführte Befehle   (2 Kommandos ausgeführt):
   pick ecaf426 Füge Social-Media-Menüpunkt hinzu
   edit 9a51f1a Füge README mit Überschrift und Beschreibung hinzu
Keine Befehle verbleibend.
Sie editieren gerade einen Commit während eines Rebase von Branch 'add-
readme' auf 'af4a589'.
  (benutzen Sie "git commit --amend", um den aktuellen Commit
nachzubessern)
  (benutzen Sie "git rebase --continue" sobald Ihre Änderungen
abgeschlossen sind)
nichts zu committen, Arbeitsverzeichnis unverändert
```

Je mehr Commits erweitert werden sollen, desto hilfreicher ist die Status-Ausgabe von Git, sodass Sie immer auf einen Blick sehen, auf welchem Stand der interaktive Rebase gerade ausgeführt wird. Sie können die gewünschten Erweiterungen an der README-Datei also nun hinzufügen, danach werden der Commit und der Schritt des Rebasens abgeschlossen.

```
$ git commit --amend
[losgelöster HEAD c510483] Füge README mit Überschrift und Beschreibung
hinzu
 Date: Sun Nov 29 12:36:36 2020 +0100
 1 file changed, 3 insertions(+)
 create mode 100644 README
$ git rebase --continue
Erfolgreich Rebase ausgeführt und refs/heads/add-readme aktualisiert.
```

Ein laufendes Rebase kann natürlich auch abgebrochen werden. Statt also `git rebase --continue` auszuführen, kann auch der Befehl `git rebase --abort` ausgeführt werden.

6.1.6 Commits squashen

Eine weitere sinnvolle Funktion ist das Squashen von Commits. Das englische Wort »squashen« lässt sich mit »zerdrücken« oder »hineinquetschen« übersetzen. Im Git-Kontext bedeutet es, dass mehrere Commits in einen einzigen Commit zusammengeführt werden können. Die Änderungen aus allen zusammenzuführenden Commits bleiben dabei natürlich vorhanden. Der einzige Unterschied ist, dass es nicht mehr mehrere Commits gibt, sondern nur noch einen einzigen. Unsere README-Datei braucht also noch ein paar weitere Änderungen. Sie können sie mit wenigen Handgriffen um ein paar Zeilen und ein paar Commits erweitern.

```
$ echo "\nZiel der Website ist nicht der Inhalt an sich, sondern das
Erlernen von Git" >> README
$ git commit -am "README erweitert"
$ echo " sodass man die einzelnen Funktionen von Git anschaulich
erklären kann." >> README
$ git commit -am "README erweitert"
```

Die letzten drei Commits sollten dann in etwa so aussehen:

```
$ git log --pretty=oneline -n 3
49a23c641a97e39aa7f8590195df4b81a5f8eed9 Erweitere README
```

```
70cf38b73ddb4f81558abc912618962dd9e94117 Erweitere README
c51048335c025573e383a1d9d9bb64648b7eebbf Füge README mit Überschrift und
Beschreibung hinzu
```

Commits squashen bietet sich häufig dann an, wenn man zwar an einer Thematik arbeitet, die Arbeiten aber hin und wieder abgesichert werden sollen oder unterbrochen werden, um schnell einen Fix in einem anderen Branch zu erledigen. Bei Letzterem kann man zwar den Stash bemühen, aber er lässt sich nicht so einfach sichern, wie es mit Remote-Repositorys der Fall ist. Es gibt natürlich noch weitere Gegebenheiten, bei denen mehrere Commits zusammengefasst werden sollen. Der interaktive Rebase wird diesmal mit drei Commits gestartet, da er nur die letzten drei Commits betrifft.

```
$ git rebase -i HEAD~3
pick c510483 Füge README mit Überschrift und Beschreibung hinzu
squash 70cf38b Erweitere README
squash 49a23c6 Erweitere README
```

Auch dieses Mal öffnet sich der Editor erneut, wo die beiden unteren Commits gesquasht, statt gepickt werden. Anschließend folgt erneut ein längerer Text im Editor.

```
# Das ist eine Kombination aus 3 Commits.
# Das ist die erste Commit-Beschreibung:
Füge README mit Überschrift und Beschreibung hinzu
#
# Das ist Commit-Beschreibung #2:
Erweitere README
# Das ist Commit-Beschreibung #3:
Erweitere README
# Bitte geben Sie eine Commit-Beschreibung für Ihre Änderungen ein.
# Zeilen, die mit '#' beginnen, werden ignoriert, und eine leere
# Beschreibung bricht den Commit ab.
# [...]
```

Aus Gründen der Übersichtlichkeit habe ich an dieser Stelle einen Teil der Ausgabe mit weiteren Informationen zum Squashen entfernt. In diesem Schritt werden bekanntlich drei Commits zusammengeführt, allerdings listet Git nun alle drei Commit-Messages auf, damit eine einzelne Commit-Message gebildet werden kann. Da die Commit-Message des ersten Commits übernommen werden soll, können Sie die anderen Zeilen, die keine Kommentare sind, entfernen.

```
[losgelöster HEAD b91aad9] Füge README mit Überschrift und Beschreibung
hinzu
 Date: Sun Nov 29 12:36:36 2020 +0100
 1 file changed, 6 insertions(+)
 create mode 100644 README
Erfolgreich Rebase ausgeführt und refs/heads/add-readme aktualisiert.
```

Die drei Commits sind nun erfolgreich zusammengeführt. Es gibt allerdings noch eine einfachere Methode, wenn die Commit-Messages wie im obigen Beispiel beibehalten werden sollen. Dazu müssen Sie beim Rebasen statt »squash« »fixup« verwenden. Somit wird immer die Commit-Message des davor liegenden Commits genutzt.

6.1.7 Commits autosquashen

Die zuvor vorgestellte Art, um Commits zu squashen, kann noch ein wenig optimiert werden, wenn schon beim Committen klar ist, dass der neue Commit mit einem anderen schon bestehenden Commit gesquasht werden soll. An dieser Stelle kommt dann das automatische Squashen ins Spiel, womit der Aufwand nochmals verringert werden kann.

Mal angenommen, es existieren einige Commits auf dem Branch, wovon der drittletzte einen Tippfehler enthält. Da Sie wissen, welcher Commit den Fehler enthält, könnten Sie zurückspringen, um den Fehler zu korrigieren, oder einen neuen Commit erzeugen, der im Nachhinein mit dem entsprechenden Commit gesquasht wird. Eine einfachere Variante ist das automatische Squashen. Dabei wird die Korrektur normal durchgeführt, der Befehl zum Committen sieht allerdings etwas anders aus:

```
$ git commit --fixup 0d87e88
```

Eine Commit-Nachricht muss nicht angegeben werden. Im Log steht in der Commit-Message `fixup!` gefolgt von der Commit-Message von `0d87e88`. Wenn man anschließend ein interaktives Rebase startetet, ist der Commit direkt mit `fixup` schon vorgemerkt – inklusive der richtigen Einordnung. Dazu muss der interaktive Rebase allerdings mit dem zusätzlichen Parameter `--autosquash` gestartet werden.

Statt die Commit-ID herauszusuchen, können Sie auch über die Commit-Message ein `fixup`-Commit erstellen:

```
$ git commit --fixup :/suchterm
```

In diesem Fall entspricht suchterm dem Suchwort aus den Commit-Nachrichten. Der neueste Commit, der dem Suchterm entspricht, wird dann ausgewählt. Das anschließende interaktive Rebase muss dann ebenfalls mit --autosquash gestartet werden. Diejenigen, die häufiger automatisch squashen, können auch den Konfigurationsschalter verändern, damit das Rebase immer mit --autosquash ausgeführt wird:

```
$ git config --global rebase.autosquash true
```

6.1.8 Commits droppen

Statt Commits zusammenzuführen oder zu erweitern, können Sie nicht mehr benötigte Commits auch einfach entfernen. Auf dem add-readme-Branch soll der Commit entfernt werden, in den die README-Datei hinzugefügt wurde. Da dies der letzte Commit auf dem Branch ist, gibt es zwei Möglichkeiten.

```
$ git rebase -i HEAD~3
pick e97e3dc Verdreifachung des Textes
pick 254225a Social-Media Menüpunkt hinzugefügt
drop 3504efb Füge README mit Überschrift und Beschreibung hinzu
Erfolgreich Rebase ausgeführt und refs/heads/add-readme aktualisiert.
```

In der ersten Möglichkeit kann mit den letzten drei Commits der Rebase durchgeführt werden. Entweder ersetzen Sie wie oben das »pick« in der Zeile des Commits durch ein »drop« oder entfernen die ganze Zeile vollständig, wodurch der Commit aus dem Branch entfernt wird. Hierbei droht Datenverlust, da nicht mehr so einfach auf den Commit zugegriffen werden kann.

6.1.9 Commit aufteilen

Einen Commit in zwei Commits aufzuteilen, ist ein klein wenig komplizierter. Dies ist immer dann sinnvoll, wenn Sie etwa in der Eile zu viele Dateien gleichzeitig in einen Commit geschoben haben oder versehentlich zu viele Änderungen in einen Commit geflossen sind. Da möglichst eine logische thematische Trennung zwischen den Commits vorhanden sein sollte, ist dies auch ein guter Stil.

Voraussetzung sind demnach zwei neue Commits. Wenn Sie die vorherigen Beispiele durchgeführt haben, ist der add-readme-Branch identisch mit dem master-Branch. Der add-readme-Branch braucht zunächst wieder eine README-Datei mit beliebigem Inhalt. Angefasst werden bei diesem Rebase nur die letzten zwei Commits.

```
$ git rebase -i HEAD~2
pick e89f931 Social-Media Menüpunkt hinzugefügt
edit 9098531 README mit Überschrift und Beschreibung hinzugefügt
```

Im Editor müssen Sie erneut die Zeile des Commits anpassen, der in zwei Commits aufgeteilt werden soll. Sobald das Rebase angelaufen ist, wartet Git wie gehabt an dem Commit, der zum Bearbeiten markiert wurde. Da an dieser Stelle ein zweiter Commit erzeugt werden soll, muss der erste Commit zunächst rückgängig gemacht werden, ohne die Änderungen selbst zu löschen.

```
$ git reset HEAD^
$ git status
interaktives Rebase im Gange; auf e97e3dc
[...] Unversionierte Dateien:
  (benutzen Sie "git add <Datei>...", um die Änderungen zum Commit vorzumerken)
        README
```

Mit dem Befehl `git reset HEAD^` wurde die Änderung aus dem Commit herausgenommen, sodass nun die README-Datei als unversionierte Datei vorliegt. Anschließend können Sie alle nötigen Commits durchführen. In diesem Beispiel wurde dem Commit nur die eine komplett neue Datei hinzugefügt, weshalb dort die unversionierte Datei liegt. Anschließend können Sie so viele Commits erzeugen, wie Sie möchten. Zum Schluss kann das Rebase abgeschlossen werden. Dabei ist es unerheblich, ob neue Dateien hinzugefügt oder nur Teile einer Datei verändert wurden. Dies ist das Verfahren, um Commits aufzusplitten, und das ist gar nicht mal so schwierig.

```
$ git add README
$ git commit -m "Füge README hinzu"
$ git add README
$ git commit -m "Erweitere README"
$ git rebase -continue
$ git log --pretty=oneline -n 3
3a9ae9567f0c3ef9147ebb8e3318c712cee8bb1e Erweitere README
6a6584a4d43e484620caedffb1ff6181b9b8ed2a Füge README hinzu
e89f9311c399156bc967acf3012a11d74edf4ae7 Füge Social-Media-Menüpunkt hinzu
```

6.2 Workflow mit einem Branch und Repository für eine Person

Das interaktive Rebasen war schon ein recht großes Thema, das als Grundlage der kommenden Workflows dienen soll. Bevor es aber an die komplexen Workflows geht, beschreibe ich kleine und einfache Workflows. Nicht jeder Workflow hat seinen eigenen Namen, deshalb sind einige Workflows einfach kurz beschrieben.

Der erste behandelte Workflow ist ein Workflow mit einem Branch für eine Person. Dieser verrät im Namen schon, wie viele Leute daran arbeiten und wie viele Repositorys und Branches existieren. Dieser Workflow wird nicht in großen Projekten eingesetzt. Da nur eine einzige Person daran arbeitet und kein anderer auf den Code schaut, ist in der Theorie sowohl die Code-Qualität als auch die Aussagekräftigkeit der Commit-Messages zweitrangig, soweit die Änderungen selbst nachvollzogen werden können. In der Praxis sollten natürlich sowohl aussagekräftige Commit-Messages gesetzt als auch sauberer Code geschrieben werden.

Der Workflow ist nicht wirklich komplex, sondern sehr simpel. Wenn Sie das Beispiel des Website-Projekts fortführen, arbeiten Sie wohl wirklich nur ganz alleine an der eigenen Website. Je nach Aktivität wird nicht mehr als ein Branch gebraucht, da nur sporadisch Elemente oder Inhalte zur Website hinzugefügt werden und Branches überflüssig sind. Ein Remote-Repository wird nur genutzt, um die Inhalte zu sichern oder um es mit anderen eigenen Rechnern zu synchronisieren.

Im Endeffekt sieht der Workflow in etwa so aus:

```
$ (git pull)
$ git add [...]
$ git commit -m "..."
$ git push
```

Da nicht mit Branches gearbeitet wird, brauchen Sie keine anzulegen und erledigen alles auf dem `master`-Branch. Ansonsten werden lediglich die Änderungen hinzugefügt und anschließend auf den Remote-Server gepusht. Sofern Sie auf mehreren Rechnern arbeiten, muss vorher ein `git pull` erfolgen, um die Änderungen herunterzuladen und zu mergen.

Zunächst liest es sich vielleicht so, als wenn das ein total unnützer Workflow sei, was aber nicht zwangsläufig der Fall ist. Auch wenn der Workflow sehr simpel gehalten ist, kommt er häufig zum Einsatz und das hauptsächlich bei vielen kleinen Projekten, an denen eine einzelne Person arbeitet. Ich selbst nutze diesen Workflow immer dann, wenn ich an Projekten oder Tätigkeiten sitze, die fast nur für mich relevant sind, aber eine einfache Sicherung und Historie trotzdem möglich ist.

Häufiges Einsatzgebiet sind einfache Artikel, Stichpunkte, Lernzettel, Vorträge, Konfigurationsdateien oder simple Skripte. Dadurch werden die Vorteile von Git, nämlich das einfache Versionieren von Dateien, im Alltag möglich, ohne dass man sich viel um das Branchen oder Absichern von Dateien kümmern muss. Generell empfehlenswert ist es, auch mal kleinere Skripte oder Texte in ein Git-Repository zu werfen, auch wenn es nur seltener angefasst wird. Es lohnt sich spätestens dann, wenn Sie die Historie anschauen möchten oder einen alten Stand wiederholen wollen, wenn etwas falsch gelaufen ist. Falls das Repository und die Daten nicht mehr gebraucht werden, kann man sie immer noch löschen.

6.3 Workflow mit mehreren Personen, einem Repository und einem Branch

Im vorherigen Workflow arbeitete nur eine Person an einem Repository. Wenn der Workflow um mindestens eine weitere Person ergänzt wird, dann existiert wie bisher weiterhin ein zentrales Repository mit einem Branch. Dieses Mal allerdings eben mit mehr als einem Mitarbeiter. In diesem Workflow ist es deutlich wichtiger, sinnvolle Commits, sauberen Code und aussagekräftige Commit-Messages zu pflegen. Auch dieser Workflow ist eher simpel und sieht von den Befehlen her etwa so aus:

```
$ git pull
(ggf. Merge-Konflikte)
$ git add [...]
$ git commit -m "..."
$ git push
```

Dieser Workflow wird manchmal auch Pull-und-Push-Workflow genannt. Generell werden in diesem Workflow keine Feature-Branches angelegt und gepusht, alles passiert auf dem Branch `master`, `develop` oder ähnlichen langlebigen Branches. Je aktiver das Projekt ist, desto häufiger gehören Merge-Konflikte und Merge-Commits zur Tagesordnung, insbesondere dann, wenn halb fertige Features gepusht werden.

Eine schöne und lesbare Commit-Historie wird durch den Workflow nicht unbedingt erzeugt und auch das Finden von Fehlern bei der nachträglichen Übersicht der Commits ist deutlich schwieriger. Generell sollten Sie darauf achten, dass das Projekt nach jedem Commit weiterhin funktionsfähig ist. Das gilt insbesondere für Programmierprojekte, die nach jedem Commit weiterhin übersetzbar bzw. interpretierbar sein sollten. Durch diesen Workflow ist das nicht immer sichergestellt, da recht einfach und schnell Teile von Funktionen in das Repository geschoben werden könnten, die nicht richtig funktionieren. Auch das Pushen von kleinen Commits wird als Nebeneffekt von den Mitarbeitern gegebenenfalls vermieden, um nur vollständige neue Funktionen zu pushen, da das Pushen von halb fertigen Lösungen zu einem Bruch der Entwicklungen bei den anderen Mitarbeitern führen kann.

Der Workflow eignet sich, wie Sie sehen, nicht sonderlich für große Projekte, da zu viele Merge-Commits entstehen und man eher dazu neigt, Unfertiges oder gegebenenfalls Inkorrektes auf das Remote-Repository zu schieben. Nichtsdestotrotz gibt es in der Praxis tatsächlich Projekte, die so arbeiten. So ein Workflow ist häufiger bei frischen Umsteigern von Subversion zu beobachten, da dort mit einem zentralen Repository gearbeitet wird und wenig oder selten mit Feature-Branches. Nichtsdestotrotz ist dies trotzdem ein Workflow, der in ähnlich kleinen Projekten wie im vorherigen Workflow sinnvoll sein kann, vor allem dann, wenn es nur kleinere Projekte oder gar Skripte sind, die auch nur sporadisch verändert werden. Dort ist dann gegebenenfalls auch keine allzu schöne Historie notwendig.

Es gibt allerdings auch noch weitere Optimierungen, um die Merge-Commits zu vermeiden. So können Sie statt des `git pull` auch ein `git fetch` und anschließend anstatt des Merge ein Rebase durchführen. Das sähe dann so aus:

```
$ git add [...]
$ git commit -m "..."
$ git fetch origin
$ git rebase origin/master
[ggf. Konflikte beheben]
$ git add [...]
$ git commit -m "..."
$ git push
```

Vorteil ist in diesem Fall, dass keine unschönen Merge-Commits mehr entstehen und man stattdessen eine geradlinige Historie bekommt. Die Historie ist dementsprechend vollständig linear mit dem Vorteil, dass die unübersichtlichen Merge-Commits nicht mehr vorhanden sind. Konflikte müssen Sie allerdings weiterhin auflösen. Das Verfahren lässt sich weiter abkürzen, wenn Sie wie im ersten Beispiel `git pull` nutzen, aber ergänzt um das `--rebase`-Kommando.

```
$ git add [...]
$ git commit -m "..."
$ git pull --rebase
$ git push
```

Abb. 6.1: Beim Pull ohne Rebase werden Merge-Commits nicht verhindert.

Wichtig zu beachten ist, dass bei diesem Workflow nie ein Force-Push gemacht werden sollte, da sonst sehr schnell die Arbeitsumgebung von den Kollegen kaputtgehen kann. Generell ist es bei diesem Workflow eher empfehlenswert, ein `git pull --rebase` auszuführen, um die Merge-Commits zu verhindern, wenn parallel Commits erzeugt wurden. Es bietet sich dann auch an, jeden Pull automatisch über den Konfigurationsschalter zu rebasen:

```
$ git config --global pull.rebase true
```

Dann kann auch `git pull` ausgeführt werden, ohne dass immer der `--rebase`-Parameter angehangen werden muss.

6.4 Git Flow

Git Flow gehört wohl zu den bekanntesten und zu den am meisten verwendeten Workflows. Es gibt verschiedene Arten, Git Flow zu nutzen, jeweils abhängig davon, ob eine oder mehrere Personen an einem Projekt arbeiten und ob ein zentrales Repository mit oder ohne Fork genutzt wird. Der Workflow beschreibt nicht nur das tägliche Arbeiten mit Branches, sondern auch den Vorgang bei einem Release der Software.

Mit Git Flow wird extensiv mit Branches gearbeitet, sowohl mit Feature-Branches als auch mit langlebigen Entwicklungsbranches. Dies ist dementsprechend eher ein Workflow, der in wichtigeren und größeren Projekten eingesetzt wird. Git Flow ist allgemein betrachtet eher komplex und teilweise auch umständlich, vor allem für Einsteiger. Je nach Typ des Projekts bietet sich ein einfacherer Workflow an.

Insgesamt gibt es zwei langlebige Branches und einige kurzlebige Branches. Der erste langlebige Branch ist `master`. Dieser Branch soll ausschließlich stabilen Code enthalten, also die letzte veröffentlichte Software-Version, der aktuellste Commit auf `master` hat gleichzeitig auch ein Tag. Was ein Tag ist, dazu später mehr. Der zweite langlebige Branch ist `develop`, der Hauptentwicklungsbranch. Dort landen alle neu entwickelten Features, die in der nächsten Version vorhanden sein sollen. Wenn der Branch als stabil anerkannt wird, mergt man ihn nach `master` und die Version wird veröffentlicht.

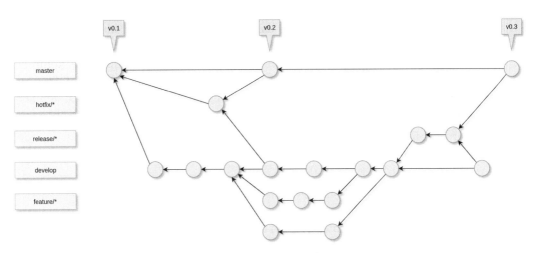

Abb. 6.2: Eine vereinfachte Ansicht einer Git-Historie mit Git Flow

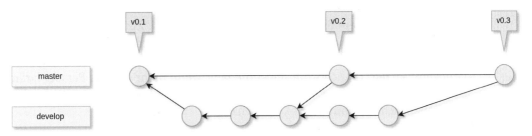

Abb. 6.3: Die langlebigen Branches sind `master` und `develop`.

Neben diesen beiden Branches gibt es noch die kurzlebigen Branches: Feature-, Release- und Hotfix-Branches.

6.4.1 Feature-Branches

Ein weiterer Punkt in Git Flow ist die extensive Nutzung von Feature-Branches. Für jede Arbeit, sei es für die Feature-Entwicklung oder Fehlerbehebung, soll ein Branch erzeugt werden. Ausgangspunkt ist immer der Hauptentwicklungszweig, in diesem Fall `develop`. Die unterschiedlichen kurzlebigen Branches haben alle ein Präfix im Namen. Bei Feature-Branches beginnt der Name mit `feature/`, dahinter kann entweder eine ein oder zwei Wörter umfassende Beschreibung bzw. ein Name stehen oder auch die Ticket-Nummer aus dem Ticket-System. Vorteil bei der ersten Variante ist, dass sofort erkennbar ist, worum es sich bei dem Ticket handelt, das wäre bei der Nutzung der Ticket-Nummer nicht möglich. Bei letzterer

Methode ist es wiederum einfacher möglich, die Ticket-Nummer mit dem Branch abzugleichen.

An einem Feature-Branch arbeitet in der Regel eine Person. Dort kann sie dann auch einige Commits erstellen, bis das Feature implementiert oder der Fehler behoben ist. Unabhängig davon, ob der Branch auf ein Remote-Repository gepusht wurde oder nicht, gilt bei Feature-Branches, dass der Entwickler volle Kontrolle über den Branch hat. Das bedeutet insbesondere, dass ein Rebase auf Feature-Branches durchgeführt werden darf, auch wenn sie einen Force-Push auf den Server benötigen. Von Feature-Branches sollte generell kein anderer Branch abhängig sein.

Gestartet wird ein Feature-Branch wie oben beschrieben:

```
$ git switch -c feature/1337 develop
```

Der zweite Parameter hinter `git switch -c` führt dazu, dass der Branch `feature/1337` auf Basis von `develop` angelegt wird, unabhängig davon, welcher Branch zu dem Zeitpunkt ausgecheckt ist.

Auf dem Feature-Branch wird also munter entwickelt und Commits erstellt bis zu dem Zeitpunkt, an dem die Arbeiten abgeschlossen sind. Ziel ist es also, dass der Feature-Branch `feature/1337` nach `develop` gemergt wird, damit der Entwickler das Ticket abschließen kann. Wenn eine einzige Person an dem Projekt arbeitet, dann kann sie den Branch wohl selbst mergen. Wenn mehr als eine Person daran gearbeitet hat, dann bietet sich Code-Review an, etwa über GitHub, GitLab oder indem man sich die Commits lokal anschaut.

> **Best-Practices in Feature-Branches**
> - nur Commits erstellen, die mit dem Feature-Branch zu tun haben
> - Rebase öfter von `develop`, um die aktuellen Entwicklungen einzubeziehen
> - wie immer: Früh und häufig Commits erstellen
> - Merge nicht in den Feature-Branch

Es ist besonders bei großen Projekten wichtig, die Änderungen aus `develop` häufig in den Feature-Branch zu übernehmen. Dabei sollte man möglichst nie einen Merge durchführen, sondern ein Rebase, um unnötige und unschöne Merge-Commits zu vermeiden. Das Rebasen ist auch deshalb wichtig, damit die aktuellen Entwicklungen aus `develop` auch im Feature-Branch enthalten sind und um mögliche Merge-Konflikte beim Mergen nach `develop` zu vermeiden. Daher gilt: Bei Abschluss eines Feature-Branches muss der Entwickler darauf achten, dass der Branch problemlos mergebar ist. Der Branch `develop` sollte daher in regelmäßigen Abständen aktualisiert werden. Wenn im Remote-Repository `origin` der `develop`-Branch mit den aktuellen Entwicklungen liegt, dann geht das mit den bekannten Befehlen auch ganz einfach:

```
$ git fetch origin
$ git rebase origin/develop
```

Oder noch kürzer:

```
$ git pull origin develop --rebase
```

Wenn der Branch also nun final abgeschlossen ist, muss die Person, die den Branch nach `develop` mergt, insgesamt vier Schritte ausführen. Zunächst muss natürlich der Branch `develop` ausgecheckt werden. Der anschließende Merge des Feature-Branches sollte im Git-Flow-Modell mit dem Parameter `--no-ff` ausgeführt werden. Dadurch wird ein Fast-Forward-Merge explizit vermieden, um die Existenz des Feature-Branches in der Historie zu behalten. Der Feature-Branch kann anschließend gelöscht werden.

```
$ git switch develop
$ git merge --no-ff feature/1337
$ git branch -d feature/1337
$ git push origin develop
```

Wenn die Person den Feature-Branch nicht ohne Konflikte mergen kann, geht die Aufgabe zurück an die Person des Feature-Branches, die die Entwicklungsarbeit durchgeführt hat. Dies tritt besonders dann häufig auf, wenn Feature-Branches nicht unmittelbar, sondern mit zeitlichem Verzug reviewt und gemergt werden sollen. Am häufigsten tritt dies wohl bei Open-Source-Projekten und Projekten mit sehr vielen Mitarbeitern auf, wo nicht unmittelbar Feedback gegeben, geschweige denn gemergt wird. Dies führt schnell zu Merge-Konflikten.

Nachdem ein Feature-Branch abgeschlossen ist, kann ein neuer angefangen werden. Natürlich lassen sich auch mehrere Feature-Branches parallel entwickeln. Nichtsdestotrotz vergessen besonders Anfänger, ihren lokalen `develop`-Branch zu aktualisieren. Dies tritt insbesondere dann auf, wenn häufiger direkt ein Pull-Rebase zum Feature-Branch gemacht wird.

```
$ git switch develop
$ git pull origin develop
$ git switch -c feature/1338
```

> **Hinweis**
>
> Beim Pullen von Änderungen von `develop` aus dem Remote-Repository in das lokale Repository sollte nie ein Merge-Commit entstehen, da nie selbstständig auf `develop` ein Commit erstellt wird. Falls doch aus Versehen auf `develop` ein eigenständiger Commit ohne Feature-Branch erstellt wurde, muss dieser wieder entfernt werden, da es sich sonst in den Feature-Branches wiederfindet.

> **Zusammenfassung**
>
> - Feature-Branches entstehen aus dem `develop`-Branch.
> - Sie müssen zurück nach `develop` gemergt werden.
> - Sie sollten idealerweise mit `feature/` oder `feature-` im Namen beginnen.

6.4.2 Release-Branches

Release-Branches sind optionale Branches. Sie werden dann benötigt, wenn `develop` bei einem Release nicht direkt nach `master` gemergt wird. Für einige stellt sich vielleicht die Frage: Warum brauche ich das? Bei kleinen Projekten mit wenigen Mitarbeitern kann früh gewährleistet werden, dass der Branch `develop` stabil genug ist, um daraus ein Release zu schnüren. Wenn Sie etwa zum Schluss eine Qualitätssicherungsphase durchgeführt haben, in der alle Entwickler nur an Fehlerkorrekturen in Feature-Branches arbeiten, wird kein Release-Branch benötigt.

Release-Branches können dann sinnvoll sein, wenn sich in der Release-Phase einige Mitarbeiter um die Finalisierung des Release kümmern, während die übrigen sich um die darauf folgende Version kümmern. Daraus folgt, dass die neuen Features in Feature-Branches entwickelt werden und diese nach `develop` zurückfließen sollen. Dies führt zu einem Konflikt, da `develop` dann nicht mehr unmittelbar nach `master` gemergt werden kann. Als Zwischenlösung folgt daher die Einführung von Release-Branches, die mit dem Präfix `release/` beginnen. Wenn ein Release ansteht, wird auf Basis von `develop` der neue Release-Branch erzeugt. Neuere Funktionen, die noch nicht in die vorzubereitende Version fließen sollen, werden wie gehabt nach `develop` gemergt. Im Release-Branch bemüht man sich höchstens noch um Fehlerkorrekturen, um dann das Release zu veröffentlichen.

Sobald alle relevanten Arbeiten im Release-Branch erledigt sind, muss der Branch in gleich zwei Branches gemergt werden: nach `master` und nach `develop`. Zur Erinnerung: `master` enthält die zuletzt als stabil deklarierte Version. Die Änderungen müssen aber auch nach `develop`, da Fehlerkorrekturen zurück in den Hauptentwicklungsbranch fließen sollen. Auch hier muss in beiden Merges der Parameter `--no-ff` angehängt werden.

6.4.3 Release taggen

Ein Release einer Version wird im Git als solches markiert. Da die Version von Software einem bestimmten Commit im Repository entspricht, versieht man diesen Commit mit einem Tag. Git unterscheidet zwischen zwei verschiedenen Arten von Tags, annotierte Tags und leichtgewichtige Tags. Ein leichtgewichtiges Tag ist nicht viel mehr als ein Branch, der sich nie verändert, es zeigt lediglich auf einen bestimmten Commit.

Empfehlenswert sind eher annotierte Tags, denn dort können und werden mehr Informationen gespeichert, wie der Name und die E-Mail-Adresse des Taggers, das Datum und eine Tag-Nachricht. Es ist generell empfehlenswert, auf annotierte Tags zu setzen, vor allem auch aus dem Grund, dass sie mit GPG signiert werden können.

Mit `git tag` können bereits angelegte und vorhandene Tags aufgelistet werden. Mit dem Parameter -a können Sie ein neues Tag anlegen. Zeitgleich muss sowohl eine Bezeichnung als auch eine Nachricht mit übergeben werden.

```
$ git tag -a v0.1 -m "Version 0.1"
```

Mit `show` können Sie ein Tag, ähnlich wie bei einem Commit, näher betrachten. Tags können wie Branches auch ausgecheckt werden. Allerdings sind Commits nicht direkt nach dem Auschecken möglich, da es eben ein Tag und kein Branch ist.

Tags werden nicht automatisch mit `git push` auf Remote-Repositorys veröffentlicht. Es gibt daher zwei Möglichkeiten, Tags zu pushen, entweder das einzelne Tag an sich oder alle Tags gemeinsam. Folgende beiden Kommandos funktionieren demnach:

```
$ git push origin v0.1
$ git push origin --tags
```

Ein Hinweis noch zur Namensgebung: In der Regel sollten Tags mit einem kleinen »v« beginnen, damit man erkennen kann, dass es sich um eine spezifische Version handelt. Wer nicht weiß, welche Versionierungsschemas existieren, kann sich z.B. das Semantic Versioning anschauen. Das ist näher auf http://semver.org beschrieben.

Nach dem Mergen des Release-Branches und dem Taggen kann der Release-Branch übrigens entfernt werden.

> **Zusammenfassung**
> - Release-Branches entstehen aus `develop`.
> - Sie beginnen mit `release/` oder `release-` im Namen.
> - Sie werden nach `develop` und nach `master` gemergt.
> - Auf dem Merge-Commit wird ein Tag mit der Versionsnummer gesetzt.

6.4.4 Hotfix-Branches

Die dritte Art der kurzlebigen Branches sind die Hotfix-Branches. Wie der Name schon verrät, sind sie für Hotfixes gedacht, also Korrekturen, die wirklich sehr dringend sind. Darunter fallen in der Regel sicherheitskritische Korrekturen oder Fehler, die eine sofortige Reaktion erfordern. Hotfixes sind daher ungeplante und hoffentlich verhältnismäßig seltene Vorkommnisse.

Da der Hotfix-Branch nur dafür da ist, einen vorhandenen Fehler schnell zu korrigieren, soll auch nur dieser eine Fehler korrigiert werden. Der Hotfix-Branch wird also basierend auf `master` erzeugt und fängt mit `hotfix/` an. Man verwendet ganz bewusst nicht den Branch `develop`, da dort vermutlich neue Funktionen enthalten sind, die noch überprüft werden müssen. Da ein Hotfix schnell veröffentlicht werden muss, sollte auch nur dieser eine Fehler korrigiert werden.

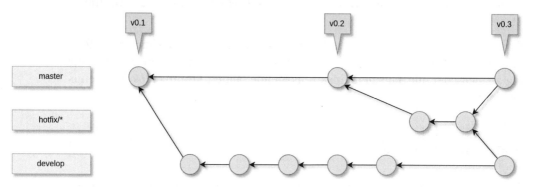

Abb. 6.4: Hotfix-Branches fließen nach `master` und `develop`.

Die Vorgehensweise ist ansonsten ähnlich wie bei Release-Branches: Die benötigten Änderungen werden getätigt und der Hotfix-Branch nach `master` und nach `develop` gemergt. Anschließend wird das Release-Tag auf dem entsprechenden Commit auf `master` gesetzt.

> **Zusammenfassung**
> - Hotfix-Branches entstehen aus `master`.
> - Sie beginnen mit `hotfix/` oder `hotfix-` im Namen.
> - Sie werden nach `develop` und nach `master` gemergt.
> - Auf dem Merge-Commit wird ein Tag mit der Versionsnummer gesetzt.
> - Sie enthalten lediglich die Änderung für die dringende Fehlerkorrektur.

6.4.5 Zusammenfassung zu Git Flow

Unter den bisher vorgestellten Workflows ist Git Flow einer der komplexeren. Die einen fragen sich umso mehr, warum dieser Workflow denn genutzt werden sollte. Ich habe bei der Beschreibung bisher ganz bewusst darauf verzichtet, die Anzahl der Personen im Projekt zu nennen. Git Flow eignet sich besonders für Software-Projekte. Je größer die Projekte sind und je mehr Entwickler daran arbeiten, desto wichtiger sind sauberer Code, saubere Commits und eine saubere und gut überschaubare Historie. Jeder zu mergende Branch sollte so oder so reviewt werden, was in der Regel dazu führt, dass `develop` funktionsfähig bleibt, auch wenn es ein Entwicklungsbranch ist und somit instabiler als `master`.

Für die Nutzer erhöht das natürlich den Overhead, da sie mehr auf den Prozess achten müssen. Einen gut durchdachten Workflow wie Git Flow zu verwenden, führt letztendlich auch zu einer gewissen Zufriedenheit bei den Entwicklern während der Entwicklung, sofern der festgelegte Workflow eingehalten wird. Die Entwickler können somit immer davon ausgehen, dass auf `develop` keine halb garen Lösungen vorhanden sind und sie darauf ohne Einschränkungen aufbauen können. Falls sich die Entwicklung länger hinzieht, kann der Entwickler des Feature-Branches immer wieder ein Rebase von `develop` ziehen, ohne am Ende an einem großen Merge-Konflikt hängen zu müssen.

Git Flow lässt sich auch vereinfacht über die Kommandozeile oder mit einigen grafischen Git-Clients nutzen. Der grafische Client SourceTree hat Git-Flow-Support direkt eingebaut. Über die Kommandozeile gibt es auch das »flow«-Subkommando zum Nachinstallieren, das den Entwicklern ein wenig die Arbeit beim Erstellen, Mergen und Veröffentlichen von Branches mit Git Flow erleichtert.

Manche sehen aber Git Flow auch stark kritisch: zu komplex, zu aufgebläht, zu unübersichtlich und zu viele Fehler besonders in großen Projekten lauten die meisten Argumente von Kritikern. Es gibt auch alternative Workflows für große Projekte, dazu mehr im nächsten Workflow-Beispiel.

> **Hinweis**
>
> Auch ich selbst sehe mittlerweile Git Flow eher kritisch. Sinnvoll ist es, einen möglichst einfachen Workflow zu haben, den alle Personen verstehen, nachvollziehen und mit dem sie arbeiten können. Git Flow ist da schon eher zu aufgebläht und führt zu Irritationen. Denn was bringt ein supertoller Workflow, wenn niemand ihn mag, es alle lästig finden und es zudem häufig zu Fehlern führt? Wichtig ist meiner Einschätzung nach vor allem, dass zügig und ohne Einschränkungen weiter entwickelt werden kann.

6.5 Git Flow mit mehr als einem develop-Branch

Git Flow ist im Prinzip schon recht komplex, es geht aber noch ein wenig komplexer, etwa genau dann, wenn man mit mehr als einem `develop`-Branch arbeitet. Prinzipiell tritt so etwas immer dann auf, wenn in einem Projekt mehr als eine Version gleichzeitig gepflegt werden muss, zum Beispiel wenn die Software in Version 1, 2 und 3 existiert, die mit verschiedenen Funktionen daherkommen, aber nicht zwangsläufig abwärtskompatibel sind. Die Software wird etwa noch in der alten Version in anderen Projekten genutzt, sodass diese Versionen noch weitergepflegt werden, auch wenn eine neuere Version existiert, in die neuere Funktionen eingeflossen sind. Es gilt also, die Fehlerkorrekturen in drei Versionen einzupflegen und die Entwicklung von neuen Features auf die neue Version zu beschränken.

Wie auch in den vorherigen Modellen gibt es verschiedene Möglichkeiten, das Problem zu lösen. Der Branch `develop` kann weiter für die aktuellste Version dienen. In diesem Fall Version 3.x. Daneben gibt es noch die Development-Branches für die 2.x- und 1.x-Serie: `develop/1.0` und `develop/2.0`.

Äquivalent zu den `develop`-Branches gibt es noch die `master`-Branches. Der `master`-Branch enthält in dem Projekt die letzte Version 3 und dann gibt es noch `master/1.0` und `master/2.0` für die entsprechend älteren Versionen.

Bei der Entwicklung von neuen Funktionen bleibt es dabei, dass von `develop` aus ein neuer Branch erzeugt wird und diese Änderungen am Ende nach `develop` gemergt werden. Neue Funktionen sollen in diesem Beispiel nämlich nicht in die älteren Versionen fließen.

Fehlerkorrekturen sollen, soweit möglich und relevant, in allen drei Versionen erfolgen. Das kann in der täglichen Arbeit kompliziert sein, da die drei Versionen über die Zeit inkompatibler werden. Angenommen, ein Fehler soll korrigiert werden und tritt in allen drei Versionen auf. Als Erstes gilt es daher, einen Feature-Branch anzulegen, basierend auf einem der `develop`-Branches. Nachdem die Implementierung erfolgt ist, müssen Sie die Änderungen auch auf den übrigen

Entwicklungsbranches vornehmen. Dazu müssen weitere Feature-Branches auf Basis der dazugehörigen `develop`-Branches erzeugt werden.

Es wäre an dieser Stelle nun anstrengend, ein und dieselbe Fehlerkorrektur drei Mal implementieren zu müssen. Mergen der `develop`-Branches oder des Feature-Branches ist keine Option, da sie zu weit divergiert sind und somit Änderungen enthalten, die nicht in die älteren `develop`-Branches fließen sollen. Die beiden neuen Branches können trotzdem die Änderungen mittels Cherry-Picking übernehmen. Je nach Inkompatibilität zwischen ihnen funktioniert das mehr oder weniger gut. Beim Cherry-Picking handelt es sich um das »Rosinen-Rauspicken«. Konkret werden natürlich keine Rosinen rausgepickt, sondern Commits und deren Änderungen. Dies erfordert etwas Handarbeit, da man von jedem Commit die Commit-ID benötigt. Es wird sowohl die Änderung des Commits herausgepickt als auch die Commit-Message selbst. Dazu müssen Sie also vorher die Commits des Feature-Branches einsehen, von denen die Commit-IDs kopiert werden können.

Das Heraussuchen der Commit-IDs kann händisch etwas nervig werden. Zum Glück gibt es Hilfe von Git, das mit einem Befehl die unterschiedlichen Commits zwischen zwei Branches anzeigen kann:

```
$ git log develop..feature/1337 --pretty=oneline
```

Der Befehl gibt alle Commits an, die in `feature/1337` und nicht in `develop` enthalten sind. Dadurch werden schnell alle nötigen Commit-IDs erreicht. Die aufgelisteten Commits können Sie mit `git cherry-pick $COMMIT_ID` in andere Branches übertragen.

Das Cherry-Picken ist nicht immer von Erfolg gekrönt, da es häufiger zu Konflikten kommen kann. Je nach Größe des Konflikts kann das einfach oder schwer zu beheben sein. Deshalb kann das Cherry-Picken ähnlich wie das Mergen oder Rebasen mit `git cherry-pick --abort` auch wieder abgebrochen werden. Sobald die Feature-Branches auf den älteren Versionen vollständig sind, können sie dann, wie gehabt, in die entsprechenden `develop`-Branches gemergt werden. Das Cherry-Picken erfordert zwar ein wenig mehr Handarbeit, doch kann man damit immer noch verhältnismäßig einfach mit dem Git-Flow-Workflow mehrere Versionen pflegen. Die Releases gelten für die älteren `develop`-Branches äquivalent zu dem bisherigen Beispiel mit dem `develop`-Branch.

6.6 Git Flow mit mehreren Repositorys

Bisher haben wir nicht groß unterschieden, mit wie vielen Repositorys mit Git Flow gearbeitet wird. Letztendlich gibt es viele verschiedene Ansätze. Entweder arbeitet jeder, wie beim GitHub-Flow, mit einem eigenen Fork des Repositorys oder es gibt ein großes Repository, in das alle Entwickler ihre Feature-Branches pushen können.

Wenn jeder ein Fork des Repositorys besitzt, existieren auf dem zentralen Repository in der Regel nur die Branches `master`, `develop` und ggf. die Hotfix- und Release-Branches. Feature-Branches sollten nicht auf dem zentralen Repository landen.

Jede Person hat vollständige Rechte auf dem eigenen Fork, allerdings keine oder eingeschränkte Rechte auf dem zentralen Repository. Eingeschränkte Rechte sind deswegen sinnvoll, damit nicht jeder Code in die `develop`-Branches pushen kann, der nicht von einer weiteren befugten Person reviewt wurde. Dies ist natürlich nur dann möglich, wenn mindestens zwei Personen an dem Projekt arbeiten. Je größer das Team ist, desto wichtiger kann es sein, dass nur ausgewählte Personen Feature-Branches in die `develop`-Branches mergen dürfen. Je nach Position im Team oder der Erfahrung sollten entsprechende Rechte vergeben werden. Wenn Sie Lösungen wie GitHub oder GitLab nutzen, ist die Vergabe der Berechtigungen einfach über die Dienste möglich, und das sowohl für Workflows mit mehreren als auch mit einem einzigen Repository.

Die geforkten Repositorys der Mitarbeiter werden im Wesentlichen nur die Feature-Branches enthalten. Es stellt sich natürlich die Frage, warum lieber mit mehreren Repositorys gearbeitet werden sollte, statt mit einem zentralen, wo jeder Feature-Branches anlegen darf. Ein Unterschied ist, dass bei zu vielen Feature-Branches auf einem zentralen Repository die Übersicht verloren geht – als Verantwortlicher und als Programmierer kann man schnell den Überblick verlieren, welcher Branch wem gehört bzw. wer daran arbeitet. Wenn die Feature-Branches allerdings auf den Forks der Mitarbeiter liegen, ist die Übersichtlichkeit besser. Gleichzeitig verstreuen sich die Entwicklungen auf sehr viele verschiedene Repositorys, wodurch ein vollständiger Überblick nicht möglich wird. Hat also beides Vor- und Nachteile.

Alle Personen haben zusätzlich auf ihren Forks alle Rechte, die sie brauchen, und können so auch viel einfacher Experimentier-Branches anlegen, die nicht unbedingt von jeder Person gesehen werden sollen. Ein weiterer guter Grund für das Arbeiten mit mehreren Repositorys ist, dass die Rechtevergabe sich mittels Forks einfacher lösen lässt, da nicht auf fremde Feature-Branches gepusht werden darf, wenn auf den Forks keine Schreibrechte vorhanden sind. Eine eigene Rechtevergabe pro Feature-Branch wäre je nach Hosting-Lösung möglich oder auch nicht. Wenn es funktioniert, dann ist es jedenfalls sehr aufwendig, es zu pflegen. Prinzipiell lohnen sich Forks auch schon bei kleinen Teams ab zwei Personen. Aber auch zwei Personen könnten mit einem Repository arbeiten, ohne großen Overhead zu haben.

6.7 GitHub-Flow

Der Workflow von GitHub ist allgemein betrachtet sehr stark abgespeckt und einfach gehalten. Ziel ist es, dass es eben nichts im Weg steht und der Workflow nachvollziehbar bleibt.

Zunächst einmal gilt: Es gibt genau einen langlebigen Entwicklungsbranch und es können mehrere Feature-Branches existieren. Der Hauptentwicklungsbranch nennt GitHub main. Wichtig hierbei ist: Die Feature-Branches werden auf Basis des langlebigen Entwicklungsbranches main erstellt und fließen zurück zum main-Branch.

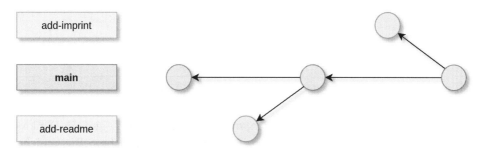

Abb. 6.5: Der GitHub-Flow ist sehr einfach gestrickt.

Das war es im Wesentlichen auch schon. Kompliziert ist das Ganze nicht. Mit jedem Merge zum Hauptentwicklungsbranch wird die Software ausgerollt.

Dieser Workflow hat allerdings ein paar Einschränkungen: GitHub geht davon aus, dass regelmäßig deployt werden kann und wird. Da es sich dadurch um eine schnelle »fast paced« Entwicklung handelt, ist dieser Workflow möglich. Nicht jede Software lässt sich kontinuierlich ausrollen und nicht bei jeder Software lässt sich dieser Workflow abbilden. Viele Fragen lässt GitHub-Flow offen und genau darauf setzt GitLab-Flow auf.

6.8 GitLab-Flow

GitLab-Flow setzt prinzipiell auf GitHub-Flow auf. Beantwortet aber deutlich mehr Fragen, als es bei GitHub-Flow der Fall ist. GitHub-Flow geht wie zuvor beschrieben davon aus, dass die Software kontinuierlich deployt werden kann. Das ist aber – wenn überhaupt – fast nur bei Server-Anwendungen möglich. Bei Software, die an Kundensysteme oder Geräte ausgeliefert werden soll, ist dies nicht möglich. Dies ist zum Beispiel bei einer Smartphone-App der Fall: Hier ist kontinuierliches Deployment nicht wirklich möglich. Und kontinuierliches Ausrollen heißt hier im

Konkreten: Nach jedem Merge in der Hauptenwicklungsbranch wird ein Paket gebaut, das dann auch auf die Server deployt wird.

Wie zuvor erwähnt fußt GitLab-Flow auf GitHub-Flow. Um das zuvor erwähnte Problem zu umgehen, kann ein weiterer langlebiger Branch eingeführt werden: production. Dieser Branch bildet das aktuelle Deployment beziehungsweise das aktuelle Release ab. So kann die tägliche Entwicklungsarbeit mittels Feature-Branches auf den Hauptentwicklungsbranch erfolgen. Bei einem Release wird dann der Hauptentwicklungsbranch (hier: master) nach production gemergt und zusätzlich wird ein Tag gesetzt.

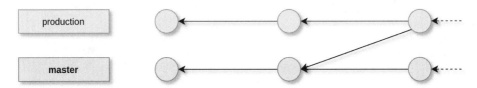

Abb. 6.6: GitLab-Flow hat in der Basis-Variante zwei langlebige Branches.

Durch diese Arbeitsweise ist es möglich, nur zu ausgewählten Zeiten ein Deployment auszuführen beziehungsweise ein Release zu veröffentlichen. Die tägliche Arbeit mit Code-Reviews und Merges bleibt davon nämlich unberührt.

Eine weitere optionale Erweiterung ist eine zweite Umgebung. Während bislang die Staging-Umgebung (basierend auf dem Branch master) und die Produktivumgebung (basierend auf dem Branch production) existiert, kann es auch sinnvoll sein, einen pre-production-Branch anzulegen, der ebenfalls einer weiteren Umgebung zugewiesen wird. Vorteil wäre dann, dass mögliche Hotfix-Commits getestet werden können. Das Ganze sieht dann so aus: Während ein Feature-Branch mit einem Hotfix normal reviewt und nach master gemergt wird, kann dies dort getestet werden. Allerdings ist diese Umgebung nicht zwangsläufig auf dem genau gleichen Stand wie production, da auf master noch einige weitere Entwicklungen eingeflossen sind.

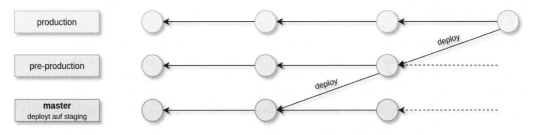

Abb. 6.7: In der zweiten Form gibt es insgesamt drei langlebige Branches.

Der `pre-production`-Branch ist daher nur dann in Verwendung, wenn eine Umgebung gebraucht wird, die nahezu identisch zu `production` ist. Der Feature-Branch muss also zusätzlich zum `master`-Branch auch noch nach `pre-production` gemergt werden, damit er dort getestet werden kann. Nach dem Testen muss dann noch `pre-production` nach `production` gemergt werden und die Entwicklung wäre an dieser Stelle abgeschlossen.

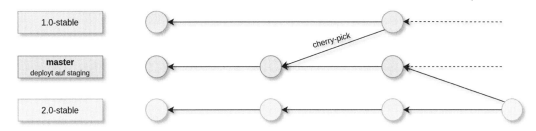

Abb. 6.8: Bei mehreren stabilen Branches muss man Cherry-picken.

Wie auch Git Flow sieht GitLab-Flow auch Release-Branches an. Diese sind hier aber optional, wenn sie gebraucht werden. Sinn und Zweck dabei ist es, dass die Feature-Branches weiterhin direkt nach `master` gemergt werden. Die Commits, von den einzelnen Release-Branches – und somit Versionen – sollen einzeln per Cherry-Pick oder per Merge in den `master` Branch fließen. Wichtig ist, dass der aktuellste Entwicklungsbranch priorisiert behandelt wird und anschließend die Änderungen in die existierenden Release-Branches übernommen werden.

6.9 Weitere Aspekte in Workflows

Dieser Abschnitt beinhaltet ein paar weitere Aspekte, die es bei der Auswahl von Workflows zu beachten gilt. Wenn man strikt nach Lehrbuch vorgeht, dann sind einige der vorgestellten Workflows sehr strikt und wenig flexibel. Die Realität ist aber, dass man nicht wirklich streng nach Lehrplan vorgehen sollte. Stattdessen bietet es sich an, von allen Workflows die für sich richtigen Dinge zu übernehmen und sich aber dabei prinzipiell an einen Workflow zu richten.

In Git Flow werden beispielsweise Merges von Branches ohne Ausnahme mit `--no-ff` durchgeführt. Dadurch ist zwar der Branch in der Historie noch vorhanden, allerdings ist die Git-Historie dann sehr weit und breit gefächert und die zusammengehörenden Commits eines Branches sind nicht mehr klar erkennbar. Der vermeintliche Vorteil dreht sich also schnell zum Nachteil.

Ein Beispiel ist dieser Ausschnitt der Git-Historie aus dem Docker-Repository. Sie nutzen zwar nicht den »echten« Git-Flow, aber das Problem wird auch dort deutlich. Insgesamt sind 14 Merge-Commits abgebildet und weiterhin nur sechs normale Commits. Durch die zahlreichen Merge-Commits ist die Historie in der Tat nicht wirklich lesbar. Eine Alternative wäre somit, statt die Feature-Branches zu mergen, ein Rebase durchzuführen. Die Commit-Historie auf dem Hauptentwicklungsbranch wird dadurch geradlinig, dafür ist nicht mehr auf den ersten Blick zu erkennen, welche Commits in dem Feature-Branch enthalten waren. Das Problem lässt sich aber damit lösen, dass Commit-Messages etwa eine Ticket-Nummer zur Identifizierung enthalten.

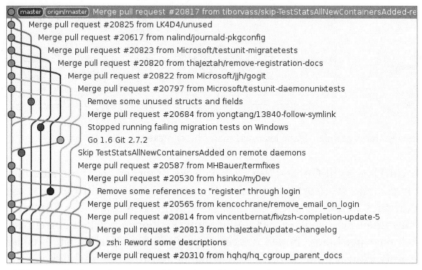

Abb. 6.9: Ausschnitt der Git-Historie im Docker-Repository

Neben dem Merge durch Rebase gibt es noch einen weiteren Aspekt, der als Frage häufiger aufkommt. Und das ist das Squashen von Commits in Merge- bzw. Pull-Requests. Theoretisch könnte man ja auch jedes Review ganz normal durchführen und dann die Änderungen komplett in ein Commit squashen und dann per Rebase auf den Zielbranch packen. GitHub und GitLab bieten das zum Beispiel an. Prinzipiell ist das keine ganz so gute Idee, zumindest für die meisten gängigen Software-Projekte nicht. Durch das Squashen gehen viele wichtige Informationen aus der Entwicklungshistorie verloren und die Commits können sehr groß werden.

Wenn jedes Review hingegen sehr klein ist, wäre der Nachteil nicht ganz so groß. Die Realität sieht aber anders aus. Es gibt aber trotzdem einige Fälle, wo ein Squashen aller Commits eines Feature-Branches nützlich sein kann. Ein Beispiel ist etwa, wenn man Dokumentationen schreibt und im Laufe des Reviews viele weitere Commits mit Korrekturen dazukommen. Hier könnte es zum Beispiel doch sinnvoll sein, ein Squash durchzuführen. Weiterhin geht das auch bei Verbesserungen an der Software, wenn das merkbar eine Änderung ist, die dann doch in zu viele Commits geteilt ist. Hier hilft generell ein gesunder Menschenverstand, um zu entscheiden, was für die jeweilige Situation das Richtige ist.

6.10 Zusammenfassung

Den einen für alle passenden und jedes Problem lösenden Git-Workflow gibt es nicht. Die richtige Auswahl eines Workflows in einem Team ist abhängig von der Team-Größe, der genutzten Git-Serverinfrastruktur sowie dem Software-Entwicklungsprozess.

Wichtig ist daher vor allem, einen Workflow zu definieren, an den sich alle Entwickler halten können. Das ist besonders für Git-Anfänger nützlich, damit sie möglichst wissen, was sie tun. Es sollte daher eine Möglichkeit geben, dass alle Beteiligten auch etwas nachlesen können.

Ob und wie strikt ein Workflow eingehalten wird, ist Auslegungssache. Bedeutend ist für die meisten wohl, dass er nicht als lästig empfunden wird und nicht zu lange dauert. Wenn man CI-Server nutzt, ist es wichtig, auch ihre Einbindung in den Workflow zu beachten.

Kapitel 7

Hooks

Mit Hooks können Sie Skripte ausführen, wenn diverse Events in Git-Repositorys gefeuert werden. Dies kann etwa hilfreich sein, wenn Sie verschiedene Paradigmen forcieren oder automatisiert weitere Aktionen durchführen lassen möchten. Generell wird zwischen zwei verschiedenen Arten von Hooks unterschieden: Client-seitige und Server-seitige Hooks.

Wie es der Name schon verrät, liegen Client-seitige Hooks beim Client und müssen im lokalen Repository konfiguriert werden. Allerdings werden diese Hooks nicht beim Klonen mit heruntergeladen und konfiguriert, weshalb Client-seitige Hooks nicht verwendet werden können, wenn diverse Richtlinien, etwa bei Commit-Messages, für alle Klons durchgesetzt werden sollen. Wichtig beim Einsatz von lokalen Hooks ist, dass jede Person die benötigten Hooks in jedem geklonten Repository konfiguriert.

Die Alternative sind Server-seitige Hooks, die dann für alle Klons gelten und nur einmalig für jedes Repository auf dem Server konfiguriert werden müssen. Und nur damit kann man Richtlinien, etwa für wohlgeformte Commit-Messages forcieren. Die Server-seitigen Hooks werden erst dann ausgeführt, wenn Sie Änderungen auf die Server pushen. Bei lokalen Commits im Repository ist von Server-seitigen Hooks nicht viel zu bemerken.

Hooks werden nicht alle Tage geschrieben, sondern laufen hoffentlich friedlich im Hintergrund und unterstützen die Entwickler bei der täglichen Arbeit, um etwa Unachtsamkeiten schon frühzeitig aufzuzeigen. Mit diesem Kapitel können Sie also noch ein bisschen mehr aus dem Git-Setup herauskitzeln.

In der Praxis geht der Einsatz von Hooks allerdings immer weiter zurück, da eher auf CI-Systeme gesetzt wird.

7.1 Client-seitige Hooks

Jedes Git-Repository liefert ein paar Beispiel-Hooks mit, die defaultmäßig deaktiviert sind. Sowohl Ihre eigenen als auch die mitgelieferten Hooks liegen im .git/hooks-Verzeichnis. Wer einen Blick hineinwirft, sieht dort schon zwölf Hook-Skripte beim Einsatz von git in Version 2.28:

- `applypatch-msg.sample`
- `commit-msg.sample`
- `fsmonitor-watchman.sample`
- `post-update.sample`
- `pre-applypatch.sample`
- `pre-commit.sample`
- `pre-merge-commit.sample`
- `prepare-commit-msg.sample`
- `pre-push.sample`
- `pre-rebase.sample`
- `pre-receive.sample`
- `update.sample`

Alle Beispiel-Hooks enden mit `.sample`, weshalb sie deaktiviert und nicht ausgeführt werden. Aktivierte Hooks haben keine Datei-Endung. Hook-Skripte können in verschiedenen Programmiersprachen geschrieben werden. Die mitgelieferten Skripte sind in Bash mit ein paar Einflüssen von Perl geschrieben. Sie können die Programmiersprache Ihrer Wahl nutzen, also auch Ruby oder Python. Die entsprechenden Skripte müssen sich dann natürlich auch auf dem Rechner ausführen lassen, sodass Python, Perl oder Ruby installiert sein muss. Bei einem Projekt mit verschiedenen Betriebssystemen ist der Einsatz von Bash-Skripten am einfachsten, da dies sowieso schon installiert ist.

Die Namen der Hooks sind wichtig, denn sie werden entsprechend der gefeuerten Events ausgeführt. Jeder Hook wird durch die verschiedenen existierenden Aktionen gestartet. Die Hooks unterteilen sich in drei unterschiedliche Kategorien: beim Erstellen von Commits, bei dem Arbeiten mit E-Mails und sonstige Hooks.

7.1.1 Commit-Hooks

Wie Sie der Liste der Beispiel-Hooks entnehmen können, existieren insgesamt drei Hooks, die während des Committens ausgeführt werden können. Das sind »`commit-msg`«, »`pre-commit`« und »`prepare-commit-msg`«.

pre-commit Hook

Der `pre-commit`-Hook wird noch vor dem eigentlichen Schreiben der Commit-Message ausgeführt; um ihn zu aktivieren, müssen Sie die Datei umbenennen. Dies gilt auch für alle anderen Hooks, die Sie nutzen wollen.

```
$ mv .git/hooks/pre-commit.sample .git/hooks/pre-commit
```

Der `pre-commit`-Hook wird immer vor dem eigentlichen Commit ausgeführt. Das heißt, Sie können zwar Dateien zum Staging-Bereich hinzufügen, wenn Sie aber anschließend `git commit` ausführen, dann wird auch das Skript ausgeführt. Sofern das Skript ein `exit 0` zurückgibt, war der Lauf und der Check erfolgreich, wenn stattdessen `exit 1` zurückgegeben wird, ist die Prüfung fehlgeschlagen. Der Commit wird dann nicht durchgeführt und bricht ab. Dies ist so lange der Fall, bis Sie die Fehler korrigiert haben. Das mitgelieferte `pre-commit`-Hook-Skript prüft diverse Dinge, darunter etwa, ob am Ende jeder Zeile kein unnötiges Leerzeichen enthalten ist. Dies können Sie testen, indem Sie am Ende einer beliebigen Zeile von `index.html` ein Leerzeichen hinzufügen und versuchen, diese Änderung zu committen. Beispielsweise ist es auch möglich, einfach eine zusätzliche Zeile hinzuzufügen, die nur ein Leerzeichen enthält.

```
$ echo " " >> index.html
$ git add index.html
$ git commit -m "Pre-Commit-Hook Test"
index.html:62: trailing whitespace.
+
index.html:62: new blank line at EOF.
```

Beim Stagen der Datei wird noch kein Fehler angezeigt, sondern erst, wenn Sie `git commit` ausführen. In diesem Fall wird der Commit sogar aus zwei Gründen abgebrochen, denn zum einen gibt es ein Leerzeichen am Ende einer Zeile und zum anderen zusätzlich eine leere Zeile am Ende der Datei. Sinn des Ganzen ist, noch vor dem Committen den Code zu prüfen, um unsauberen Code frühzeitig und automatisiert zu entdecken. Je nach Projekt kann man also weitere Prüfungen einbauen. Für Webseiten wäre es etwa möglich, zu prüfen, ob alle geöffneten HTML-Tags auch ordnungsgemäß geschlossen werden und ob der Code-Style eingehalten wurde. Auch simple statische Code-Analyse-Tools können ausgeführt werden. Die Skripte müssen Sie dementsprechend selbst schreiben. Alternativ finden sich teilweise auch auf GitHub und anderen Plattformen diverse Hooks, die Sie für Ihr Projekt verwenden können.

Manchmal soll allerdings kein konfigurierter Hook ausgeführt werden, insbesondere dann nicht, wenn es nicht relevant ist, die aufgezeigten Fehler zu beheben, sondern nur schnell ein Commit gemacht werden soll. So können Sie zwar das Hook-Skript umbenennen, doch ist es auf die Schnelle einfacher, es nur einmal auszuführen:

```
$ git commit -m "Pre-Commit-Hook-Test" --no-verify
```

prepare-commit-msg Hook

Der Name dieses Hooks macht schon deutlich, worum es sich handelt. Die Commit-Message kann mit diesem Hook vorbereitet werden. Das heißt, noch bevor Sie den Editor öffnen, in den die Commit-Message eingetragen wird, können Sie vorläufig einen vordefinierten Text einfügen. Dies kann auch davon abhängig gemacht werden, ob gerade ein Merge, Rebase oder normaler Commit durchgeführt wird. Der Beispiel-Hook zeigt drei Beispiele. Eines davon ist, dass bei einem Merge die `Conflicts:`-Zeilen bei Konflikten in der Commit-Message auskommentiert werden.

Aber auch schöne Commit-Messages können vorbereitet werden. Ein schönes Commit-Schema ist etwa, wenn die Teil-Komponente die geänderte Software mit Ticket-Nummer und einer kurzen Beschreibung nennt. Näheres dazu, wie Sie sinnvolle Commit-Messages schreiben, können Sie in Kapitel 11 nachlesen.

Sie könnten so also auch ein Hook-Skript schreiben, das anhand der zu committenden Dateien erkennt, zu welcher Komponente die Änderung gehört, und es könnte – bei ordentlicher Benennung des Branches – auch die Ticket-Nummer aus dem Branchnamen beziehen und vorläufig einfügen. Dies erfordert natürlich einmalig Aufwand, aber es nimmt dann bei jedem Commit ein wenig Arbeit ab, unter der Bedingung, dass Sie das Hook-Skript korrekt implementiert haben.

commit-msg-Hook

Der Commit-Message-Hook wird gefeuert, wenn Sie die Commit-Message abspeichern. Man kann den Hook somit verwenden, um den Inhalt der Commit-Message zu prüfen, um so eine bestimmte Policy für eine Commit-Message zu verifizieren. Auch hier müssen Sie selbst Hand anlegen und ein Skript schreiben, um das definierte Commit-Message-Schema zu überprüfen. Falls etwa die Software-Komponente und die Ticket-Nummer in der Commit-Message stehen, dann kann das im Skript überprüft werden, um sicherzustellen, dass die Policy auch eingehalten wird. Falls die Prüfung fehlschlägt, wird der Commit verwehrt und es gilt, die Commit-Message nochmals anzupassen. Dies ist insbesondere für diejenigen sinnvoll, die in der Sache eher unachtsam sind und nicht auf den Inhalt der Commit-Message achten. Unabhängig von einem festen Commit-Message-Schema können Sie auch überprüfen, dass die Commit-Message nicht zu kurz oder nicht zu lang ist, damit sinnvolle und verständliche Commit-Messages erstellt werden. Es sollte allerdings klar sein, dass solche lokalen Hooks für jeden Klon eingerichtet werden müssen und somit nicht zwangsweise durchgesetzt werden können, da es sich nicht um einen Server-seitigen Hook handelt.

post-commit Hook

Der letzte der Commit-Hooks ist der `post-commit`-Hook, der unmittelbar nach dem `commit-msg`-Hook ausgeführt wird. Der Commit ist an dieser Stelle bereits abgeschlossen, kann also nicht mehr im Hook-Skript verändert oder unterbrochen werden. Er dient daher eher als Trigger für nachfolgende Dinge, die erledigt werden müssen, etwa das Aufräumen des Arbeitsverzeichnisses, das Senden von Benachrichtigungen oder das Anstoßen von lokalen CI-Systemen. In der Regel wird dieser Hook wohl eher selten gebraucht, da die genannten Beispiele auf dem Server ausgeführt werden.

7.1.2 E-Mail-Hooks

Bisher haben Sie noch nicht erfahren, wie Git mittels Patches verwaltet werden kann, die über E-Mails versandt werden. An dieser Stelle folgt keine ausführliche Beschreibung der Hooks, die mit dem Workflow mit E-Mails zusammenhängen, stattdessen werden sie relativ kurz aufgelistet.

Insgesamt gibt es drei verschiedene Hooks, die unter diese Kategorie fallen: »applypatch-msg«, »pre-applypatch« und »post-applypatch«. All diese Hooks werden vom Kommando `git am` gefeuert. Dieser Befehl ist dafür da, eine Serie von Patches aus einem E-Mail-Postfach in einem Repository anzuwenden. Die Hooks lassen sich ähnlich einsetzen wie bei den zuvor erläuterten lokalen Hooks, etwa um Commits und Commit-Messages zu überprüfen. Mit »post-applypatch« kann der ursprüngliche Entwickler anschließend per E-Mail benachrichtigt werden, wenn der Patch angenommen und angewandt wurde. Mehr zu der Erstellung von Patches findet sich in Kapitel 9.

7.1.3 Weitere Hooks

Ein weiterer Hook ist der `pre-rebase`-Hook, ein Hook, der vor dem Rebasen ausgeführt wird. Beim Rebasen kann nicht nur im schlimmsten Fall der eigene Arbeitsbereich kaputtgemacht werden, sondern auch die Arbeit von anderen, wenn ein Rebase von Branches durchgeführt wird, auf denen andere Personen arbeiten. Ein `pre-rebase`-Hook kann daher hilfreich sein, um zu verhindern, dass ein Rebase von Branches durchgeführt wird, die schon veröffentlicht oder in andere Branches gemergt wurden.

In den beigelieferten Hooks findet sich ebenfalls ein `pre-rebase`-Skript, das genau diese Funktion hat. Allerdings müssen Sie das Skript anpassen, da der Entwicklungsbranch, in dem die Feature-Branches gemergt werden sollen, noch eingetragen werden muss. Defaultmäßig ist dort nämlich `next` als Branch-Name definiert.

Daneben gibt es noch einige weitere Hooks, etwa den `post-rewrite`-Hook, der ausgeführt wird, wenn Sie vorhandene Commits nachträglich bearbeitet haben, etwa mit `git commit --amend` oder `git rebase`.

Weiterhin existiert noch der `post-checkout`-Hook, der nach dem Auschecken eines Branches ausgeführt wird. Dieser kann unter anderem dafür verwendet werden, Dateien zu generieren oder Dateien außerhalb des Projektverzeichnisses hineinzuschieben.

Zusätzlich gibt es noch die Hooks `post-merge`, `pre-push` und `pre-auto-gc`.

7.2 Server-seitige Hooks

Im Unterschied zu den lokalen Hooks gibt es noch die Server-seitigen Hooks, die für alle Nutzer gelten, die mit dem Remote-Repository arbeiten. Er kommt immer dann zum Einsatz, wenn Daten zum Remote-Repository gepusht werden. Dies können Sie dafür nutzen, explizit einige Regularien durchzusetzen, die im Gegensatz zu den lokalen Hooks nicht umgangen, deaktiviert oder vergessen werden dürfen. Die folgenden Hooks werden immer bei einem Push gefeuert, also entweder kurz davor oder danach. Die Hooks müssen auf dem Server im Git-Repository im Hook-Verzeichnis abgelegt werden. Das geht natürlich nur dann, wenn Sie Zugriff auf den Server haben. Bei GitHub ist das etwa nicht möglich, bei GitLab zwar schon, aber nur wenn man es selbst hostet und Zugang zum Dateisystem hat. In der Regel sind serverseitige Hooks in solchen Setups unüblich und auch nicht gewollt, da sie sich schlecht verwalten lassen und der Zugriff auf das Dateisystem aus gutem Grund nicht für jede Person möglich ist.

7.2.1 pre-receive-Hook

Die Server-seitigen Hooks müssen immer von der Seite des Servers aus betrachtet werden. Der `pre-receive`-Hook ist dementsprechend der Hook, der auf dem Server gefeuert wird, bevor die Daten am Server ankommen, aber noch während der Entwickler einen Push durchführt. Diese Art von Hook wird wohl selten gebraucht, da damit eher Dinge wie Berechtigungen geprüft werden können. Das ist beim Einsatz von GitHub oder GitLab nicht notwendig, da diese ihre eigene Benutzersteuerung mitbringen. Eine sinnvolle Möglichkeit für den Einsatz des `pre-receive`-Hooks ist, zu prüfen, ob ein non-fast-forward oder fast-forward Push gemacht wird. Je nachdem, was abgelehnt werden soll, kann dies der Server vornehmen. Aber auch hierfür bieten die unterschiedlichen Git-Hosting-Alternativen diverse eigene Möglichkeiten, wofür dann keine Hooks benötigt werden.

7.2.2 update-Hook

Der `update`-Hook ist ähnlich wie der `pre-receive`-Hook. Der wesentliche Unterschied liegt darin, dass der `update`-Hook für jeden einzelnen Branch ausgeführt wird, und nicht einmalig, im Gegensatz zum `pre-receive`-Hook. Der `update`-Hook kann dafür verwendet werden, um das angebrachte Beispiel eines Commit-Message-Schemas durchzusetzen.

7.2.3 post-receive-Hook

Nachdem die Daten auf dem Server angekommen sind, können sie im `post-receive`-Hook nicht mehr verändert werden. Der `post-receive`-Hook kann etwa dafür verwendet werden, Personen per E-Mail zu benachrichtigen oder ein Ticket im Ticket-System zu aktualisieren, zum Beispiel wenn ein Feature-Branch gemergt wurde. Da man in diesem `post-receive`-Hook auf die Commit-Messages zugreifen kann, haben Sie die Möglichkeit, alle Commit-Messages zu parsen und damit die Commits mit Tickets des Ticket-Systems zu koppeln. Alternativ können Sie bei einer Website einen Deployment-Vorgang starten, nachdem die Daten den Server erreicht haben.

7.2.4 Beispiel-Hooks

Bisher wurden nur die verschiedenen Hook-Arten beschrieben, aber wir haben noch keine Beispiel-Hooks implementiert. Wegen der großen Anzahl an Programmiersprachen, die Sie verwenden können, gibt es kein allgemeingültiges Rezept. Von der Einrichtung her gesehen sind Bash-Skripte für Hooks am praktikabelsten, da sie keinen zusätzlichen Installationsaufwand auf Windows-, Mac- und Linux-Systemen erfordern.

Deployment vom master-Branch über post-receive-Hook

Wie zuvor schon angedeutet, ist es mit einem `post-receive`-Hook möglich, Deployments von Software durchzuführen, etwa bei einer statischen Website, wo lediglich ein paar Dateien generiert werden müssen, die anschließend in Form von HTML-Dateien auf denselben oder einen anderen Server geschoben werden müssen.

> **Hinweis**
>
> Wenn Sie GitHub oder GitLab verwenden, ist diese Vorgehensweise definitiv nicht empfehlenswert. Dies ist eher ein spezieller Use-Case für ein Beispiel, wenn Sie ganz einfache Git-Server verwenden. Für Deployments von Software sollten Sie lieber auf ordentliche CI-Systeme setzen.

Ein `post-receive`-Hook kann etwa so aussehen:

```bash
#!/bin/bash
echo "Deploying the website..."
while read oldrev newrev ref
do
  if [[ $ref =~ .*/master$ ]];
```

```
 6     then
 7       echo "Deployment ongoing"
 8       git --git-dir=/var/opt/gitlab/git-data/repositories/svijorg.git
       --work-tree=/srv/git/deploy/svijorg checkout -f
 9       # The actual deployment commands...
10     fi
11   done
12   echo "Deploying done!"
```

Das Skript tut nicht sehr viel. Da es sich um ein Bash-Skript handelt, müssen Sie am Anfang die passende She-Bang-Zeile einfügen. Anschließend folgt in der zweiten Zeile die erste Ausgabe, die besagt, dass die Website deployt wird. Dies wird bei jedem Push auch lokal angezeigt. Das Hook-Skript bekommt die drei Parameter nicht beim Aufruf als Argumente, sondern von der Standardeingabe.

Aus diesem Grund muss von der Standardeingabe mit read in einer While-Schleife gelesen werden. Enthalten sind oldrev, newrev und ref. ref beinhaltet z.B. die Git Reference, also etwa den Branch-Namen. Ein Deployment sollte nur auf einem Branch durchgeführt werden, weshalb geprüft wird, ob der master-Branch gepusht wurde. Nach einer weiteren Ausgabe erfolgt dann der Check-out des aktuellen Standes. Wichtig ist, dass Sie die Parameter --git-dir und --work-tree übergeben und setzen. Mit --git-dir wird der Ort des .git-Verzeichnisses übergeben, wo das Repository liegt. Der Work-Tree muss vor dem ersten Push an einem Pfad geklont werden. Durch die Kombination beider Argumente kann man Git in verschiedenen Verzeichnissen ausführen, um auf den aktuellen Stand zu kommen. Danach müssen die eigentlichen Deployment-Kommandos erfolgen.

Beim Pushen des master-Branches auf den Remote-Server erfolgt die Ausgabe der Echos auch auf dem Client:

```
$ git push origin master
[...]
Schreibe Objekte: 100% (6/6), 485 bytes | 0 bytes/s, Fertig.
Total 6 (delta 2), reused 0 (delta 0)
remote: Deploying the website...
remote: Deployment ongoing
remote: Deploying done!
To git@192.168.122.177:svij/meineWebsite.git
[...]
```

Bei der Erstellung von Server-seitigen Hooks müssen Sie einiges beachten, vor allem die Datei-Berechtigungen. Der hooks-Ordner muss etwa dem Benutzer

»git« gehören und die Skripte müssen auch ausführbar gemacht werden. Weiterhin müssen auch dort die richtigen Berechtigungen vorhanden sein, wo im Skript Dateien generiert oder geschrieben werden. Server-seitige Hooks sollten daher bevorzugt von den Personen geschrieben werden, die auch Kenntnisse in dem Bereich haben.

7.3 Git-Attribute

Git kann durch die Definition von Attributen angepasst werden. Diese Attribute werden in der Datei .gitattributes definiert. Dort können Sie Dinge wie die Handhabung von Binärdateien und Diffs von Binärdateien konfigurieren.

Git arbeitet am besten mit reinen Textdateien, denn so können Sie Diffs ansehen und die Commits auch im Nachhinein richtig nachvollziehen. Manchmal müssen aber auch Binärdateien in das Repository. Große Binärdateien, etwa kompilierte Programme, sollten nicht in Git-Repositorys gelagert und versioniert werden, da das nur unnötig das Repository aufbläht. Anders sieht es bei Projektdateien aus, wie .odt-Dateien von LibreOffice und .docx-Dateien von Microsoft Word. Wenn man solche Dateien in Git-Repositorys schiebt, können sie zwar versioniert werden, ein Diff ist defaultmäßig aber nicht möglich.

In externen Programmen können Sie aber auch Diffs von odt- und docx-Dateien erzeugen. Das folgende Beispiel zeigt, wie Diffs von odt-Dateien erstellt werden können.

Zunächst müssen Sie die .gitattributes-Datei im lokalen Repository anlegen. Diesem muss bekannt gegeben werden, welche Datei-Endung welches Diff nutzen soll. Der Inhalt soll daher so aussehen:

```
*.odt diff=odt
```

Relevant sind nur die .odt-Dateien, bei denen der Diff mit der Bezeichnung odt genutzt werden soll. Der Diff muss aber auch noch konfiguriert werden. Dies muss in der globalen .gitconfig-Datei des System-Kontos erfolgen:

```
[diff "odt"]
    textconv=odt2txt
```

Mit textconv kann Git automatisch Dateien umwandeln, Sie die dann in git diff und git blame nutzen können, also genauso, wie es bei Text-Dateien Standard ist. In diesem Fall wird der Wert odt2txt gesetzt. Wichtig ist allerdings, dass das Programm odt2txt installiert ist. Unter verschiedenen Linux-Distributionen lässt es sich ganz einfach über die Paketverwaltung installieren. Windows-Nutzer müssen es selbst kompilieren, der Code und die Anleitung dazu finden sich in dem entsprechenden Projekt-Repository auf GitHub: `https://github.com/dstosberg/odt2txt`.

Nach der Konfiguration lässt sich ein Diff nun auch für `.odt`-Dateien anzeigen und nutzen. Für `docx2txt` gibt es eine ähnliche Anwendung, die nach dem gleichen Prinzip funktioniert. Mehr Informationen finden sich auf der Projektseite: `http://docx2txt.sourceforge.net`.

In der Regel sollen alle Dateien möglichst diffbar sein, sodass Sie sich die Unterschiede anzeigen lassen können. Manchmal sollen sich allerdings auch Text-Dateien wie Binärdateien in Git verhalten, weil ein Diff keinen Sinn ergibt. Auch das lässt sich in `.gitattributes` definieren:

```
*.graphml binary
```

Es gilt, dass sowohl eine Dateiendung als auch einzelne Dateien mit Attributen versehen werden können. Das Setzen des Binary-Flags für eine Datei oder einen Dateityp ist besonders dann relevant, wenn ein Merge nötig ist, der sich manuell nicht lösen lässt.

Ein weiteres Beispiel für ein praktisches Attribut ist `autocrlf`. Dies betrifft so gut wie alle Projekte, bei denen sowohl Windows- als auch Linux-Nutzer das Repository nutzen. Im Windows-Universum besitzen Zeilenumbrüche ein CR LF und unter Linux LF. Näheres zu Zeilenumbrüchen findet sich im entsprechenden Wikipedia-Artikel zu Zeilenumbrüchen (`https://de.wikipedia.org/wiki/Zeilenumbruch`).

Dateien im Git-Repository sollten immer nur LF als Zeilenendung enthalten, da gemischte Zeilenenden sich auf den Betriebssystemen unterschiedlich auswirken und einfach unschön für alle Personen in der Handhabung sind. Für Windows-Nutzer kann beim Auschecken automatisch LF durch CR LF ersetzt werden. Ebenso sollten immer die CR LF in LF umgewandelt werden, wenn etwas in das Repository eingecheckt wird. In der Standard-Installation von Git für Windows wird nachgefragt, wie Zeilenumbrüche gehandhabt werden sollen. Im Standard wird die zuvor beschriebene automatische Umwandlung vorgeschlagen, die man akzeptieren sollte.

Nichtsdestotrotz schaffen es einige, solche Optionen abzuwählen, und es landen am Ende Dateien mit gemischten Zeilenenden im Repository, was ziemlich unschön ist. Am »schönsten« ist es etwa dann, wenn Projekt-Mitarbeiter eine Zeile in einer Datei ändern, durch die Änderung aber jede Zeile der Datei anpassen und das ohne weitere Prüfung in das Repository schieben.

Das Ganze lässt sich auf mehrere Weisen verhindern. Prinzipiell hilft es natürlich, die Personen aufzuklären, warum man einheitliche Zeilenumbrüche verwenden sollte und wie man es konfiguriert. Die Konfiguration für jede Person ist prinzipiell recht simpel. Dazu muss lediglich der Konfigurationsschalter CORE.AUTOCRLF auf INPUT gesetzt werden, wenn man unter Linux oder macOS arbeitet. Unter Windows sollte jedenfalls CORE.AUTOCRLF auf TRUE gesetzt werden. In dem Fall wird dann die zuvor erwähnte automatische Umwandlung aktiviert. Die Konfiguration kann entweder in ~/.gitconfig händisch erfolgen oder man nutzt diesen Befehl:

```
$ git config --global core.autocrlf true
```

Dies führt allerdings noch nicht vollständig dazu, dass bestehende Zeilenumbrüche, die in Dateien vorhanden sind, korrigiert werden. Dazu helfen Tools wie DOS2UNIX, aber auch Git hilft dabei, wenn man geänderte Dateien neu eincheckt.

Damit nicht nur die lokale Konfiguration jedes Projekt-Mitarbeiters korrekt konfiguriert ist, kann man zusätzlich auf dem Repository die Einstellungen durchsetzen, dazu muss die Zeile * TEXT=AUTO in der .GITATTRIBUTES-Datei enthalten sein. Nachdem die Datei committet wurde und/oder die Änderung in der Config steht, meldet Git beim Committen von Dateien mit CR LF Folgendes:

```
$ git add chapter02/
warning: CRLF wird in Projektdokumentation/chapter02/cryptdb/02_
problem.tex durch LF ersetzt.
Die Datei wird ihre ursprünglichen Zeilenenden im Arbeitsverzeichnis
behalten.
```

Anschließend lebt es sich angenehmer, wenn direkt alle Projekt-Mitarbeiter die korrekte Einstellung nutzen, und die Handhabung der Zeilenenden wird direkt für alle Personen automatisch durchgeführt.

Kapitel 8

Umstieg von Subversion

Wenn Sie Git noch nicht nutzen, ist die Wahrscheinlichkeit hoch, dass bei Ihnen Subversion als Versionskontrollsystem im Einsatz ist. Für diejenigen, die vorher weder Git noch Subversion wirklich kannten, kann der Einstieg in Subversion auch interessant sein, um die Unterschiede sowie Vor- und Nachteile von Subversion und Git kennenzulernen. Das betrifft sowohl die Befehle als auch die generelle Funktionsweise beider Anwendungen. Neben Subversion gibt es natürlich auch andere Versionsverwaltungsprogramme, wie Mercurial, Bazaar oder Perforce, die hier allerdings nicht thematisiert werden sollen.

8.1 Zentrale vs. verteilte Repositorys

Der wohl elementarste Unterschied zwischen Git und Subversion ist, dass Subversion ein zentrales und Git ein verteiltes Versionsverwaltungsprogramm ist. Einen Einstieg in das Thema gab es bereits im ersten Kapitel. Wenn Subversion eingesetzt wird, ist man unter anderem dazu gezwungen, eine Verbindung zum Server zu haben, wenn Dateien und Änderungen in das Repository ein- oder ausgecheckt werden sollen. Sehr viele Operationen gegen das Repository gehen nur über das Netzwerk. Das führt dazu, dass die Arbeit durchaus langsamer sein kann, je nachdem welche Aktion gerade ausgeführt wird. Diejenigen, die häufiger unterwegs sind und nur hin und wieder Zugang zum Internet haben, lernen die Dezentralität von Git besonders schnell zu schätzen, da einige Commits und Branches sehr gut lokal vorbereitet werden können, bevor man sie auf den Server pusht. Für diejenigen allerdings, die immer online sind und eine Verbindung zum Git- oder Subversion-Server halten, ist das nur ein kleiner Vorteil.

Dadurch, dass alle Commits zwangsweise über den Subversion-Server gehen müssen, sind lokale Workflows nicht so einfach möglich. Private Branches, die nur lokal liegen, oder auch private Branches auf dem Server sind im Vergleich zu Git gar nicht oder nur mit Einschränkungen möglich. Git unterstützt fast alle gängigen Features, die Subversion auch besitzt. Durch die unterschiedliche Arbeitsweise werden allerdings stellenweise einige Features nicht oder in einer anderen Art und Weise gebraucht.

Mit Subversion können Sie etwa Unterverzeichnisse von einem Repository problemlos auschecken. Weiterhin können auch eigene Rechte für Nutzer in Unterverzeichnissen vergeben werden, sodass Nutzer nicht das komplette Repository lesen oder schreiben müssen. Ein Locking – also das Sperren von Dateien –, das in Subversion möglich ist, gibt es unter Git allerdings gar nicht.

8.2 Checkout vs. Clone

Ein Unterschied bei der Nutzung von Subversion und Git fällt direkt auf, wenn Daten von einem Repository heruntergeladen werden sollen. Bei Git ist es zu Beginn bei einem existierenden Repository ein `git clone`, bei Subversion wird hingegen `svn checkout` verwendet. Verwirrend ist es für Umsteiger zudem, dass es auch ein `git checkout` gibt, womit man zwischen Git-Branches hin- und herwechseln kann. Bei Git wird vom Klonen gesprochen, da dort eben das ganze Repository heruntergeladen wird, man also explizit mit einem Klon arbeitet. Dies ist bei Subversion nicht der Fall. Diesen Unterschied sollte man sich definitiv merken. Um zwischen Branches hin- und herzuwechseln, gibt es bei Subversion den `svn switch`-Befehl. Durch die Einführung von `git switch` in Git-Version 2.23 gibt es auch in Git die Möglichkeit, mit `switch` den Branch zu wechseln, wie Sie es vielleicht auch von Subversion schon gewohnt sind.

8.3 svn commit vs. git commit & git push

Ein häufiger Anfängerfehler von Umsteigern von Subversion auf Git ist, dass sie, sobald sie die Änderung als Commit gespeichert haben, davon ausgehen, dass nun jeder Zugriff darauf hat. Dies ist zwar bei Subversion der Fall, denn jeder Commit landet automatisch auf dem Server, bei Git ist es allerdings keineswegs so, da Commits immer nur in das lokale Repository geschoben werden. Um die Änderungen mit anderen zu teilen, müssen Sie also immer den aktualisierten Branch auf den Server pushen, sonst besitzt nur der Committer Zugriff auf diese Änderungen. Umsteiger sollten sich also einprägen: Erst `git commit` und anschließend `git push`, um es auf dem Server verfügbar zu machen.

8.4 svn add vs. git add

Ebenfalls ein Unterschied, der Subversion-Kennern im Verlaufe des Buches aufgefallen sein wird, ist die Art, wie bei Git Dateien bzw. Änderungen in den Staging-Bereich geschoben werden. Bei Subversion gibt es keinen Staging-Bereich. Es gibt nur Dateien, die in der Versionskontrolle sind oder nicht. Diese kann man mit `svn add` hinzufügen. Anschließend wird die Datei bei Änderungen automatisch für den nächsten Commit vorgemerkt und in einen Commit geschoben, wenn ein `svn commit` ausgeführt wird. Bei Git ist es bekanntlich anders, da dort explizit alle Änderungen zum Staging-Bereich hinzugefügt werden müssen, bevor ein Commit erstellt wird. Die Ausnahme ist natürlich, wenn man `git commit -a` ausführt, um alle Änderungen zu committen. Der Standard ist dies allerdings nicht – und das auch aus gutem Grund, da so temporäre Änderungen aus Versehen in einem Commit landen können und es daher sauberer ist, jede Änderung anzuschauen, bevor man ein Commit erzeugt.

8.5 Binärdateien im Repository

Ein leidiges Thema ist die Handhabung von Binärdateien in Git-Repositorys. Aufgrund der Art und Weise, wie Git Dateien speichert, und weil es ein verteiltes Versionskontrollsystem ist, sind Binärdateien in einem Git-Repository im Normalfall nicht empfehlenswert, sofern man nicht Git LFS verwendet. In einem Git-Repository liegen alle Revisionen jeder der dort angelegten Dateien. Bei Binärdateien gilt das natürlich auch. Wenn also häufiger Binärdateien in ein Git-Repository eingecheckt werden, dann vergrößert es sich jedes Mal in etwa um die Größe der Binärdatei. Bei einer Datei mit der Größe von 100 MB erreicht man nach fünf Revisionen etwa 500 MB, was sich dann bei jedem Klon des Repositorys bemerkbar macht und zusätzlich Festplattenspeicher in Anspruch nimmt. Es gibt einige Lösungen, um größere Dateien mit Git zu verwalten, doch haben sie alle ihre Vor- und Nachteile. Es lohnt sich dafür ein Blick auf Git LFS, das in Kapitel 9 näher betrachtet wird. Wenn sowieso ein Subversion-Server betrieben wird, der auch noch weiter bestehen bleibt, dann kann dieser natürlich auch weiter genutzt werden, um dort die großen Dateien abzulegen. Der Speicherplatzverbrauch ist daher fast nur auf dem Server relevant. Denn eines sollten Sie beachten: Bei einem ausgecheckten Subversion-Repository liegen die Dateien zwei Mal vor. Einmal in dem Arbeitsverzeichnis und eine weitere Kopie, um lokal die Unterschiede zweier Dateien anzeigen zu können.

8.6 SVN- in Git-Repository konvertieren

Am einfachsten ist der Umstieg von Subversion nach Git, wenn Sie mit einem neuen Repository anfangen, was bei neuen Projekten üblich ist. Anders sieht es aus, wenn ein bestehendes SVN-Repository in ein Git-Repository überführt werden soll. Die einfachste Methode wäre natürlich auch hier, ein neues Git-Repository zu starten und die Dateien aus dem Subversion-Repository bloß herüberzukopieren. Nachteil ist dann allerdings, dass die komplette alte Historie verloren geht, das will man häufig natürlich verhindern. Wenn die Historie irrelevant ist, was bei kleinen Projekten durchaus der Fall sein kann, können Sie das natürlich ohne Bedenken machen. Wenn es allerdings um größere Projekte geht, bietet es sich nicht wirklich an. Dieses Kapitel konzentriert sich auf zwei Dinge: die Nutzung von Git mit einem Subversion-Repository und die Umwandlung eines bestehenden Subversion-Repositorys nach Git.

8.6.1 git-svn

Git lässt sich als Client für andere Versionskontrollprogramme nutzen. Mit `git-svn` ist es daher möglich, lokal größtenteils mit einem Git-Repository zu arbeiten, die Änderungen werden dann noch mal separat in das eigentliche zentrale Subversion-Repository hochgeladen. Somit lassen sich lokal viele Vorteile von Git nutzen, auch wenn man im Team gezwungen ist, Subversion als zentrale Versionsverwaltung zu verwenden.

Es gibt verschiedene Arten, `git-svn` zu nutzen. Eines wäre die bereits erwähnte einmalige Konvertierung, um es ausschließlich weiter als Git-Repository zu verwenden, und die zweite Methode ist die bidirektionale Nutzung. Es gibt aber auch andere kleinere Anwendungszwecke wie die Verwendung bei einzelnen SVN-Branches oder einem Unterverzeichnis eines Subversion-Repositorys.

Die Konvertierung eines Repositorys braucht etwas Vorbereitung, damit sie möglichst perfekt umgesetzt werden kann. Mit `git-svn` ist eine bidirektionale Nutzung möglich, sodass Sie es auch gebrauchen können, wenn Dateien in ein Subversion-Repository gepusht werden sollen. Die größten Vorteile bei der Nutzung von `git-svn` sind, dass lokal mehrere Commits und Branches erstellt und gemergt werden können, ohne irgendwie das Subversion-Repository in Anspruch nehmen zu müssen. So lassen sich die gängigen Git-Funktionen auch mit Subversion nutzen. Git kann somit als Subversion-Client dienen. Die folgenden Erläuterungen beziehen sich primär auf die Konvertierung, unabhängig davon, ob sie für die bidirektionale Kommunikation oder als einmalige Konvertierung gedacht ist.

Bevor Sie die Konvertierung an einem echten Subversion-Repository testen, kann sie zuvor an einem Test-Repository ausprobiert werden. Dafür müssen Sie Subversion auf dem Rechner installiert haben und auch hier wird weiter die Kommandozeile genutzt. Zunächst legen Sie ein Subversion-Repository auf dem lokalen Rechner an, mitsamt den Verzeichnissen für `trunk`, `branches` und `tags`.

```
$ mkdir /tmp/svn-testrepo
$ svnadmin create /tmp/svn-testrepo
$ svn mkdir file:///tmp/svn-testrepo/trunk
$ svn mkdir file:///tmp/svn-testrepo/branches
$ svn mkdir file:///tmp/svn-testrepo/tags
$ svn copy file:///tmp/svn-testrepo/trunk \
  file:///tmp/svn-testrepo/tags/release-0.1
```

Mit diesen Befehlen wurden mehrere Revisionen im SVN-Repository erzeugt. Letztendlich haben Sie damit aber nur das SVN-Repository vorbereitet. Dateien liegen noch nicht im `trunk`. Mit `svn copy` wurde zudem ein Tag erzeugt.

8.6 SVN- in Git-Repository konvertieren

Das einmalige Konvertieren eines SVN-Repositorys kann über ein produktives Repository geschehen, beim ersten Testen von `git-svn` bietet sich allerdings ein Test-Repository an.

Um `git-svn` nutzen zu können, muss es installiert sein. Unter Windows ist es in der normalen Git-Installation mit enthalten. Unter diversen Linux-Distributionen muss entweder das Paket »git-svn« oder beide Pakete »git« und »svn« installiert sein. Trotz des Bindestrichs im Namen wird es wie jedes andere Git-Kommando auch einfach mit `git svn` aufgerufen. Um einen Klon des SVN-Repositorys zu erstellen, müssen Sie einige Parameter korrekt angeben.

```
$ git svn clone file:///tmp/svn-testrepo -s
Initialisierte leeres Git-Repository in /home/sujee/Repositorys/svn-testrepo/.git/
r1 = 0fa44073a008ec5976b6ba86e47f327fa4d079a2 (refs/remotes/origin/trunk)
Checked out HEAD:
  file:///tmp/svn-testrepo/trunk r1
```

Durch den Befehl wurde ein Subversion-Repository im Standard-Layout ganz einfach in ein Git-Repository umgewandelt. Wenn kein Standard-Layout vorliegt, sollten Sie nicht den Parameter `-s` verwenden, sondern die Pfade für `trunk`, `branches` und `tags` explizit angeben. Beim Standard-Layout mit expliziter Angabe sieht das dann so aus:

```
$ git svn clone file:///tmp/svn-testrepo -T trunk -b \
branches -t tags
```

Anschließend lohnt sich ein Blick in das neu geklonte Git-SVN-Repository.

```
$ cd svn-testrepo
$ git log
commit 0fa44073a008ec5976b6ba86e47f327fa4d079a2
Author: sujee <sujee@3ccf3228-cd71-4512-a6f6-fafb8c674ce6>
Date: Wed Apr 13 18:40:37 2016 +0000
  Created trunk
git-svn-id: file:///tmp/svn-testrepo/trunk@1 3ccf3228-cd71-4512-a6f6-fafb8c674ce6
```

Wie Sie sehen, existiert genau ein Commit mit einem Autor und zudem sind auch `git-svn`-Metadaten in der Commit-Message vermerkt. Die Commit-Message selbst und die Uhrzeit des Commits wurden korrekt übernommen. Was allerdings nicht ganz stimmt, ist der Autorenname, dieser ist lediglich der Name des Benutzerkontos, über den auf das Subversion-Repository zugegriffen wird, sowie eine UUID anstelle einer validen E-Mail-Adresse. Wie zuvor schon angedeutet, braucht eine sinnvolle Konvertierung eines SVN-Repositorys nach Git ein wenig Vorarbeit. Dies betrifft insbesondere die Erstellung einer Autoren-Datei, wo die Benutzernamen aus Subversion mit Git-Benutzern verknüpft werden. Dazu benötigen Sie alle Subversion-Nutzernamen. Diese können Sie am einfachsten mit folgendem Befehl in einem Check-out eines SVN-Repositorys abrufen:

```
$ svn log --xml | grep author | sort -u | \
  perl -pe 's/.*>(.*?)<.*/$1 = /'
sujee =
```

Die Ausgabe ist in diesem Beispiel einfach `sujee =`. Um das Mapping mit den Git-Nutzern richtig durchzuführen, müssen Sie die Zeile ergänzen, sodass es am Ende so aussieht:

```
sujee = Sujeevan Vijayakumaran <mail@svij.org>
```

Für jeden Nutzer sollte eine Zeile erstellt und in einer Datei, etwa `autoren.txt`, gespeichert werden. Beim Aufruf von `git svn clone` muss diese Datei mit dem Parameter `-a autoren.txt` mit übergeben werden, damit das Mapping richtig durchgeführt wird.

Zuvor habe ich auch schon kurz die SVN-Metadaten erwähnt. Diese werden standardmäßig ebenfalls in die Commit-Nachricht eingetragen. Sie sind zwingend notwendig, wenn das Repository bidirektional mit dem SVN-Repository genutzt werden soll. Bei einer einmaligen Konvertierung nach Git wäre es nicht zwangsläufig notwendig, Sie sollten es aber beibehalten, falls die Daten noch gebraucht werden. Das kann etwa der Fall sein, wenn Sie die Revisionsnummern im Ticket-System verwendet haben. Die Metadaten haben folgenden Aufbau:

```
git-svn-id: $URL@$REVISION $UUID
```

$URL ist die URL des Repositorys, $REVISION gibt die Revisionsnummer des Commits an, während $UUID einen Identifikator des Subversion-Repositorys darstellt. Wenn die Metadaten nicht übernommen werden sollen, können Sie auch einfach den Parameter `--no-metadata` verwenden, wenn Sie `git svn clone` aufrufen. Übrigens: Einige Subversion-Daten werden auch im `.git`-Verzeichnis gespeichert, wenn Sie `git-svn` nutzen. Diese werden allerdings nicht synchronisiert.

8.6.2 Nach der Umwandlung

Nachdem das Subversion-Repository erfolgreich umgewandelt wurde, liegt ein Git-Repository vor, das auch die Branches aus dem Subversion-Repository enthält. Dies können Sie verifizieren, indem Sie im `git-svn`-Repository die Branches auflisten lassen.

```
$ git branch -a
* master
  remotes/origin/trunk
  remotes/origin/tags/releases-0.1
```

Der Branch `master` entspricht `trunk` aus dem Subversion-Repository. Zusätzlich existieren unter `remotes/origin/*` die Remote-Branches, hinter denen die Branches des Subversion-Repositorys liegen. Diese können Sie dann nutzen, wenn bidirektional mit dem Subversion-Server kommuniziert werden soll. Ein Problem bei der Umwandlung ist allerdings, wenn Sie im Subversion-Repository Tags gesetzt haben. Diese werden nicht standardmäßig zu Git-Tags umgewandelt, was vor allem daran liegt, dass Subversion-Tags eigentlich auch nur Subversion-Branches sind. Am einfachsten lassen sich Tags umwandeln, wenn man ein Skript verwendet.

```
1  $ git for-each-ref \
2  --format="%(refname:short) %(objectname)" \
3  refs/remotes/origin/tags | cut -d / -f 3- |
4  while read ref
5  do
6    git tag -a $ref -m 'Import Tag from SVN'
7  done
```

```
$ git tag -a release-0.1 1df7f1173cc274bec5817153188c9e1da3283e08 -m
Import Tag from SVN
```

Die Befehlskette gibt als Ausgabe die Befehle aus, die Sie ausführen müssen, um die richtigen Tags zu setzen. Falls die Branchnamen etwas anders sind, müssen Sie das Skript ggf. anpassen. Die Remote-Branches können bei einer einmaligen Konvertierung anschließend entfernt werden. Zusätzlich sollten Sie zum täglichen Arbeiten aus den Remote-Branches echte Branches anlegen.

8.6.3 Committen mit git-svn

Wie bereits erwähnt, kann Git genutzt werden, um mit einem Subversion-Repository zu arbeiten. Lokal können daher mit Git diverse Commits und Branches erzeugt werden. Wenn Sie direkt mit Subversion arbeiten, können Sie nicht mehr als ein Commit machen, der direkt auf dem Server landet. Mit Git ist dies ja möglich, weshalb Sie im Test-Repository ein paar Commits erstellen können. Anschließend kann ein Befehl ausgeführt werden, um es vom Git in das SVN-Repository zu schieben.

```
$ git svn dcommit
Committing to file:///tmp/svn-testrepo/trunk ...
    A    index
Committed r5
    A    index
r5 = db7983a69f047e2859d385438da8269c522c592b (refs/remotes/origin/
trunk)
    M    index
Committed r6
    M    index
r6 = e70d11e615e5d8e2b9c8ca2bd2fde0d3b850dd0e (refs/remotes/origin/
trunk)
No changes between f5af3c78ccfd606ce158de5a607c8ae7a46b0fe2 and refs/
remotes/origin/trunk
Resetting to the latest refs/remotes/origin/trunk
```

Das »d« in `dcommit` ist kein Fehler, denn es steht für »diff commit«. Durch diesen Befehl werden zum einen die lokal erzeugten Git-Commits genommen und daraus SVN-Commits erzeugt und weiterhin die lokale Git-Historie neu geschrieben. Das liegt daran, dass die SVN-Metadaten benötigt werden. Falls zwischenzeitlich Arbeitskollegen auf dem Subversion-Repository neue Commits erstellt haben, müssen Sie diese zunächst in das lokale Git-Repository einpflegen. Dies kann einfach mit folgendem Befehl erledigt werden:

```
$ git svn rebase
```

Anschließend können Sie wieder `git svn dcommit` ausführen. Gegebenenfalls auftretende Konflikte müssen natürlich vorher aufgelöst werden. Es bietet sich also an, regelmäßig `git svn rebase` auszuführen. Git-Branches können auch lokal angelegt und auch wieder gemergt werden. Sofern es sich um Fast-Forward-Merges handelt, ist von den Branches, wie bei normalem Git, hinterher nichts zu sehen. Das ist dann nicht der Fall, wenn Merge-Commits entstanden sind. Schöner ist es, wenn die anderen Kollegen direkt mit Subversion arbeiten, sodass keine Merge-Commits in der Subversion-Historie enthalten sind.

8.7 Zusammenfassung

In diesem Kapitel habe ich einen Einblick gegeben, wie Git im Zusammenspiel mit Subversion genutzt werden kann: entweder als einmalige Konvertierung oder als fortlaufende Nutzung mit Git als Client und Subversion als Repository. Zugegeben, es ist nur ein kleiner Einblick und liefert keine tiefer gehenden Informationen, die Sie gebrauchen könnten, wenn Fehler auftreten. Weitere Informationen finden sich in den Man-Pages von `git-svn`. Diese sind über `git help svn` am einfachsten zu erreichen.

Kapitel 9

Tipps und Tricks

Dieses Kapitel beleuchtet vor allem die Features von Git, die Sie nicht unbedingt täglich brauchen werden, die aber manchmal wirklich praktisch sein können. Teile der in diesem Kapitel beschriebenen Funktionen habe ich schon im Verlaufe des Buches angeschnitten, teilweise sind es aber auch Features, die bislang noch nicht behandelt wurden.

9.1 Große Dateien mit Git LFS verwalten

Dateitypen, die sich im Standard nicht effizient in Git-Repositorys nutzen lassen, sind Binärdateien. Also genau die Dateien, die man nicht mit einem gängigen Texteditor öffnen kann. Mit Git LFS kann man Binärdateien effizienter verwalten, dabei ist Git LFS eine Erweiterung für den Git-Client, ein entsprechendes Gegenstück wird aber auch auf dem Server benötigt.

Doch bevor Sie sich Git LFS anschauen, sollten Sie verstehen, wie Git Dateien intern abspeichert, um nachvollziehen zu können, warum man eine Lösung wie Git LFS braucht. Die Details dazu wurden bereits in Abschnitt 2.7 behandelt. Trotzdem folgt hier eine kurze Zusammenfassung für die relevanten Informationen: Git speichert jede Revision einer Datei vollständig und komprimiert ab. Eine 100 MB große Binärdatei wird demnach bei jeder Veränderung nochmals neu im Repository abgelegt, wodurch dessen Größe mit jeder Revision der entsprechenden Binärdatei sehr schnell steigt. Ein Klonen des ganzen Repositorys kann dann länger dauern. Und genau hier kommt Git LFS ins Spiel.

LFS steht für »Large File Storage« und ist eine Erweiterung von Git, das betrifft sowohl den Client als auch den Server. Für die aktuelleren Versionen von Linux-Distributionen, etwa Ubuntu ab 18.04 und Debian ab Version 10, gibt es Pakete in der Paketverwaltung. Für alle anderen Systeme, darunter auch Windows und macOS, kann Git LFS über das GitHub-Repository runtergeladen werden: `https://github.com/git-lfs/git-lfs/releases/`.

Nachdem Sie sich Git LFS installiert haben, kann es in den Repositorys genutzt werden. Wie zuvor erwähnt, braucht der Server auf der Gegenseite ebenfalls Unterstützung für Git LFS. Das Gute ist, dass es die gängigen und bekannten Git-Hosting-Dienste anbieten. Das betrifft insbesondere GitHub, GitLab, Bitbucket und Gogs/Gitea.

Der Einsatz von Git LFS muss in jedem Repository, das noch kein LFS nutzt, einmal konfiguriert werden. Dies geht so:

```
$ git lfs install
Updated git hooks.
Git LFS initialized.
```

An dieser Stelle ist noch nicht viel passiert, denn es muss noch konfiguriert werden, welche Dateien von Git LFS beachtet werden sollen. Wenn Sie häufiger mit Bildern hantieren, sind es zum Beispiel *.jpg-Dateien. Alternativ können natürlich auch einzelne Dateinamen angegeben werden.

```
$ git lfs track "*.jpg"
Tracking "*.jpg"
```

Git LFS legt dabei die Datei .gitattributes im Arbeitsverzeichnis ab, die man auf jeden Fall mit in das Repository schieben muss. Der Inhalt der Datei sieht in diesem Beispiel so aus:

```
*.jpg filter=lfs diff=lfs merge=lfs -text
```

Vorhandene Dateien für den LFS-Filter werden ebenfalls verändert, wie das Ausführen von git status verrät. Diese müssen Sie zusätzlich in das Repository schieben, wie es auch schon bei der Datei .gitattributes der Fall war.

Anschließend können Sie noch ein Remote-Repository anlegen, das Git LFS unterstützt, um anschließend JPG-Dateien zu versionieren. Das Ganze lässt sich dann auch einfach testen: einfach ein (größeres) Bild nehmen, es committen und pushen und anschließend die Dateigröße des .git-Verzeichnisses anschauen. Das Ganze sollten Sie wiederholen und dabei das Bild häufiger anpassen, um mehrere Versionen zu erzeugen. Wenn Sie dies tun, sehen Sie recht schnell, dass die Größe des Repositorys nicht wesentlich zunimmt. In meinen Tests ergab sich aber auch, dass das lokale Repository manchmal trotzdem größer geworden ist, allerdings werden bei einem frischen Klon oder beim Pullen nicht alle Versionen der Binärdatei heruntergeladen.

Git LFS funktioniert somit recht einfach, Sie müssen nur die Dateien bzw. Dateitypen angeben, die von Git LFS getrackt werden sollen. Anschließend können Sie wie gehabt Commits tätigen und pushen. Im Hintergrund arbeitet Git LFS vor sich hin. Kompliziert ist die Handhabung dann nicht, da es transparent im Hintergrund abläuft.

Ein wichtiger Hinweis gilt aber noch denjenigen, die vor allem im Firmenumfeld hinter Proxys in eher restriktiveren Netzwerken hängen: Git LFS speichert die

Dateien nicht direkt im Repository mit ab. Stattdessen liefert es eine Liste an URLs zurück, über die der Git-Client die Dateien herunterladen kann, was typischerweise HTTPS ist. Etwaige Portfreischaltungen oder Netzwerkfreigaben müssen daher bei Bedarf konfiguriert werden, auch wenn das Git-Repository selbst über SSH angebunden ist.

9.2 Partielles Klonen

Eine Alternative zu Git LFS ist die Möglichkeit, einen partiellen Klon durchzuführen. Dafür gibt es verschiedene Ansätze: Entweder lädt man sich nur einen Teil der Historie herunter – also etwa nur die letzten fünf Commits – oder man klont nur ausgewählte Dateien und Ordner. Beide Möglichkeiten führen zu verschiedenen Szenarien, sodass man entweder eine unvollständige Historie oder nur ausgewählte Dateien lokal vorliegen hat.

In diesem Abschnitt konzentrieren wir uns auf das partielle Klonen. Es ist ein relativ neues Feature und auch eine Alternative zu Git LFS. Im konkreten Fall geht es darum, dass man mit sehr, sehr großen Git-Repositorys arbeiten kann, bei denen man nicht alle Dateien herunterladen muss. Um genau zu sein, kann man mit einem Filter angeben, dass man Binärdateien (binary blobs) nicht herunterladen will.

```
$ git clone --filter=blob:none --no-checkout $URL
```

Hier wurde nicht nur der `--filter`-Parameter verwendet, sondern auch der `--no-checkout`-Parameter. Wenn Sie ein Repository mit diesen beiden Parametern klonen, hat das folgenden Effekt: Es werden keine Binärdateien geladen und es findet kein Checkout eines Branches statt. Wenn Sie also nach diesem Klon in das Verzeichnis wechseln, ist dort nur das `.git`-Verzeichnis enthalten. Warum wir das hier so machen, sehen Sie, wenn Sie anschließend einen Branch auschecken.

```
$ git switch master
```

Durch den partiellen Klon werden nicht alle Dateien aller Branches, wie es sonst bei einem vollständigen Klon gewesen wäre, heruntergeladen. Wenn Sie noch mehr Branches vorliegen haben, können Sie auf diese wechseln und sehen, dass jedes Mal weitere Dateien heruntergeladen werden, die bisher noch nicht lokal vorliegen. Das Ganze ist dann für den Klon auch so gespeichert, damit nicht alle Dateien geladen werden und nur das Nötigste vorgehalten wird. Nachteilig auch hier ist natürlich, dass eine Verbindung zum Server existieren muss, was heutzutage ja meistens weniger das Problem ist, wenn man nicht gerade unterwegs ist und in deutschen Funklöchern hängt.

Zu diesem Thema gibt es noch einige Spezialfälle, um es weiter zu optimieren. Da das Feature allerdings recht neu ist und darin viel bewegt wird, reicht es für diesen Zeitpunkt erst einmal. So werden wohl noch einige Performance-Optimierungen in der nächsten Zeit folgen, sodass es dann den Status des experimentellen Features verlassen wird.

9.3 Aliasse setzen und nutzen

Einige Git-Befehle können mit all ihren Parametern sehr lang werden. Dann muss man nicht nur viel tippen, sondern sich auch viel merken. Um das Ganze abzukürzen, können Sie Aliasse setzen, die anstelle des normalen Befehls ausgeführt werden. Die Aliasse sind normale Konfigurationsschalter, wie Sie sie zuvor schon kennengelernt haben. Diese können also in der .git/config-Datei im lokalen Projekt-Repository oder global in ~/.gitconfig liegen. Sie sollten aber beachten, dass diese Dateien nicht Teile des Repositorys sind, die synchronisiert werden. Aliasse müssen also auf jedem Klon bzw. auf jedem Rechner konfiguriert werden.

Zu den einfachen Aliassen gehören wohl die Kurzformen von `checkout`, `commit` oder `status`. Nutzer von Subversion kennen vermutlich die Aliasse, die dort für diese Befehle standardmäßig aktiv waren.

```
$ git config --global alias.co checkout
$ git config --global alias.ci commit
$ git config --global alias.st status
```

Nach dem Ausführen dieser Befehle können Sie die neu-definierten Aliasse nutzen. Der Aufbau ist so weit simpel. Die Konfigurationsschalter werden mit `alias.x` gesetzt, wobei x die neue Kurzform ist. Dahinter folgt anschließend nur noch der Teil des Befehls, der ausgeführt werden soll.

Beide folgenden Befehle haben somit denselben Effekt:

```
$ git status
$ git st
```

Interessanter ist allerdings nicht die bloße Kürzung bekannter Befehle, sondern die Abkürzung langer Befehle mit vielen Parametern oder Parametern, die sowohl schwierig zu merken als auch zu tippen sind. Wenn Sie in einem Projekt eine schöne Commit-Historie pflegen, enthält jede Commit-Message die ID des Issues, beispielsweise #123. Der normale Befehl, um die Commit-Messages bezüglich der Issue-Nummer zu durchsuchen, wäre folgender:

```
$ git log --pretty=online --grep #123
```

In diesem Fall können Sie zusätzlich noch die Ausgabe des Logs verkleinern, damit pro Zeile nur die Commit-ID mit der Commit-Message dargestellt wird. Ein Alias hierfür könnte so aussehen:

```
$ git config --global alias.loggrep "log --pretty=oneline --grep"
```

Da -- in dem Alias stehen, muss der ganze Alias in Anführungsstrichen gesetzt werden. Mit diesem Alias können Sie dann einfach mit `git loggrep #123` die Historie durchsuchen. Dies funktioniert generell für die Suche in den Commit-Nachrichten.

Eine Liste mit zahlreichen Git-Aliassen findet sich im folgenden GitHub-Repository: https://github.com/GitAlias/gitalias.

9.4 Mehr aus dem Log holen

Aus dem Git-Log lassen sich sehr viele Informationen auslesen. Fast mehr, als Sie sich vorstellen können. Dies liegt vor allem daran, wie das Log visualisiert werden kann. Einige Parameter von `git log` haben Sie schon im Laufe des Buches kennengelernt.

9.4.1 Begrenzte Ausgaben

Defaultmäßig wird das Log mit dem »less«-Pager aufgerufen, wodurch Sie mit den Bild-auf- und Bild-ab-Tasten durch das Log scrollen können. Wer sich allerdings nicht die komplette Historie ansehen möchte, kann die Ausgabe auch einfach begrenzen. Am einfachsten ist dies, wenn Sie sich nur die letzte Anzahl von Commits ansehen möchten.

```
$ git log -n 3
```

Dieser Befehl gibt die letzten drei Commits auf dem aktuellen Branch aus. Durch das Ersetzen der Zahl kann auch eine verschiedene Anzahl von Commits dargestellt werden. Den Befehl gibt es auch noch als kürzere Variante:

```
$ git log -3
```

Die Ausgabe ist dann dieselbe, da dieselbe Funktion aufgerufen wird. Das Log kann allerdings auch anderweitig begrenzt werden. Angenommen, Sie befanden sich in den letzten zwei Wochen im Urlaub und möchten sich dann das Log anschauen, um nachzuvollziehen, was alles im Projekt geschehen ist. In diesem Fall ist die Ermittlung der Anzahl der Commits anstrengend und wenig zielführend.

Alternativ können Sie das Log so lange durchscrollen, bis Sie das gewünschte Datum erreichen. Es gibt aber auch eine einfachere Methode:

```
$ git log --since=2019-01-01
```

Der Parameter `--since` ermöglicht, dass nur die Commits seit dem 1. Januar 2019 angezeigt werden. Das Ausgangsbeispiel war allerdings, dass das Log der letzten zwei Wochen ausgegeben werden soll:

```
$ git log --since=2weeks
```

Eine Alternative zu `since` ist `after`. Die dazu passenden weiteren Parameter sind `until` und `before`, mit deren Kombination auch das Log eines bestimmten Zeitraums ausgegeben werden kann.

Neben der Ausgabe des Logs abhängig vom Datum können Sie auch die Commits eines bestimmten Committers filtern. Allerdings muss als Parameter ein Pattern übergeben werden, dies ist dann notwendig, wenn mehrere Personen mit ähnlichen oder gleichen Namen existieren.

```
$ git log --committer=svij
```

In diesem Fall wird das Log auf den Committer durchsucht, in dem »svij« steht. Da es Teil meiner E-Mail-Adresse ist, werden meine Commits aus dem entsprechenden Repository angezeigt. Auch das kann mit der Zeit-Angabe begrenzt werden, sodass man überprüfen könnte, ob und wie fleißig eine bestimmte Person in einem Zeitraum war.

Wenn die Chefin etwa überprüfen will, ob eine bestimmte Person in den letzten zwei Wochen fleißig war, kann sie folgenden Befehl ausführen:

```
$ git log --committer=svij --since=2weeks
```

Allerdings werden nur die Commits aus dem aktuellen Branch angezeigt, nicht etwa die Arbeit, die in andere Entwicklungsbranches eingeflossen ist. Mit dem zusätzlichen Parameter `--all` kann man das Log auf alle Branches des Repositorys ausweiten. Dies beinhaltet auch die lokal konfigurierten Remote-Repositorys. Falls darüber hinaus Merge-Commits mit aufgelistet werden sollen oder eben nicht, kann man mit dem Parameter `--merges` und `--no-merges` angeben, ob sie mit angezeigt werden sollen oder nicht.

9.4.2 Schönere Logs

Neben der Log-Ausgabe, die mit einer oder mehreren Optionen gefiltert wird, kann das Log auch hübscher präsentiert werden. Es ist möglich, viele verschiedene Details im Log anzuzeigen und unterschiedlich darzustellen. Ziel in diesem Abschnitt ist es, in die Thematik einzuführen und Einblicke zu geben, was alles wie dargestellt werden kann. Für die einen mag dieser Teil interessant sein, für die anderen wiederum völlig unnötig. Eine vollständige Auflistung erfolgt an dieser Stelle nicht. Für weitere tiefgreifende Informationen können Sie die Man-Page zurate ziehen. Eine kompakte Ausgabe des Logs haben Sie schon kennengelernt:

```
$ git log -3 --pretty=oneline
```

Mit dem Parameter --pretty können Sie ein Format angeben, wie das Log dargestellt werden soll. Wenn oneline angegeben wird, dann ist es die Commit-Hash-ID mit der Commit-Message. Das Datum und der Autor werden nicht mit angegeben. Es existieren auch weitere vordefinierte Formate, wie short, medium, full oder fuller. Im Alltag werden die langen IDs eher selten gebraucht, da auch die kurze Variante mit sieben Stellen funktioniert. Dazu kann man entweder den zusätzlichen Parameter --abbrev-commit nutzen, oder direkt den --oneline-Parameter verwenden.

```
$ git log -3 --oneline
15b06b4 GitLab-CI.yml mit Dummy-Test hinzugefügt
4d09603 Test
bf55e27 Social-Media-Menüpunkt hinzugefügt
```

Die Ausgabe ist dann besonders sinnvoll, wenn die Branches und Merges visuell im Terminal dargestellt werden können. Dies geht zwar auch mit GUI-Programmen, die in Kapitel 10 vorgestellt werden, doch hat es auch im Terminal einen gewissen Charme. Eine einfache Variante ist etwa die hier:

```
$ git log --graph --oneline
[...]
*   af4a589 Merge branch 'more_content'
|\
| * e97e3dc Verdreifachung des Textes
|/
* 75c04eb Menü um 'About me' Link erweitert
*   564ec7e Merge branch 'titel'
[...]
```

Git zeigt die erzeugten und gemergten Branches im Log mit an, sodass Sie auf den ersten Blick erkennen, welche Commits auf Feature-Branches entstanden sind und welche nicht. Das lässt sich noch optimieren und das ganz schön weit und kompliziert:

```
$ git log --graph --abbrev-commit --decorate --date=relative --
format=format:'%C(bold blue)%h%C(reset) - %C(bold green)(%ar)%C(reset)
%C(white)%s%C(reset) %C(dim white)- %an%C(reset)%C(bold
yellow)%d%C(reset)' --all
```

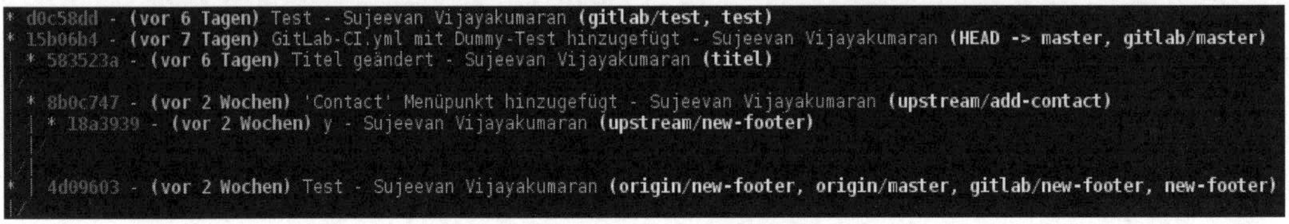

```
* d0c58dd - (vor 6 Tagen) Test - Sujeevan Vijayakumaran (gitlab/test, test)
* 15b06b4 - (vor 7 Tagen) GitLab-CI.yml mit Dummy-Test hinzugefügt - Sujeevan Vijayakumaran (HEAD -> master, gitlab/master)
* 583523a - (vor 6 Tagen) Titel geändert - Sujeevan Vijayakumaran (titel)
|
* 8b0c747 - (vor 2 Wochen) 'Contact' Menüpunkt hinzugefügt - Sujeevan Vijayakumaran (upstream/add-contact)
* 18a3939 - (vor 2 Wochen) y - Sujeevan Vijayakumaran (upstream/new-footer)
|
* 4d09603 - (vor 2 Wochen) Test - Sujeevan Vijayakumaran (origin/new-footer, origin/master, gitlab/new-footer, new-footer)
```

Abb. 9.1: Eine selbst definierte Log-Ausgabe mit Branches und Farben

Der Befehl ist eine lange Verkettung von Parametern. Die Parameter `graph`, `all` und `abbrev-commit` am Ende kennen Sie bereits. Mit `--decorate` wird definiert, dass auch die Heads der anderen Branches dargestellt werden. Mit `--date=relative` werden Datumsangaben als relatives Datum angegeben. Interessant ist vor allem die Formatierung im `--format`-Parameter. Dort enthalten sind zum einen Platzhalter, die mit dem Prozent-Zeichen % beginnen, und in Klammern ist die darzustellende Farbe beschrieben. Der Abschnitt `'%C(bold blue)%h'` lässt sich so in drei Teile aufteilen. %C setzt die Farbe, die in den Klammern dahinter steht. %h ist wiederum der Platzhalter für die Hash-Summe. Auf die weiteren Teile der Formatierung gehe ich nicht ein, da die Platzhalter in der Man-Page zum Git-Log zu finden sind. So können Sie eine eigene Log-Ausgabe definieren, die zum besseren Erreichen in einem Alias gespeichert werden kann.

9.5 Ausgeführte Aktionen im Repository mit git reflog

Reflog ist die Abkürzung für »Reference Log«, das anzeigt, welche Änderungen in einem Repository durchgeführt worden sind. Es bezieht sich aber im Gegensatz zu den direkten Änderungen an Dateien nicht auf die getätigten Commits, sondern auf die Änderungen an HEAD. Klarer wird es an diesem Beispiel-Projekt:

```
$ git reflog
3a9ae95 HEAD@{0}: reset: moving to HEAD~2
1c24e50 HEAD@{1}: commit: Pre-Commit-Hook Test
1ce9006 HEAD@{2}: commit (amend): Pre-Commit-Hook Test
```

```
582cd2d HEAD@{3}: commit: Pre-Commit-Hook Test
3a9ae95 HEAD@{4}: rebase -i (finish): returning to refs/heads/add-readme
3a9ae95 HEAD@{5}: commit: README erweitert
6a6584a HEAD@{6}: commit: README hinzugefügt
e89f931 HEAD@{7}: reset: moving to HEAD^
9098531 HEAD@{8}: cherry-pick: fast-forward
e89f931 HEAD@{9}: rebase -i (start): checkout HEAD~2
```

Das Reflog kann man in vier Teile unterteilen. Zu Beginn steht die ID, anschließend HEAD@{x}, wobei x für eine Zahl steht, gefolgt von der Aktion sowie einer Commit-Nachricht oder anderen Kommentaren bzw. Aktionshinweisen. HEAD@{5} entspricht nichts anderem als dem Ort, an dem HEAD vor den letzten fünf Aktionen stand. Die ID links daneben ist die dazugehörige Commit-ID.

Das Reflog zeigt also die letzten Aktionen im Repository an. Aber wofür ist das nun nützlich? Wenn Sie thematisch einige Kapitel zurückgehen, stellen Sie fest, dass im dritten Kapitel das Rebasen von Branches behandelt wurde, und das sechste Kapitel thematisiert hat, wie ein interaktiver Rebase durchgeführt werden kann. Bei beiden Verfahren wird die Git-Historie verändert. Daraus ergibt sich, dass vorhandene Commits mit der Commit-ID so nicht mehr ohne Weiteres auffindbar sind, wenn Sie sich das normale Git-Log anschauen. Beim Rebasen, vor allem beim interaktiven Rebasen, kann es besonders Anfängern hin und wieder passieren, dass ein paar Commits »verloren« gehen. Aber keine Sorge, wenn bei einem Rebase Commits gelöscht werden, dann sind sie (noch) nicht vollständig verloren, sie werden bloß nicht mehr direkt referenziert. Mit dem Reflog kann so auf einen Blick die Commit-ID wieder herausgefunden werden, um dann den Commit wiederherzustellen.

Wie immer kann ein Beispiel zum Ausprobieren nicht schaden. Legen Sie einen neuen Branch `reflog-test` an und dort zwei Commits, wovon Sie den zweiten Commit im Anschluss durch ein interaktives Rebase wieder löschen. Über das Reflog soll anschließend der Commit wiederhergestellt werden.

```
$ git switch -c reflog-test
$ echo "Inhalt für Commit1" >> index.html
$ git commit -am "Commit 1"
[reflog-test 8ae1b1f] Commit 1
 1 file changed, 1 insertion(+)
$ echo "Inhalt für Commit2" >> index.html
$ git commit -am "Commit 2"
[reflog-test 650bec7] Commit 2
 1 file changed, 1 insertion(+)
```

```
$ git rebase -i HEAD~2
pick 8ae1b1f Commit 1
drop 650bec7 Commit 2
```

Mit den oberen Befehlen haben Sie die Ausgangssituation hergestellt, die für das Beispiel notwendig ist. Jetzt gibt es zwei Möglichkeiten, den verloren gegangenen »Commit 2« wiederherzustellen. Wenn man die Ausgabe der bisherigen Commits hat, wie in diesem Fall, dann ist das recht einfach. Dann reicht nämlich ein normaler Cherry-Pick:

```
$ git cherry-pick 650bec7
```

Die Konsolenausgabe ist spätestens dann nicht mehr vorhanden, wenn Sie die Konsole einmal geschlossen haben. Dann müssen Sie sich das Reflog ansehen.

```
$ git reflog
8ae1b1f HEAD@{0}: rebase -i (finish): returning to refs/heads/reflog-test
8ae1b1f HEAD@{1}: rebase -i (start): checkout HEAD~2
650bec7 HEAD@{2}: commit: Commit 2
8ae1b1f HEAD@{3}: commit: Commit 1
```

In diesem Fall reicht der Blick auf die letzten vier Einträge. Wenn von unten aus gelesen wird, dann wurde zuerst »Commit 1« mit der ID `8ae1b1f` getätigt und anschließend »Commit 2« mit der ID `650bec7`. Anschließend wurde das interaktive Rebase gestartet, das im ersten Schritt auch nichts anderes macht als `checkout HEAD~2`, da zwei Commits zurückgegangen wurde. Nach dem Abschluss des Rebase landet `HEAD` auf der Commit-ID `8ae1b1f`, die der von Commit 1 entspricht, da Commit 2 gelöscht wurde. An dieser Stelle ist dann auch direkt die ID von Commit 2 zu sehen, die verwendet werden kann, um den Commit mittels eines Cherry-Picks wieder anzuwenden.

In der Praxis ist das Wiederherstellen natürlich nicht ganz so simpel und einfach, da meist viele Commits existieren und auch das Reflog weiter fortgeschritten sein kann, wenn Sie fehlende Commits bemerken. Generell sollten Sie zunächst Ruhe bewahren und die aktuelle Lage überblicken. Anschließend kann ein ruhiger Blick auf das Reflog ebenfalls nicht verkehrt sein, da Sie dann die fehlenden Commits schon recht schnell finden können. Auch hier sei wieder angemerkt, dass es bei solchen Fehlern immer hilfreich ist, aussagekräftige Commit-Messages gewählt zu haben, um die Commits schneller zuordnen zu können.

Bedenken Sie aber, dass das Reflog nie alle Aktionen gespeichert hat. Ganz im Gegenteil, denn zu bestimmten Aktionen und Zeiten wird ein Teil des Reflogs gelöscht. Defaultmäßig sind dies 90 Tage, mittels der Konfigurationsoption `gc.reflogexpire` können Sie das Ablaufdatum auch höher oder niedriger setzen.

9.6 Garbage Collection mit git gc

Der Hausmann von Git kann mit `git gc` angesteuert werden. Kurz zusammengefasst räumt `git gc` das lokale Repository auf und führt Optimierungsarbeiten durch. »GC« steht für Garbage Collection, Programmierer kennen dies wohl von diversen Programmiersprachen. Git arbeitet nach der Garbage Collection etwa schneller und effektiver, bei den normalen kleinen Repositorys dürften Sie allerdings wohl eher wenig in der Praxis davon spüren. Auch Speicherplatz auf der Festplatte wird durch den Vorgang eingespart. Das Kommando können Sie hin und wieder ausführen, wenn Sie etwa sehr häufig Rebases durchführen.

Die wohl am einfachsten nachzuvollziehende Aktion, die `gc` ausführt, ist das Entfernen von nicht erreichbaren Objekten im Git-Objektspeicher. Das sind Dateien aus Commits, die in keinem Branch stecken und in der Regel Überbleibsel vom Rebase sind, da dort bekanntlich die Commits neu geschrieben werden. Je häufiger also ein Rebase durchgeführt wird, desto mehr »Müll« sammelt sich an, der im Repository nicht mehr gebraucht wird. Beachten Sie aber, dass es sich lediglich um lokale Optimierungen handelt, es werden also nur Daten angefasst, die sowieso nur lokal verfügbar sind.

Wenn `git gc` ausgeführt wird, werden defaultmäßig alle nicht referenzierten Objekte gelöscht, die älter als zwei Wochen sind. So haben Sie immer noch die Möglichkeit, auf Objekte zuzugreifen, die zwar nicht mehr referenziert, aber gegebenenfalls noch benötigt werden.

Der Aufruf kann ganz einfach so geschehen:

```
$ git gc
Zähle Objekte: 158, Fertig.
Delta compression using up to 8 threads.
Komprimiere Objekte: 100% (157/157), Fertig.
Schreibe Objekte: 100% (158/158), Fertig.
Total 158 (delta 78), reused 0 (delta 0)
```

Je nach Größe und Alter des Projekts braucht der Durchlauf mehr oder weniger Zeit. Bei kleinen Projekten läuft er sehr schnell durch. Wenn Sie sich zuvor die Größe des `.git`-Ordners im Projektverzeichnis anschauen und nach der Ausführung des Befehls noch einmal vergleichen, dann werden Sie erkennen, dass das Repository kleiner geworden ist.

9.7 Finde den Schuldigen mit git blame

Wenn mehr als eine Person an einem Git-Repository arbeitet und die andere Person eher etwas nervig ist, kann es durchaus vorkommen, dass man für Fehler oder Implementierungen verantwortlich gemacht wird, die man nicht verbrochen hat. Egal wie sicher man sich ist, Git lügt so gut wie nie. Um herauszufinden, wer schuld ist, gibt es die Blame-Funktion. Blame ist das englische Wort für beschuldigen, also genau der richtige Befehl für den Zweck. Damit kann man nicht nur herausfinden, wer etwas am Code verändert hat, sondern auch, wann und mit welchem Commit dies geschah.

```
$ git blame index.html
[...]
3477f6ff (svij 2015-11-12 19:38:34 +0100 60)    </body>
3477f6ff (svij 2015-11-12 19:38:34 +0100 61) </html>
7c455515 (svij 2015-12-08 19:34:43 +0100 62) Inhalt für Commit1
c502ffb1 (svij 2015-12-08 19:35:14 +0100 63)
c502ffb1 (svij 2015-12-08 19:35:14 +0100 64) Inhalt für Commit2
```

Dies ist der Ausschnitt der Ausgabe von `git blame` auf der Datei `index.html`, die wir in dem Beispiel-Projekt ja fast ausschließlich bearbeitet haben. Es wird nicht nur die Commit-ID, sondern auch Name der Person und das Datum angezeigt, und das gilt pro Zeile der Datei, die betrachtet wird.

Natürlich ist `git blame` nicht nur dafür da, jemandem die Schuld in die Schuhe zu schieben. Das ist insbesondere dann nicht hilfreich, wenn Sie es selbst waren, da Sie gegebenenfalls alleine an einem Projekt arbeiten. Nichtsdestotrotz hilft diese Funktion bei einer möglichen Fehlerfindung, vor allem dann, wenn Sie die fehlerhafte Zeile schon entdeckt haben. So reicht ein Blick in `git blame`, um sich zu vergewissern, seit wann und warum die Änderung im Code enthalten ist. Dadurch, dass die Commit-ID ebenfalls aufgelistet wird, kann im nächsten Schritt mittels `git log -p id` ebenfalls die Änderung direkt betrachtet werden, um den Ursprung des Fehlers und möglich weitere Auswirkungen zu analysieren.

Aber Achtung: Die Blame-Funktion zeigt nur den letzten Bearbeiter der entsprechenden Zeilen an – so wird zwar ein Commit mit Namen und Zeitpunkt aufgelistet, doch können die ursprünglichen Zeilen von jemand anderem geschrieben worden sein!

9.8 Wortweises diff mit word-diff

Zu Beginn des Buches ging es darum, wie ein normaler Diff angezeigt werden kann. Praktischer kann das allerdings ein Diff sein, der die Unterschiede nicht zeilenbasiert anzeigt, sondern auf Basis der Wörter.

Wenn Sie in der `index.html`-Datei im Lorem-Ipsum-Text einige Wörter in andere Zeilen verschieben, kann ein Diff etwa so aussehen:

```
$ git diff
[...]
-       ipsum dolor sit amet, sadipscing, sed diam nonumy
-       eirmod tempor ut labore et aliquyam erat, diam
+       dolor sit amet, sadipscing, sed diam nonumy
+       eirmod ipsum tempor ut labore et aliquyam erat, diam
[...]
```

Egal, ob mit oder ohne Farbe, es ist auf dem ersten Blick nicht so gut ersichtlich, was sich da verändert hat, vor allem deshalb, weil die farbige Ausgabe zeilenbasiert erfolgt. Anders sieht es aus, wenn der Diff wortweise angezeigt wird.

```
$ git diff --word-diff
[...]
[-ipsum-] dolor sit amet, sadipscing, sed diam nonumy
eirmod {+ipsum+} tempor ut labore et aliquyam erat, diam
[...]
```

Zusätzlich zu der farbigen Hervorhebung im Terminal werden Löschungen mit [-GELÖSCHTE WÖRTER-] und hinzugefügte Wörter mit {+HINZUGEFÜGTE WÖRTER+} dargestellt. Dies ist insbesondere dann von Vorteil, wenn man mit Texten arbeitet. In Software-Projekten ist das daher vor allem bei Dokumentationen hilfreich, wenn diese ebenfalls in einem Git-Repository liegen.

Eine ähnliche Herangehensweise wie der Parameter `--word-diff` hat der Parameter `--color-words`. In diesem Fall erfolgen die verschiedenen Klammern nicht, sondern es wird nur in einer normalen Ausgabe mit farblicher Hervorhebung an den entsprechenden Stellen gearbeitet.

9.9 Verschobene Zeilen farblich hervorheben mit git diff --color-moved

Ein weiterer praktischer Parameter für `git diff` ist `--color-moved`. Wie Sie vielleicht schon gemerkt haben, zeigt `git diff` im Normalfall einfach nur an, dass an der einen Stelle Code hinzugefügt und an einer anderen Stelle gelöscht wurde. In Wirklichkeit wurde in diesem Fall dann allerdings nur ein Stück Code innerhalb der Datei verschoben. Es ist ja nicht ganz unwahrscheinlich, dass man hier und da die Sortierung einer Methode in einer Klasse im Code andersherum sortiert.

Ein Review einer solchen Änderung kann im Normalfall schwierig sein. So erkennt man auf Anhieb nicht, ob es überhaupt verschoben wurde, ob es ausschließlich verschoben wurde oder ob es zusätzlich zur Verschiebung noch Änderungen gab.

Die Lösung dafür ist `git diff --color-moved`. Aufgrund der fehlenden Farbe hier im Buch lohnt es sich eher, wenn Sie das lokal bei sich ausprobieren. Einfach ein paar Zeilen nach weiter oben oder unten in der Datei verschieben und dann die Ausgabe von `git diff` mit `git diff --color-moved` vergleichen. Sie werden sehen, dass in der Ausgabe des gängigen `git diff`-Befehls die entfernten Zeilen rot und die hinzugefügten Zeilen grün sind, so wie es auch vorher bekannt war. Mit `git diff --color-moved` sehen Sie andere Farben, die hervorheben, dass diese Zeilen lediglich verschoben wurden.

Wenn Sie gleichzeitig allerdings noch die Einrückung verändern, müssen Sie noch einen zusätzlichen Parameter angeben: `--color-moved-ws`. Dieser braucht noch einen Wert, um nach Ihren Wünschen zu arbeiten, etwa `ignore-space-change`, `ignore-all-space`, `ignore-space-at-eol` oder `allow-indentation-change`. Ein vollständiger Befehl kann dann so aussehen:

```
$ git diff --color-moved --color-moved-ws=ignore-all-space
```

9.10 Datei-Inhalte suchen mit git grep

Wenn in Dateien gesucht werden soll, können Sie `grep` verwenden. Git besitzt zusätzlich `git grep`, womit sich alle versionierten Dateien im Repository durchsuchen lassen. Wesentlicher Unterschied zur reinen Nutzung von `grep` ist damit, dass `grep` explizit mitgeteilt werden muss, welche Dateien durchsucht werden sollen, während `git grep` direkt die versionierten Dateien im Repository durchsucht. Letztendlich macht dies aber keinen allzu großen Unterschied. Praktisch kann es hin und wieder dann sein, wenn ältere Versionen durchsucht werden sollen, zum Beispiel wenn Sie herausfinden wollen, wann ein bestimmter String aus den Dateien verschwunden ist.

```
$ git grep "<body>" HEAD~1
HEAD~1:index.html:    <body>
```

Ohne den Parameter hinter dem Suchbegriff `<body>` würde die aktuelle Revision durchsucht. Durch die Angabe von `HEAD~1` wird der vorletzte Commit auf dem aktuellen Branch nach dem Suchbegriff durchsucht.

Anders sieht es aus, wenn Sie Commits finden wollen, wo <body> angefasst wurde. Hierbei handelt es sich allerdings nicht mehr um den `git grep`-Befehl, sondern dies können Sie aus dem Log auslesen, da Commits gefunden werden sollen.

```
$ git log -G "<body>"
commit 3477f6ff2d62de097d76a818ca222b9dfa9a7d57
Author: Sujeevan Vijayakumaran <mail@svij.org>
Date:   Thu Nov 12 19:38:34 2015 +0100
    index.html hinzugefügt.
```

9.11 Änderungen häppchenweise stagen und committen

Bereits früh in Kapitel 2 haben Sie erfahren, wie Änderungen zum Staging-Bereich hinzugefügt werden können, um daraus einen Commit zu erstellen. Bisher wurden alle Änderungen einer Datei immer vollständig zum Staging-Bereich hinzugefügt. An vielen Stellen habe ich allerdings darauf hingewiesen, dass es schöner und besser ist, möglichst kleine Commits zu tätigen. Da hin und wieder gleichzeitig mehrere Änderungen an derselben Datei vorgenommen werden, die in getrennten Commits aufgehoben sind, können diese ganz einfach mit `git add -p` hinzugefügt werden.

Um es auszuprobieren, sollten Sie an mindestens zwei verschiedenen Stellen in derselben Datei eine Änderung vornehmen. Etwa eine zweite Überschrift unter der ersten Überschrift und ein weiterer Absatz unter dem letzten Absatz in der `index.html`-Datei. Das Hinzufügen von einzelnen Stückchen erfolgt über folgendes interaktive Kommando:

```
$ git add -p
[...]
@@ -23,6 +23,7 @@
      </div>
    </nav>
    <h1>Hallo!</h1>
+    <h2>Jetzt geht es los!</h2>
    <p>
      Lorem ipsum dolor sit amet, consetetur sadipscing elitr, sed diam nonumy
      eirmod tempor invidunt ut labore et dolore magna aliquyam erat, sed diam
Stage this hunk [y,n,q,a,d,/,j,J,g,e,?]?
```

Zunächst erscheint ein Diff eines Stücks der in der Datei getätigten Änderungen. Diese Stückchen werden »hunks« genannt. Wenn man es direkt übersetzt, dann handelt es sich eher um einen Brocken. Das interaktive Kommando fragt nach, ob der Hunk in den Staging-Bereich soll. Dahinter folgen allerdings einige Buchstaben, die nicht selbsterklärend sind. Mit »?« wird eine Hilfe ausgegeben.

```
y - stage this hunk
n - do not stage this hunk
q - quit; do not stage this hunk or any of the remaining ones
a - stage this hunk and all later hunks in the file
d - do not stage this hunk or any of the later hunks in the file
g - select a hunk to go to
/ - search for a hunk matching the given regex
j - leave this hunk undecided, see next undecided hunk
J - leave this hunk undecided, see next hunk
k - leave this hunk undecided, see previous undecided hunk
K - leave this hunk undecided, see previous hunk
s - split the current hunk into smaller hunks
e - manually edit the current hunk
? - print help
```

Die wohl gängigsten Befehle sind wohl »y« für das Stagen des Hunks sowie »n«, um es nicht zu stagen. Praktisch ist auch das »e« für das Editieren eines Hunks, wobei sich dann der Editor öffnet, um eine Änderung durchzuführen. Dies ist vor allem dann praktisch, wenn beim schrittweisen Stagen auffällt, dass eine Änderung enthalten ist, die entfernt werden sollte. Das ist häufig bei Debug-Ausgaben in Programmen der Fall, die in der Regel nicht im Repository landen sollen. Wenn Sie nun ein Hunk zum Staging-Bereich hinzugefügt haben und die anderen Hunks nicht, dann können Sie nochmals `git status` ausführen. Die Ausgabe zeigt nun die Datei zweimal an. Einmal mit Änderung im Staging-Bereich und einmal die Änderung, die sich nicht im Staging-Bereich befindet.

Das schrittweise Hinzufügen von Änderungen ist immer dann relevant, wenn mehrere Arbeiten gleichzeitig gemacht wurden, die in getrennten Commits landen sollen. Aber auch wenn es nur ein Commit wird, bietet sich diese Funktion an, weil dadurch bei größeren Änderungen nochmals ein kleines Review geschieht, damit kein unnötiger Code im Repository landet.

Das Verfahren lässt sich auch umdrehen, etwa dann, wenn ein Teil einer Änderung aus dem Staging-Bereich entfernt werden soll. Dazu existiert analog zu `git add -p` der Parameter -p auch bei `git reset`. Mit `git reset -p` lassen sich somit einzelne Änderungen häppchenweise wieder aus dem Staging-Bereich entfernen.

9.12 Auf Fehlersuche mit git bisect

Die Suche nach Fehlern in einer Software kann manchmal sehr schwierig und zeitaufwendig sein. Ein großes Problem existiert etwa, wenn man schon sehr viel Zeit in das Debuggen der Software gesteckt hat und ein Fehler zwar reproduziert, aber trotzdem nicht korrigiert werden konnte, da man die Ursache nicht finden konnte. An dieser Stelle kann Git mit `git bisect` bei der Fehlersuche helfen.

Beispielsweise haben Sie von einer Software fünf Versionen veröffentlicht. Jede Version besteht zufällig aus 100 Commits. Es sind also 500 Commits vorhanden. Nach der Veröffentlichung der fünften Version fallen Ihnen starke Performance-Einbußen auf, deren Ursache unbekannt ist und in der vierten Version beim 400. Commit nicht auftraten. Der Fehler liegt also irgendwo zwischen Commit 400 und 500. Eine Möglichkeit der Fehlersuche wäre, den verursachenden Commit ausfindig zu machen, um ihn rückgängig zu machen oder anderweitig zu korrigieren. Diejenigen die Software entwickeln, könnte der Algorithmus der binären Suche vermutlich bekannt vorkommen. Ziel ist es, mit möglichst wenigen Schritten ein Element in einer geordneten Liste zu finden. Dies trifft auf einen Commit-Strang zu, da ein Commit dem nächsten Commit folgt. Sie könnten die binäre Suche in diesem Fall händisch durchführen, das wäre allerdings unkomfortabel und würde noch mal extra Zeit kosten, da Sie den nächsten Commit zunächst finden müssten. Bei der binären Suche wird das Feld in der Mitte geteilt, der Commit genau in der Mitte zwischen Commit 400 und Commit 500 muss also gefunden werden. Wenn bei diesem der Fehler reproduzierbar ist, dann wurde der Fehler zwischen Commit 400 und 450 eingeführt, wenn nicht, dann zwischen 450 und 500. Das Feld wird in den nächsten Schritten demnach so lange halbiert, bis der fehlerhafte Commit gefunden ist.

Mit `git bisect` lässt sich das Ganze automatisieren. Zunächst müssen Sie den Bisect-Modus starten.

```
$ git bisect start
```

Anschließend müssen die »guten« und »schlechten« Commits angegeben werden. In der Regel ist der Fehler im aktuellen Zustand vorhanden. Um dem Beispiel zu folgen, wird die vierte Version als korrekt arbeitende Version definiert und die fünfte Version als fehlerhafte. v4.0 ist in diesem Fall ein Tag, Sie können dabei aber jede Referenzierungsart von Commits nutzen.

```
$ git bisect bad
$ git bisect good v4.0
Bisecting: 49 revisions left to test after this (roughly 6 steps)
[4ce0036e7e131039773c980d969ad068e460d313] Commit 450
```

```
$ git status
HEAD losgelöst bei 4ce0036
Sie sind gerade bei einer binären Suche, gestartet von Branch 'master'.
  (benutzen Sie "git bisect reset", um zum ursprünglichen Branch
zurückzukehren)
  nichts zu committen, Arbeitsverzeichnis unverändert
```

Der erste Schritt zur Fehlerfindung ist getan. Git-Status zeigt auch hier den aktuellen Stand an. Git hat durch die Definition der guten und schlechten Commits den mittleren zwischen beiden Commits automatisch ausgewählt und ausgecheckt. Es zeigt zudem an, wie viele Schritte ungefähr nötig sind, um den fehlerhaften Commit zu finden. Nachdem der Commit also ausgecheckt wurde, können Sie testen, ob der Fehler in diesem Commit auftritt oder nicht. Je nachdem, wie viele Schritte gebraucht werden, um den Fehler zu finden, hilft ein automatisiertes Testen mittels eines Skripts. Nachdem Sie den Test ausgeführt haben, steht fest, ob der Commit gut oder schlecht ist. In diesem Beispiel war der Test erfolgreich, der Fehler trat also in der Mitte der beiden Versionen 4 und 5 noch nicht auf. Er muss sich daher in der zweiten Hälfte der Commits befinden. Dies müssen Sie Git mitteilen.

```
$ git bisect good
Bisecting: 24 revisions left to test after this (roughly 5 steps)
[f935e0552c87f7433a8fd03f031927a1b7b81d21] Commit 475
```

Diese Schritte müssen wiederholt werden, bis der Fehler gefunden ist. Git gibt anschließend den ersten fehlerhaften Commit aus:

```
$ ...
$ git bisect good
591d9e583d5af4823c5defb62d4be562d84de8ac is the first bad commit
commit 591d9e583d5af4823c5defb62d4be562d84de8ac
Author: Sujeevan Vijayakumaran <mail@svij.org>
Date:   Sun Feb 28 12:09:30 2016 +0100

    Commit 468
    :100644 100644 62fa0aed6718383dd307dd8b092263b44e61ac45
2a8a270bbb37d87ededb1e68e4965637d03a7dbc M        index
```

Dadurch, dass Sie den entsprechenden Commit gefunden haben, können Sie die Einschleichung des Fehlers näher untersuchen. Die Fehlerfindung mit git bisect erfordert allerdings einige wichtige Vorkehrungen, damit man am Ende nicht vor Schwierigkeiten steht. Dies betrifft insbesondere die »Best Practices« von Versionsverwaltung. Jeder Commit sollte funktionsfähig sein, bei Projekten, die etwa kompiliert werden müssen, müssen diese sich kompilieren und starten lassen. Weiterhin sollten die Commits so klein wie möglich sein und so groß wie nötig.

Mit Git-Bisect ist die Fehlersuche erschwert, wenn man ständig vor nicht bau- oder testbaren Projekten steht, die händisch korrigiert werden müssen, nur um den Fehler zu finden. Weiterhin bringt es nicht viel, wenn man zwar den Commit gefunden hat, bei dem der Fehler eingeflossen ist, dieser aber viel zu groß ist, und dann noch mehr Zeit in die Fehlersuche in diesem Commit fließt.

Idealerweise wird Git-Bisect nie in einem Projekt gebraucht, weil kein Fehler gefunden werden muss. Wenn es ein größeres Projekt ist, ist die Wahrscheinlichkeit nur höher, dass mit Git-Bisect schneller Fehler gefunden werden können, als wenn man sich stundenlang händisch auf die Suche begibt. Je besser der Vorgang automatisiert werden kann, desto schneller und einfacher lassen sich die Fehler ermitteln und korrigieren, wenn die zuvor genannten Faktoren stimmen. Die richtige Commit-Strategie zu verwenden, ist also in der Tat hilfreich und kann bei möglichen Fehlern sehr viel Zeit einsparen.

9.13 Arbeiten mit Patches

9.13.1 Patches erstellen

Das Beitragen an fremden Projekten mittels Pull-Requests bei GitHub oder Merge-Requests bei GitLab ist nach einer Einlernphase relativ einfach. Während die beiden Dienste die neumodische Variante von Mitarbeit darstellen, gibt es noch die quasi altmodische Variante über Patches, die etwa über E-Mails versandt werden.

Einige Projekte liegen aus verschiedenen Gründen nicht auf GitHub, GitLab oder einem vergleichbaren Dienst. Das wohl bekannteste Projekt ist der Linux-Kernel sowie das Git-Projekt selbst, das Änderungen ausschließlich über Patches via E-Mails empfängt, diskutiert und einpflegt.

Es gibt zwei Möglichkeiten, Patches zu erstellen, entweder mit `diff` bzw. `git diff` oder mit `git format-patch`. Letzteres ist die schönere Methode und Ersteres ist diejenige, die man vermeiden sollte. Um Patches zu erstellen, sind keine Schreibrechte erforderlich, lediglich der Quellcode bzw. das Repository muss vorliegen.

Zur Übung lohnt es, sich wieder dem Website-Projekt zu widmen, wo Sie zunächst eine Änderung vornehmen sollten, die ein paar Zeilen in der `index.html`-Datei verändert. Die Ausgabe von `git diff` kann dann etwa so aussehen:

```
$ git diff
diff --git a/index.html b/index.html
index 274fd2a..1b39e3e 100644
--- a/index.html
+++ b/index.html
@@ -25,9 +25,8 @@
     <h1>Hallo!</h1>
     <p>
       Lorem ipsum dolor sit amet, sadipscing, diam nonumy
-      eirmod tempor invidunt ut labore et dolore magna aliquyam erat,
sed diam
-      voluptua. At vero eos et accusam et justo duo dolores et ea
rebum. Stet
-      clita kasd gubergren, no sea takimata sanctus est Lorem ipsum
dolor sit
+      voluptua. Vero eos et accusam et justo duo dolores et ea rebum.
Stet
+      clita kasd gubergren, sea takimata sanctus est Lorem ipsum dolor
sit
       amet. Lorem ipsum, consetetur sadipscing elitr, sed diam
       nonumy ut labore et dolore magna aliquyam erat, sed
       diam voluptua. At vero et justo duo dolores et ea rebum.
```

Diese Ausgabe ist gleichzeitig auch der Diff, den Sie speichern können, um ihn jemand anderem zu geben, der die Änderung einpflegt. Es reicht daher, die Ausgabe in eine Datei umzuleiten.

```
$ git diff > 001.patch
```

Der Inhalt der Datei `001.patch` entspricht der Ausgabe von `git diff`. Diese Art und Weise, Patches zu erzeugen, funktioniert auch bei angelegten Commits, auch wenn es mehrere sind.

```
$ git diff 4d0960 3815dd > xxx.patch
```

In diesem Fall wurde der Diff von Commit `4d0960` bis `3815dd` in der Datei `xxx.patch` gespeichert. Eine schönere und bessere Art, Patches zu erstellen, erfolgt mit dem Git-Subkommando `format-patch`. Dies ermöglicht die Erstellung von mehreren Patch-Files. Wenn die zuvor getätigte Änderung als Commit gespeichert wird, können Sie wie folgt einen Patch erzeugen:

```
$ git commit -am "Lorem Ipsum Text angepasst für Patch Vorführung"
$ git format-patch HEAD^
0001-Lorem-Ipsum-Text-angepasst-f-r-Patch-Vorf-hrung.patch
```

Git legt bei der Ausführung des Kommandos den Patch in der Datei an und gibt den Namen der Patch-Datei aus. Wer sich den Inhalt der Datei anschaut, findet dort nicht nur den normalen Diff, sondern auch die Commit-Message und einen E-Mail-Header, um den Patch als E-Mail weiterzusenden.

Von Vorteil beim Erstellen von `format-patch` ist weiterhin, dass über den Befehl auch schnell mehrere Patch-Dateien aus mehreren Commits erzeugt werden können. Dazu gibt es gleich mehrere Optionen, um etwa Patch-Dateien aus den letzten drei Commits zu erzeugen:

```
$ git format-patch HEAD~3
0001-Test.patch
0002-Lorem-Ipsum-entfernt.patch
0003-Lorem-Ipsum-Text-angepasst-f-r-Patch-Vorf-hrung.patch
```

Die Patch-Dateien werden auch noch sortiert und benannt, sodass klar ist, in welcher Reihenfolge die Patches eingepflegt werden müssen. Wenn Patches zwischen zwei bestimmten Commits mittels ihrer Commit-ID erzeugt werden sollen, geht das natürlich auch:

```
$ git format-patch -M af4a589..bb7a125
```

9.13.2 Patches anwenden

Das Erstellen von Patches ist nicht sonderlich schwer, vor allem dann nicht, wenn man mit `git format-patch` arbeitet. Ein Projekt-Maintainer sollte in der Lage sein, die zwei Arten von Patches auch einpflegen zu können. Hierfür gibt es die beiden Kommandos `git apply` und `git am`. Der Effekt der Ausführung von `git apply` und `patch -p1` ist nahezu identisch. Der wesentliche Unterschied ist, dass neue Dateien, Datei-Umbenennungen und Datei-Löschungen aus der Patch-Datei behandelt werden. Das ist mit `patch` nicht möglich. Weiterhin ist die Nutzung von `git apply` ein wenig sicherer, da der Patch nur angewandt wird, wenn er erfolgreich verläuft. Mit `patch` wird der Patch so lange angewandt, bis er fehlschlägt. Das hinterlässt dann folglich bei einem Fehlschlag einen eher kaputten Zustand im Arbeitsverzeichnis.

Falls Sie die vorherigen Beispiele mitgemacht haben, müssen Sie den letzten Commit wieder entfernen, um dann den zuvor mit `git diff` erstellten Patch einzuspielen:

```
$ git reset --hard HEAD^
$ git apply 001.patch
$ git status -s
M index.html
```

Wenn das Patch-File durch `git diff` angewandt wird, übernimmt es ausschließlich die Änderungen in das Arbeitsverzeichnis. Ein Commit muss dann nochmals händisch angelegt werden.

Anders ist es bei der Anwendung von `git am` mit den von `git format-patch` erstellten Patch-Dateien. Vor der Anwendung müssen Sie die Änderung ggf. wieder rückgängig machen.

```
$ git restore index.html
$ git am 0001-Lorem-Ipsum-Text-angepasst-f-r-Patch-Vorf-hrung.patch
Wende an: Lorem Ipsum Text angepasst für Patch Vorführung
```

Wer anschließend in das Git-Log schaut, sieht, dass der Commit sofort hinzugefügt worden ist. Ein noch hervorzuhebender Umstand ist die Unterscheidung zwischen einem Autor und Committer eines Commits. Wenn Person Z einen Patch erstellt und ihn an Person A sendet, der ihn dann anwendet, dann gibt es einen Unterschied zwischen Autor und Committer. Das sieht im Log folgendermaßen aus:

```
$ git log --pretty=full -1
commit c93e63a61b3de030ef788644f574350114e3d7b6
Author: svijee-test <info@svij.org>
Commit: Sujeevan Vijayakumaran <mail@svij.org>
    Lorem Ipsum Text angepasst für Patch Vorführung
```

Der Autor ist die Person, die die Änderung und somit den Patch erstellt hat. Der Committer ist dann die Person, die den Patch angewandt hat. Wenn Commits normal erzeugt werden, ist dieser Unterschied nicht zu sehen.

Problematischer wird es, wenn beim Anwenden eines Patches ein Fehler auftritt, wie Sie es von Merge-Konflikten bereits kennen. In einem Konflikt-Fall erfolgt folgende Ausgabe:

```
$ git am 0001-Lorem-Ipsum-Conflict-patch.patch
Wende an: Lorem Ipsum Conflict patch
error: Anwendung des Patches fehlgeschlagen: index.html:24
error: index.html: Patch konnte nicht angewendet werden
```

```
Anwendung des Patches fehlgeschlagen bei 0001 Lorem Ipsum Conflict patch
Die Kopie des fehlgeschlagenen Patches befindet sich in: .git/rebase-
apply/patch
Wenn Sie das Problem aufgelöst haben, führen Sie "git am --continue"
aus.
Falls Sie diesen Patch auslassen möchten, führen Sie stattdessen "git am
--skip" aus.
Um den ursprünglichen Branch wiederherzustellen und die Anwendung der
Patches abzubrechen, führen Sie "git am --abort" aus.
```

Leider erfolgt an dieser Stelle keine Konflikt-Auflösung, wie bei den Merge-Konflikten. Dies lässt sich allerdings anders lösen. Sie müssen den aktuell laufenden Befehl zunächst abbrechen und anschließend `git am` mit dem Parameter -3 für einen Drei-Wege-Merge aufrufen.

```
$ git am --abort
$ git am -3 0001-Lorem-Ipsum-Conflict-patch.patch
```

Somit gibt es auch bei Patches die bekannte Möglichkeit der Auflösung von Konflikten.

Es gibt also zwei verschiedene Arten, mit Patch-Dateien zu arbeiten. Personen, die mit Git vertraut sind, sollten beim Erstellen von Patches lieber zu `git format-patch` greifen, während Anfänger auch ein normales Patch mit dem UNIX-Kommando `diff` erzeugen können. Der Einsatz bietet sich auch an, wenn etwa ein Klon eines Repositorys eines Projekts vorliegt, bei dem bei jedem Update eigene Patches angewandt werden sollen.

9.14 Repositorys in Repositorys mit git submodules

Bei der Entwicklung von Software-Projekten werden häufig externe Bibliotheken genutzt, die ins Projekt eingebunden werden müssen. Je nach Art der Bibliothek müssen Dateien, die das eigentliche Software-Projekt benötigt, im Repository liegen. Es wäre zwar möglich, alle Dateien der Bibliothek in dasselbe Repository mit dem eigentlichen Projekt zu kopieren, doch hat dies einige Nachteile. So müssten Sie bei jeder Aktualisierung der Bibliothek die Dateien in das entsprechende Verzeichnis kopieren und dafür Commits erstellen. Für das Projekt bedeutet es, dass mehr Commits vorhanden sind, die nur indirekt mit dem Projekt zu tun haben.

An dieser Stelle kommen Submodule zum Zuge. Submodule sind nichts weiter als Repositorys, die in anderen Repositorys eingebettet sind. Dadurch ist die Historie komplett getrennt und auch in beiden Repositorys können unabhängig voneinander Branches ausgecheckt werden. Submodule liegen als Unterverzeichnis im Projektordner.

Ein echtes Beispiel ist die Einbindung des »Bootstrap«-HTML5-Frameworks in das Website-Beispielprojekt. Da das Git-Repository von Bootstrap nicht die kompilierten Dateien enthält, müssen Sie diese händisch erzeugen. Das Website-Projekt soll daher die Nutzung von Submodulen verdeutlichen.

Um mit Submodulen zu arbeiten, gibt es das `submodule`-Kommando. Zunächst müssen Sie das gewünschte Submodul hinzufügen.

```
$ git submodule add https://github.com/twbs/bootstrap
```

Der Befehl klont automatisch das Repository und konfiguriert das Submodul. Es liegen anschließend der neue Ordner `bootstrap` und die neue Datei `.gitmodules` im Repository, das auch direkt zum Staging-Bereich hinzugefügt wurde. Die Datei `.gitmodules` ist die Konfigurationsdatei für die Submodule. Der Diff von `bootstrap` zeigt wiederum den ausgecheckten Commit des Submoduls an. Die Änderung muss als Commit gespeichert werden.

```
$ git diff --staged bootstrap
+Subproject commit d7f7cee39ec8ccb893b49872b1f22b0cfce17d31
$ git diff --staged
+[submodule "bootstrap"]
+       path = bootstrap
+       url = https://github.com/twbs/bootstrap
```

Nach dem Commit, in dem das Submodul eingerichtet wird, sind sonst keine Commits von Bootstrap zu sehen. Anders ist es, wenn Sie in das Verzeichnis `bootstrap` wechseln und dort das Log anschauen: Da sind nur noch die Commits von Bootstrap zu sehen.

Die Handhabung von eigenen und fremden Repositorys als Submodule ist nahezu gleich. Während die erste Einrichtung des Submoduls noch verhältnismäßig einfach ist, ist das Aktualisieren von Submodulen zu Beginn etwas verwirrend. Wenn ein Submodul, in diesem Fall »Bootstrap«, neue Commits auf `master` bekommt, dann kann im Submodul ein `git pull` ausgeführt werden, um die neuen Commits herunterzuladen. Dies können Sie mit einem beliebigen Commit in Bootstrap erzwingen.

```
$ cd bootstrap
$ echo "1" >> tmp & git add tmp
$ git commit -m "Temporärer Commit"
```

Wenn Sie anschließend wieder in das Elternverzeichnis wechseln, um dort die Status-Ausgabe abzurufen, sieht die Ausgabe etwa so aus:

```
$ git status
[...]
     geändert:        bootstrap (neue Commits)
$ git diff
[...]
-Subproject commit d7f7cee39ec8ccb893b49872b1f22b0cfce17d31
+Subproject commit 75bdb8f6d63dc8777251ec10b7f1add706ba12d7
```

Da das Submodul ein neues Commit bekommen hat, ändert sich der Zustand im Haupt-Repository. Sie sollten beachten, dass sowohl der Commit im Haupt-Repository auf ein Remote-Repository gepusht werden sollte als auch die Commits im Repository des Submoduls.

Wenn Sie ein Repository klonen, das ein Submodul enthält, ist das Verzeichnis zunächst leer. Dazu müssen Sie in das Verzeichnis des Submoduls wechseln, um anschließend das Submodul zu initialisieren und die Daten herunterzuladen:

```
$ cd bootstrap
$ git submodule init
Submodul 'bootstrap' (https://github.com/twbs/bootstrap) für Pfad '../
bootstrap' in die Konfiguration eingetragen.
$ git submodule update
Klone nach 'bootstrap' ...
[...]
Submodul-Pfad: '../bootstrap':
'd7f7cee39ec8ccb893b49872b1f22b0cfce17d31' ausgecheckt
```

Das Verfahren ist bei einem möglichen Einsatz von mehreren Submodulen allerdings eher anstrengend. Glücklicherweise gibt es noch eine Möglichkeit, das Haupt-Repository mitsamt allen Submodulen zu klonen, das ist mit dem Parameter --recursive möglich.

Bei einem später geklonten Repository mit Submodulen werden die Commits direkt über die Commit-ID ausgecheckt. Das führt dazu, dass kein Branch ausgecheckt ist und Daten von Remote-Repositorys gepullt werden können.

```
$ git status
HEAD losgelöst bei d7f7cee
nichts zu committen, Arbeitsverzeichnis unverändert
```

Aus diesem Grund heißt es auch, dass HEAD losgelöst ist. Bevor Sie in dem Submodule ein Commit erzeugen oder ein `git pull` ausführen können, muss ein Branch ausgecheckt werden.

```
$ git switch master
$ git pull
```

Alternativ können Sie natürlich auch die ein oder anderen Commits im Repository des Submoduls anlegen.

Beim Arbeiten mit Submodulen muss man darauf achten, dass alle Änderungen korrekt gepusht werden, insbesondere dann, wenn mehrere Leute damit arbeiten. Falls mehrere Commits in Submodulen enthalten sind, die noch nicht gepusht wurden, wird ein normales `git push` nicht angezeigt. Es werden dann nur die Informationen vom Submodul gepusht, aber nicht geprüft, ob die Commits der Submodule für andere Personen erreichbar sind. Praktischerweise gibt es einen Parameter, der das beim Pushen überprüft:

```
$ git push --recurse-submodules=check
```

Dieser Befehl listet dann die Submodule auf, deren neue Commits noch nicht gepusht wurden. Mit dem gleichen Parameter, aber mit einem anderen Wert können Sie die entsprechenden Submodule pushen.

```
$ git push --recurse-submodules=on-demand
```

Die Nutzung von Submodulen ist sowohl praktisch als auch stellenweise verwirrend. Größter Vorteil ist, dass getrennte Repositorys existieren, die trotzdem verbunden werden können. Nachteilig ist die etwas eigenartige Handhabung von Submodulen, besonders dann, wenn man von anderen Quellen geklont und lokal noch keine Branches ausgecheckt hat.

9.15 Subtree als Alternative für Submodule

Eine Alternative zu `git submodule` ist `git subtree`. Auch das ist nicht die perfekte Lösung, bietet aber einige Vor- und Nachteile im Vergleich zu `git submodule`. Auch mit `git subtree` ist es möglich, Repositorys innerhalb von Repositorys zu verwalten. Das Verhalten ist dabei allerdings etwas anders und weniger mühselig.

Das prinzipielle Verfahren sieht so aus: Zunächst wird das einzubindende Repository als weiteres Remote-Repository hinzugefügt, auch wenn es über eine komplett getrennte Historie zum übergeordneten Repository verfügt. Dazu muss der Parameter -f genutzt werden, eben aus dem Grund der verschiedenen Historien:

```
$ git remote add -f bootstrap https://github.com/twbs/bootstrap
```

Im Anschluss muss folgender Befehl ausgeführt werden:

```
$ git subtree add --prefix bootstrap bootstrap master --squash
```

Dieser etwas längliche Befehl besteht aus mehreren Parametern. Der erste bootstrap-Parameter ist der Pfad im Repository, in dem das Repository als Subtree landen soll, der zweite Parameter der Name des Remote-Repositorys, wie es mit dem Befehl davor angelegt wurde. Anschließend folgt noch der Name des Branches und mit --squash wird angegeben, dass das Bootstrap-Repository als ein Commit in der Historie landet.

Wenn Sie sich jetzt die Historie im Repository angucken, sehen Sie zwei neue Commits:

```
$ git log -2 --oneline
e82400c (HEAD -> master) Merge commit
'59be897c12c39412755cd93996d85590ef53fdc9' as 'bootstrap/'
59be897 Squashed 'bootstrap/' content from commit 88c7956
```

Was ist also passiert? Mit dem Hinzufügen des Subtrees wurde das Bootstrap-Repository zu genau einem Commit zusammengefasst und in den aktuellen Branch des übergeordneten Repositorys gemergt. Daher sind nun zwei Commits enthalten.

Im übergeordneten Repository können Sie nach dem Hinzufügen des Subtrees genauso arbeiten, wie Sie es von einem normalen Repository gewohnt sind. So fühlt sich das ganze Repository als ein einzelnes Repository an. Wenn Sie so weiterarbeiten, fließen dann allerdings weder Änderungen aus dem übergeordneten Repository in das Repository des Subtrees auf dem Server, noch fließen Änderungen vom Remote-Repository des Subtree-Repositorys in das übergeordnete Repository.

Wenn Sie nun im lokalen Repository eine Änderung gemacht haben und darin auch Änderungen im Subtree enthalten sind, müssen Sie diese separat auf den Server pushen.

```
$ git subtree push --prefix=bootstrap bootstrap master
```

Damit werden dann nur die Änderungen aus dem Subtree auf den Server gepusht. Für das Herunterladen der Änderungen vom Server sieht das soweit ähnlich aus:

```
$ git subtree pull --prefix bootstrap bootstrap master --squash
```

Der Parameter `--squash` ist optional. Wenn Sie ihn weglassen, wird die ganze Historie des Subtrees in das lokale übergeordnete Repository heruntergeladen und gemergt.

Wie Sie sehen, haben Sie mit `git subtree` einige Vor- und Nachteile im Vergleich zu `git submodule`. Die perfekte Lösung ist es auch nicht, da man zwangsläufig ein paar neue Befehle lernen muss und nichts vergessen darf, damit in beiden Repositorys die Änderungen landen.

Welche Vorteile hat also `git subtree` im Vergleich zu `git submodule`?

- Bei bestehenden Repositorys mit Subtree ist kein `git clone --recursive` notwendig.
- Der Workflow, um Änderungen im Haupt-Repository zu veröffentlichen, ist vergleichsweise einfach.
- Nutzer von Repositorys mit Subtree müssen nichts wesentlich Neues lernen.

Die Nachteile sind:

- Ein neuer Befehl `subtree` mit zahlreichen Parametern wird benötigt.
- Das Veröffentlichen von Änderungen im Subtree-Repository kann vergessen werden.

Es gibt sicherlich noch den ein oder anderen Vor- und Nachteil in der Praxis, der mir nicht bekannt ist. Es ist jedenfalls auf Anhieb deutlich angenehmer zu nutzen als `git submodule`, und das ist dann ja schon mal etwas.

9.16 Komplette Historie neu schreiben mit git filter-repo

In älteren Auflagen dieses Buches fand sich an dieser Stelle ein Abschnitt zu `git filter-branch`. Damit konnte man die komplette Historie neu schreiben, etwa wenn jemand aus Versehen Passwörter oder andere Credentials in ein Git-Repository gepusht hat und diese vollständig entfernt werden sollten.

Das Praktische war, dass `git filter-branch` direkt in Git eingebaut ist, sodass kein separates Setup nötig ist. Allerdings wird mittlerweile empfohlen, es nicht mehr einzusetzen, da es sowohl eine schlechte Performance hat als auch nicht ganz sicher ist. Das heißt im Konkreten, dass ein Repository in speziellen Fällen nach dem Nutzen von `git filter-branch` so kaputt ist, dass es nicht mehr nutzbar ist.

Die empfohlene Alternative ist `git filter-repo`, das nicht mit der Git-Installation mitgeliefert wird, aber vom Git-Projekt empfohlen wird. Der Code und die Installationsanleitung dafür liegen auf GitHub: https://github.com/newren/git-filter-repo/.

An dieser Stelle folgt ausnahmsweise keine genauere Erläuterung, wie das Tool nutzbar ist. Der Grund ist recht einfach: Ein Neuschreiben der Historie ist zum einen gefährlich und zum anderen nicht ganz so einfach. In der Dokumentation in dem verlinkten GitHub-Repository finden sich einige Beispiele, wie Sie `git filter-repo` verwenden können, um die Historie neu zu schreiben.

9.17 Tippfehler in Git-Befehlen automatisch korrigieren

Es passiert häufiger mal, dass man sich bei Git-Befehlen vertippt. So wird schnell aus `git status` ein `git statu`. Git ist immerhin so schlau und schlägt passende, ähnliche Befehle selbstständig vor:

```
$ git statu
git: 'statu' ist kein Git-Befehl. Siehe 'git -help'.
Haben Sie eines von diesen gemeint?
    status
    stage
    stash
```

Eine Abhilfe wäre die Definition von Aliassen, damit nur noch `git st` für `git status` getippt werden muss. Das hilft aber nicht, wenn ein Befehl seltener eingegeben wird und Sie dafür kein Alias angelegt haben. Gegen Tippfehler hilft eine automatische Korrektur, die Sie über einen Konfigurationsschalter wie folgt aktivieren können:

```
$ git config --global help.autocorrect 1
```

Wer anschließend das obige Beispiel nochmals ausführt, sieht, dass es gar nicht half. Das liegt daran, dass Git nicht weiß, ob »statu« nun für »status«, »stage« oder »stash« stehen sollte. Anders sieht es aus, wenn `git stats` ausgeführt wird:

```
$ git stats
Warnung: Sie haben den nicht existierenden Git-Befehl 'stats'
ausgeführt.
Setze in 0.1 Sekunden fort unter der Annahme, dass Sie 'status' meinten.
```

Wie Sie sehen, wird der Befehl nach 0,1 Sekunden ausgeführt. Dies ist die Anzahl der Zehntelsekunden, die Sie beim Setzen des Konfigurationsschalters angegeben haben. Wenn er erst nach einer Sekunde automatisch ausgeführt werden soll, dann kann auch einfach 10 gesetzt werden.

9.18 Git Worktree

In der Regel klont man sich ein Git-Repository, in dem auch ein Arbeitsverzeichnis eines Branches ausgecheckt ist. Je nach Projektart kann es passieren, dass eine einzelne Arbeitskopie nicht reicht. Das ist etwa dann der Fall, wenn Sie ein Projekt kompilieren müssen, was einige Zeit in Anspruch nimmt, Sie in derselben Zeit aber auf einem anderen Branch weiterarbeiten möchten. Im Standard geht das mit einem geklonten Repository nicht, da sich beim Wechsel des Branches das Arbeitsverzeichnis verändert und somit auch die Kompilierung nicht voll durchläuft bzw. es zu Fehlern kommt.

An dieser Stelle machen einige Folgendes: einen weiteren Klon des Repositorys anlegen und darin weiterarbeiten. Das ist aus gleich mehreren Gründen eine nicht optimale Option. Zum einen verliert man die ganze Konfiguration eines Git-Repositorys, darunter fallen insbesondere die Konfiguration von Remote-Repositorys und die angelegten lokalen Branches und Commits. Bei dem zweiten Klon kann man zwar die Remote-Repositorys konfigurieren, zwischen rein lokalen Branches zu wechseln, ist dann aber schwieriger. Ein weiterer Grund ist der Plattenplatz, da gleich zweimal das gleiche Repository Platz auf der Festplatte belegt. Bei kleinen Repositorys ist das vielleicht weniger relevant und verschmerzbar, bei größeren Repositorys kann das aber durchaus ungünstig sein.

Eine Lösung für das Problem bietet `git worktree`. Mit `worktree` lassen sich mehrere Arbeitsverzeichnisse handhaben, die zu einem Repository gehören. Damit kann man gleich mehrere Branches in verschiedenen Ordnern auschecken und damit arbeiten. Im Endeffekt hat man allerdings weiterhin nur ein Repository, in dem alle Revisionen und Objekte gespeichert sind.

Ein zusätzlicher Worktree kann recht einfach angelegt werden. Der Befehl ist allerdings vergleichsweise lang. Wenn man sich schon in einem Arbeitsverzeichnis eines Git-Repositorys befindet, dann reicht folgender Befehl, um einen weiteren Worktree anzulegen:

```
$ git worktree add -b fix/0815 ../temp-worktree master
```

Der Subbefehl `worktree` ist wohl genauso klar wie der Parameter `add`, um einen weiteren Worktree anzulegen. Mit `-b fix/0815` gibt man den Namen des neuen Branches an, der für den Worktree genutzt werden soll – dies ist somit äquivalent zu `git switch -c fix/0815`. Danach folgt der Pfad, wo der Worktree lokal hingesetzt werden soll. Zum Schluss noch der Name des Branches, von dem der neue Branch angelegt werden soll, in diesem Fall einfach `master`.

Das Ganze geht auch etwas einfacher, wenn man nicht einen neuen Branch anlegen möchte:

```
$ git worktree add ../fix-4711
```

Wenn man anschließend in den Worktree wechselt und schaut, auf welchem Branch man sich befindet, dann ist es der neue Branch `fix-4711`. Als Basis-Branch wurde dafür automatisch der aktuelle Branch genommen. Wie man sieht, legt Git Worktree automatisch den Worktree an dem angegebenen Verzeichnis an und den Branch mit demselben Namen. Mit `list` können Sie sich alle Worktrees anzeigen lassen.

```
$ git worktree list
/home/sujee/Repositorys/svijorg      bbc5c37 [master]
/home/sujee/Repositorys/fix-4711     bbc5c37 [fix-4711]
```

Wenn man die Arbeit an einem Worktree abgeschlossen hat und ihn nicht mehr braucht, kann man den Worktree einfach entfernen, etwa mit `rm`. Anschließend sollte man nur die Referenz im eigentlichen Repository löschen.

```
$ rm -rf ../fix-4711
$ git worktree prune
```

Die Referenzen auf nicht erreichbare bzw. nicht existente Worktrees werden von der Garbage Collection nach und nach selbst gelöscht. Wenn man allerdings Worktrees auf potenziell nicht erreichbaren Verzeichnissen ablegt, also auf mobilen oder Netzwerk-Datenträgern, dann kann man sie auch locken, um ein `prune` von der GC zu verhindern.

Die übliche Handhabung von Worktrees ist sonst wie in einem normalen Repository auch: Man kann wie gehabt von allen Worktrees aus Branches anlegen, Commits erzeugen und die Änderungen pushen und pullen.

Für viele dürfte `git worktree` ein Feature sein, das sie nicht brauchen, für einige wiederum ist dies doch ein sinnvolles Feature von Git, was man hin und wieder gebrauchen kann und dabei etwas Arbeit und Zeit spart.

9.19 Liquid Prompt für Git

Liquid Prompt ist kein Tool von Git selbst, es unterstützt aber unter anderem die Nutzung von Git auf der Bash und zsh. Liquid Prompt bietet auch andere Funktionen, auf die hier aber nicht weiter eingegangen werden soll.

Wenn die Git-Bash unter Windows genutzt wird, fällt wohl Linux- und macOS-Nutzern eine Kleinigkeit auf, die unter ihrem System defaultmäßig nicht verfügbar ist. In der Git-Bash wird nämlich der aktuell ausgecheckte Branch angezeigt, dies ist auf den anderen Plattformen nicht automatisch enthalten. Liquid Prompt beeinflusst das Verhalten des Prompts. Der Prompt ist der Teil auf der Kommandozeile, der vor der eigentlichen Eingabe steht. Unter der Git-Bash unter Windows sieht es defaultmäßig etwa so aus:

```
svij@svij-pc MINGW64~
$
```

Nach dem $ kann der eigentliche Befehl eingetippt werden. Wenn Sie in ein Verzeichnis wechseln, in dem ein Git-Repository liegt, zeigt Git-Bash den aktuellen Branch an. Das gehört noch zu den grundlegendsten Funktionen von Liquid Prompt im Zusammenspiel mit Git.

9.19.1 Installation

Liquid Prompt lässt sich mit der Bash und der zsh als Shell nutzen. Es läuft somit auf allen Betriebssystemen, die Bash oder zsh zur Verfügung stellen. Dies lohnt sich also auch für Windows-Nutzer. Die Installation ist relativ einfach, da nur das Git-Repository geklont und in der genutzten Shell aktiviert werden muss:

```
$ git clone https://github.com/nojhan/liquidprompt.git
```

In der Bash können Sie Liquid Prompt aktivieren, indem Sie folgenden Befehl ausführen:

```
$ source liquidprompt/liquidprompt
```

Dadurch wurde Liquid Prompt ein einziges Mal aktiviert. Um es dauerhaft beim Start der Bash zu aktivieren, müssen Sie den Befehl in die `.bashrc` eintragen. Beachten Sie dabei allerdings, dass der Pfad zur Datei `liquidprompt/liquidprompt` entweder absolut oder relativ ausgehend vom Home-Verzeichnis angegeben werden muss. Wer die Standard-Optionen von Liquid Prompt anpassen möchte, kann die Datei `liquidprompt/liquidpromptrc-dist` nach `~/.liquidpromptrc` kopieren. Hierbei handelt es sich um eine kommentierte Konfigurationsdatei. Die Installation ist damit abgeschlossen. Falls eine neue Version von Liquid Prompt erscheint, muss lediglich ein `git pull` im Repository ausgeführt werden, um die Updates aus dem Branch `master` zu laden.

9.19.2 Im Einsatz mit Git

Bisher habe ich noch nicht thematisiert, was Liquid Prompt alles kann. Wie zuvor schon beschrieben, wird der aktuelle Branchname angezeigt, wenn ein Verzeichnis betreten wird. Dies kann Liquid Prompt nicht nur für Git, sondern auch für Subversion, Mercurial, Fossil und Bazaar.

Wenn das Arbeitsverzeichnis des Repositorys sauber ist, also wenn dort keine neuen Dateien liegen und keine Änderungen durchgeführt wurden, wird nur der Branchname angezeigt. Das sieht dann in etwa so aus:

```
[sujee@svij-pc:~/Repositorys/meineWebsite] master ±
```

Liquid Prompt stellt gleich mehrere Informationen im Prompt dar: den Benutzernamen, den Namen des Systems, das aktuelle Verzeichnis sowie den ausgecheckten Branch. Die Ausgabe ist farblich hervorgehoben. Praktischer wird es, wenn man Änderungen gemacht hat, die noch nicht in ein Commit geschoben wurden. Liquid Prompt zeigt dann direkt an, wie viele Zeilen hinzugefügt und gelöscht wurden, und mit einem Stern wird dargestellt, ob neue Dateien im Arbeitsverzeichnis liegen. Wenn man einzelne Dateien zum Staging-Bereich hinzufügt, dann verringert sich die Anzeige der geänderten Zeilen auf (+0/-0). So ist sofort erkennbar, ob noch Dateien fehlen oder zusätzlich verändert wurden.

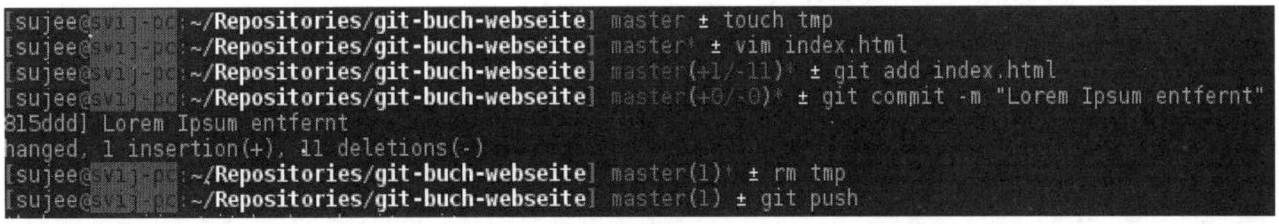

Abb. 9.2: Liquid Prompt im Einsatz mit Git-Repositorys

Vor allem Anfänger vergessen zu Beginn, ihre Änderungen zu pushen. Auch dafür hat Liquid Prompt eine sinnvolle Lösung: Commits, die noch nicht gepusht wurden, werden mit der Anzahl der zu pushenden Commits in Klammern im Prompt dargestellt. Dadurch ist die Wahrscheinlichkeit geringer, dass vergessen wird, die Änderungen zu pushen.

Liquid Prompt besitzt noch weitere Funktionen, die über Git hinausgehen, so kann unter anderem die Uhrzeit und der Ladelevel des Akkus angezeigt werden.

9.20 Zusammenfassung

Einige der genannten Punkte werden häufiger und einige weniger häufig gebraucht. Das Log werden sich die meisten vermutlich häufiger in einer grafischen Anwendung ansehen, während das Reflog immer zurate gezogen werden sollte, wenn man etwas »kaputt« gemacht hat.

> **Überblick der eingeführten Befehle**
>
> - `git config alias`
>   - Setzen von Aliassen, um lange Befehlsketten mit Abkürzungen aufrufen zu können.
> - `git log`
>   - Ansehen der Historie des Repositorys
> - `git reflog`
>   - Auflistung der getätigten Aktionen im Repository
> - `git gc`
>   - Anstoßen der Garbage-Collection, um nicht erreichbare Git-Objekte zu säubern
> - `git blame`
>   - Auflistung der Autoren und der Commit-ID pro Zeile pro Datei
> - `git diff --word-diff`
>   - Zeigt die Änderungen wort- statt zeilenweise an.
> - `git grep`
>   - Suche von Datei-Inhalten
> - `git add -p`
>   - Mit dem Parameter -p können auch einzelne Änderungen aus demselben Bereich in den Staging-Bereich geschoben werden.
> - `git bisect`
>   - Bietet die Möglichkeit, auf Fehlersuche im Programmcode zu gehen, indem eine einfache Möglichkeit geboten wird, um eine binäre Suche zwischen zwei Commits durchzuführen.
> - `git format-patch`
>   - Erzeugt Patch-Dateien aus Commits, die als Datei vorliegen und in einem anderen Klon des Repositorys angewandt werden können.
> - `git apply`
>   - Anwendung von herkömmlichen Patch-Dateien

- `git am`
  - Anwendung von Patch-Dateien, die mittels `format-patch` erzeugt wurden
- `git submodule`
  - Handhabung von Submodulen, die als eigenständige Repositorys in einem anderen Repository eingebunden werden.
- `git filter-branch`
  - Die Historie kann mit diesem Befehl komplett neu geschrieben werden, um etwa Dateien mitsamt ihrer Historie komplett zu entfernen.

Kapitel 10

Grafische Clients

Git-GUI-Clients werden von vielen als leidiges Thema angesehen. Die einen schwören voll und ganz auf die Kommandozeile, die anderen ausschließlich auf bestimmte grafische Programme und wieder andere nutzen einen Mix. Fakt ist, dass es nicht »das« grafische Git-Programm gibt, was nicht zuletzt daran liegt, das Git schließlich ein Kommandozeilen-Programm ist und bleibt. Es gibt eine Fülle von grafischen Programmen, die einige Git-Funktion komfortabel oder auch weniger komfortabel umsetzen. Jede der Anwendungen, die in diesem Kapitel vorgestellt werden, haben daher Vor- und Nachteile. Das fängt schon damit an, dass nicht jede einzelne Anwendung auf den drei gängigen Betriebssystemen Windows, macOS und Linux läuft. Die einen Tools funktionieren nur unter Windows und Mac, die anderen wiederum nur unter Linux. Jeder muss für sich selbst auswählen, welches Programm er in welcher Art und bis zu welchem Grade nutzen möchte. Dieses Kapitel bietet einen Überblick über grafische Git-Clients und geht grundsätzlich auf die Idee und die Ausrichtung der Bedienung sowie auf die Vor- und Nachteile ein.

Generell gibt es verschiedene Arten von grafischen Git-Programmen. Da sind etwa Programme, die komplett eigenständig arbeiten, dazu gehören beispielsweise GitHub Desktop oder SourceTree. Diese bieten Funktionen wie die Anzeige von Commits, Diffs und Logs innerhalb eines oder weniger Fenster. Eine weitere Kategorie grafischer Git-Programme ist die Einbindung in den Datei-Explorer, TortoiseGit gehört zu den bekannteren und wird auch von einigen Subversion-Nutzern in der Subversion-Ausgabe genutzt. Die dritte Kategorie ist die Einbindung von Git in die genutzten Editoren bzw. Entwicklungsumgebungen, die die gängigen Funktionen über wenige Klicks aus der Entwicklungsumgebung erreichbar machen.

10.1 Git GUI

Informationen

Betriebssysteme: Windows, macOS, Linux

Lizenz: Open Source

Kosten: keine

Download: mitgeliefert in Git-Installation oder `git-gui`-Paket unter gängigen Linux-Distributionen installieren

Kapitel 10
Grafische Clients

Den Einstieg macht Git GUI. Dieses Programm wurde bereits am Ende von Kapitel 2 kurz eingeführt. Es ist eine der Anwendungen, die auf jedem der drei Betriebssysteme läuft, und es wird bei der Installation von Git mitgeliefert. Es ist somit die erste Wahl für ein grafisches Tool, wenn man nicht auf die Schnelle noch ein weiteres Programm installieren möchte. Positiv hervorzuheben ist zudem, dass es sich um ein Open-Source-Programm handelt.

Im zweiten Kapitel habe ich Ihnen einen kleinen Einblick in das Anschauen von Diffs und das Committen von Änderungen gegeben. Während die bereits vorgestellten Funktionen und Anzeigen in der Standard-Ansicht ausgegeben werden, verstecken sich die übrigen Funktionen in der Menü-Leiste. Ein großes Design hängt nicht dahinter, denn die Funktionen werden schlicht nur gruppiert aufgelistet. Darunter Funktionen zum Branching, Committen, Mergen und für die Arbeit mit Remote-Repositorys. Größter Vorteil von Git GUI ist, dass sich die gängigsten Git-Kommandos mit wenigen Klicks durchführen lassen. Das Herunterladen der Daten von Remote-Repositorys ist etwa mit zwei Klicks erledigt und das Mergen von zwei Branches mit weiteren drei Klicks.

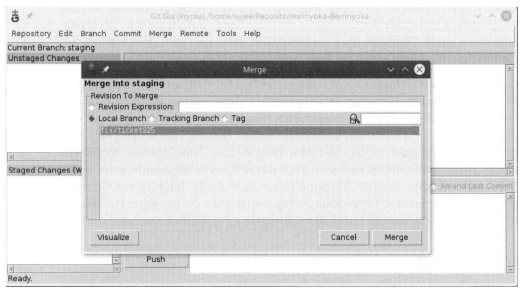

Abb. 10.1: MERGE → LOCAL MERGE öffnet einen Dialog zum Mergen von Branches.

Speziellere Funktionen wie Rebasen sind nicht enthalten, stattdessen gibt es für viele der über das Menü erreichbaren Funktionen eigene Tastaturkürzel, um schneller ans gewünschte Ziel zu kommen. Eine eigene Ansicht der Historie des Repositorys von einzelnen und aller Branches gibt es in Git GUI nicht – dafür ist allerdings Gitk da, was ebenfalls in der Standardinstallation mitgeliefert wird. Mehr zu Gitk findet sich im nächsten Abschnitt.

Bei Git GUI sind die einfachsten Git-Funktionen prinzipiell über eine schnell und mit wenigen Klicks erreichbare Menü-Struktur erreichbar. Vorhanden sind nur häufig genutzte Git-Kommandos und das dürfte für die meisten ausreichen. Zu den Nachteilen gehört wohl, dass es nicht sonderlich hübsch aussieht. Besonders hervorhebenswerte Funktionen fehlen, dafür ist es wenigstens gut bedienbar und recht übersichtlich.

10.2 Gitk

Informationen
Betriebssysteme: Windows, macOS, Linux
Lizenz: Open Source
Kosten: keine
Download: mitgeliefert in Git-Installation oder `gitk`- oder `tk`-Paket unter gängigen Linux-Distributionen installieren

Auf den ersten Blick ist die Funktionsvielfalt von Gitk sehr unscheinbar. Gitk ist neben Git GUI das grafische Programm, das in der Standard-Installation von Git unter Windows und einigen Linux-Distributionen mitgeliefert wird. Ob es automatisch mitinstalliert wird, hängt von dem eingesetzten Betriebssystem bzw. dem Paket-Manager der Linux-Distribution ab. Unter diversen Linux-Distributionen muss Gitk bzw. das Paket »tk« gegebenenfalls separat installiert werden. Äquivalent zu Git GUI sollten Sie auch Gitk ohne deutsche Übersetzung nutzen, da sie auch hier unverständlich ist. Ähnlich wie Git GUI glänzt es nicht gerade mit einer schönen Benutzeroberfläche. Trotzdem verbergen sich viele interessante Funktionen dahinter.

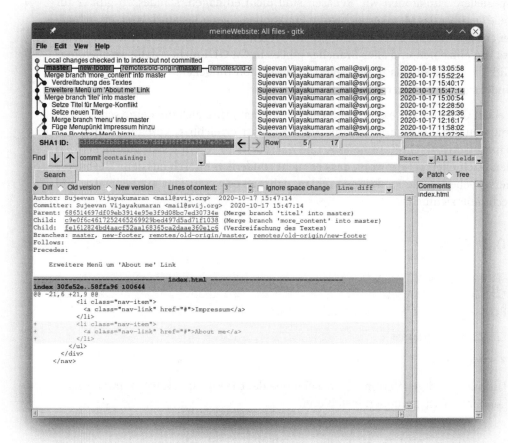

Abb. 10.2: Gitk-Screenshot

Die Standard-Ansicht beim Starten von Gitk teilt sich in zwei horizontale Abschnitte. Im oberen Teil befindet sich die Git-Historie mit den Commits und Branches sowie den dazugehörigen Autoren und der Commit-Uhrzeit. Im unteren Teil des Fensters sind die Diffs des oben ausgewählten Commits zu sehen sowie die veränderten Dateien bzw. der Datei-Baum des Repositorys.

Bis zu diesem Punkt ist an Gitk nicht wirklich etwas Besonderes anzumerken. Über das Menü finden sich auch auf den ersten Blick nicht sonderlich viele Optionen. Eine davon sind definierbare Views, die auf verschiedene Art und Weise eingesetzt werden können. In Kapitel 9 habe ich Ihnen eine Möglichkeit gezeigt, wie Sie mit `git log` eigene Abfragen ausführen und definieren können, um das Log auf gewünschte Faktoren zu filtern. In Gitk ist das auch grafisch möglich, das betrifft nicht nur die Definition, sondern auch das Betrachten der Historie.

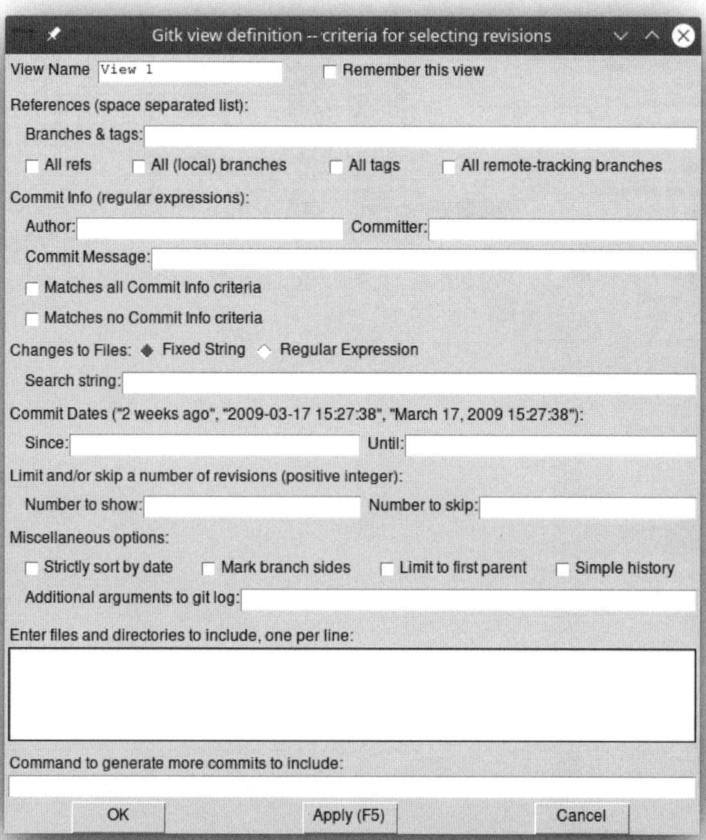

Abb. 10.3: Views in Gitk anlegen

Die Oberfläche zum Erstellen einer angepassten View ist größtenteils selbsterklärend, wie auf dem Screenshot zu sehen ist. So können Sie verschiedene Faktoren nutzen, um die Commits und Branches der Historie zu filtern. Eine Filterung der Commits der letzten zwei Wochen von einem bestimmten Autor über alle Branches des Repositorys ist recht flott angelegt. Von Vorteil ist, dass die Views sowohl für einmaliges Anschauen genutzt werden können als auch eine Speicherung möglich ist, und auch während der Definition der View kann sie direkt angewandt werden, etwa um sie zu testen.

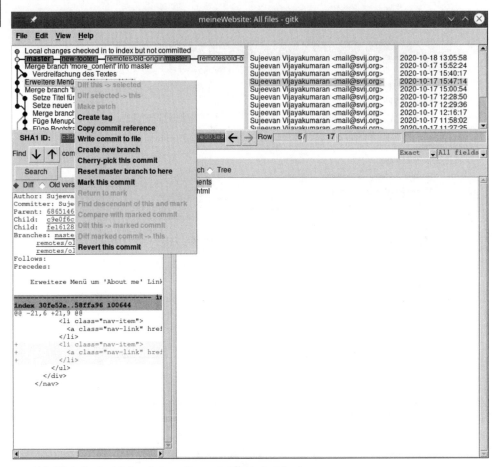

Abb. 10.4: Rechtsklick auf einen Commit öffnet ein Menü.

Wie bereits erwähnt, lassen sich die meisten Funktionen von Gitk nicht über das Menü erreichen. Die einzelnen Commits der Commit-Historie können Sie mit der Maus auswählen, wofür dann der entsprechende Diff im unteren Teil des Fensters angezeigt wird. Durch einen Rechtsklick auf einen Commit klappt ein weiteres Menü auf, in dem sich einige Optionen verbergen. Dort können Sie, abhängig vom ausgewählten Commit, unter anderem Tags oder Branches einfach anlegen. Wie am Screenshot zu erkennen ist, sind einige Optionen ausgegraut und können nicht angeklickt werden. Auch diese lassen sich ausführen, sind aber größtenteils abhängig von zwei Commits. Eine Möglichkeit ist auch, ein Diff zwischen zwei Commits anzuzeigen, zwischen denen noch weitere Commits liegen. Dazu müssen Sie einen der Commits mit einem linken Mausklick auswählen. Der zweite Commit muss anschließend mit einem Rechtsklick ausgewählt werden, um die übrigen Optionen ausführbar zu machen.

Gitk bietet also einen einfachen Zugang zur Git-Historie und zum Anschauen einzelner Commits. Durch die definierbaren Views lassen sich auch speziellere Views erzeugen und speichern. Wie auch Git GUI ist Gitk nicht sonderlich schön. Ein Blick darauf lohnt sich durch die relativ einfache Bedienung trotzdem, vor allem, wenn man Gitk und Git GUI als zusätzliche Tools neben der Kommandozeile nutzt.

10.3 SourceTree

Informationen
Betriebssysteme: Windows, macOS
Lizenz: proprietär
Kosten: keine – Registrierung notwendig
Download: https://www.sourcetreeapp.com

SourceTree ist ein grafischer Git-Client, der von der Firma Atlassian entwickelt wird. Das Programm unterstützt nicht nur Git, sondern auch das Versionskontrollprogramm Mercurial. Es ist für Windows 7 aufwärts und macOS ab Version 10.9 verfügbar. Für Linux-Distributionen existiert die Anwendung nicht.

Der Download und die Installation sind kostenlos, bedürfen aber einer kostenfreien Registrierung inklusive Akzeptierung der Lizenz-Vereinbarung sowie der Datenschutz-Bestimmungen. Quelloffen ist die Anwendung nicht. Bei der Installation müssen Sie zunächst einen Atlassian-Account erstellen, um sich in der Anwendung damit einzuloggen.

Noch während der Installation können Sie sich auf BitBucket, BitBucket Server oder GitHub einloggen. Nach der Installation erscheint ein Fenster von PuTTY, das als Authentifizierungsagent dient. Dieser handhabt die SSH-Schlüssel. PuTTY nutzt aber ein eigenes Format, weshalb zuvor generierte SSH-Schlüsselpaare nicht direkt genutzt werden können. Entweder können Sie PuTTY verwenden, um neue Schlüssel zu generieren, oder zuvor generierte Schlüssel laden, die anschließend in das PuTTY-Format umgewandelt werden. Es gibt diverse Einstellungen, etwa ob das eingebettete Git oder das System-Git genutzt werden soll oder statt Putty OpenSSH. Defaultmäßig wird, sofern vorhanden, das auf dem System installierte Git genutzt, alternativ ist auch die eingebettete Git-Nutzung möglich, die eventuell veraltet ist.

Kapitel 10
Grafische Clients

SourceTree ist eine Git-Anwendung, die alle wichtigen Funktionen mitbringt, um mit Git arbeiten zu können. Die deutschen Übersetzungen von Git-Funktionen sind innerhalb von SourceTree nur geringfügig besser als bei Gitk und Git GUI. Auch hier ist es empfehlenswert, auf die deutsche Übersetzung zu verzichten, immerhin kann es sehr einfach in den Optionen auf Deutsch umgestellt werden, danach ist ein Neustart der Anwendung nötig.

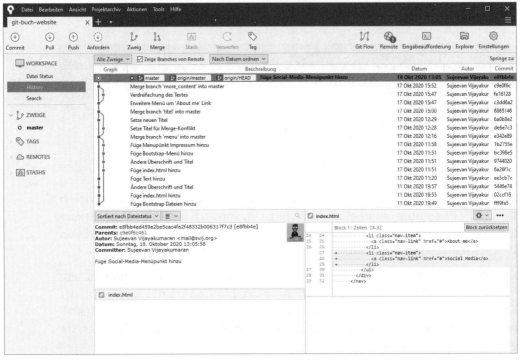

Abb. 10.5: Repository-Ansicht in SourceTree

SourceTree bietet viele verschiedene und praktische Funktionen direkt auf der Oberfläche an. Am oberen Rand befindet sich unter der Menü-Leiste eine Leiste mit den verschiedenen Git-Funktionen. Diese sind mit Icons versehen, sodass gut zu erkennen ist, welche Funktion was ausführen wird. Links befindet sich eine Leiste mit den Git-Repositorys, die mit SourceTree verwaltet werden. Vorhandene Repositorys können mit wenig Aufwand geklont bzw. importiert werden. Größter Vorteil bei der Auflistung der Repositorys ist, dass auch bei einer großen Anzahl auf den ersten Blick ersichtlich ist, welcher Branch jeweils ausgecheckt ist. Durch weitere kleine Icons wird ebenfalls visualisiert, ob unveröffentlichte Commits vorhanden sind, die noch nicht auf das Remote-Repository gepusht wurden. Die Anzeige erfolgt auch in der oberen Icon-Leiste.

Im restlichen Teil des Fensters finden sich alle Aktionen zu im Repository relevanten Daten. Dies ist zum einen die Ansicht der Git-Historie und der Diffs, diese sind äquivalent zu Gitk. Ebenfalls werden die Branches dort aufgelistet und mit Doppelklicks lassen sie sich einfach auschecken.

SourceTree erlaubt auch die komfortable Nutzung von Git Flow. Hierfür existiert ein separates Bedienelement in der oberen Leiste. Beim ersten Klick wird es eingerichtet und anschließend lässt sich einfach ein Name definieren, der dann abhängig davon ist, ob es sich um einen Feature-, Hotfix- oder Release-Branch handelt. Die Branches werden abhängig von ihren Namen in der Branchliste in einer Ordnerstruktur gruppiert.

Falls Sie die eingebauten Funktionen von SourceTree nicht verwenden oder aus bestimmten Gründen die Git-Bash benötigen, ist das Terminal nicht weit weg. Auch das Rebasen von Branches ist über SourceTree möglich, allerdings kein Force-Push. Dafür müssen Sie wiederum die Kommandozeile bemühen.

Zu den wesentlichen Vorteilen von SourceTree gehört das moderne Design, die große Anzahl an Features, die ich hier nicht annähernd vollständig beleuchtet habe, und die sinnvolle Integration von Git Flow. Nachteilig sind die teils überladene Oberfläche und die Ratlosigkeit, falls es zu Fehlern kommt.

10.4 GitHub Desktop

Informationen

Betriebssysteme: Windows, macOS

Lizenz: Open Source

Kosten: keine

Download: `https://desktop.github.com`

GitHub Desktop ist ein Tool, das ausschließlich GitHub als Git-Server unterstützt. Es ist auch der offizielle Client von GitHub, der unter Windows und macOS läuft. Eine Version für Linux ist nicht verfügbar.

Die Installation ist soweit selbsterklärend. Beim erstmaligen Starten werden Benutzername und Passwort abgefragt, anschließend die Git-Konfiguration mit dem Namen und der E-Mail-Adresse. Standardmäßig werden die im Account hinterlegten Daten verwendet.

Kapitel 10
Grafische Clients

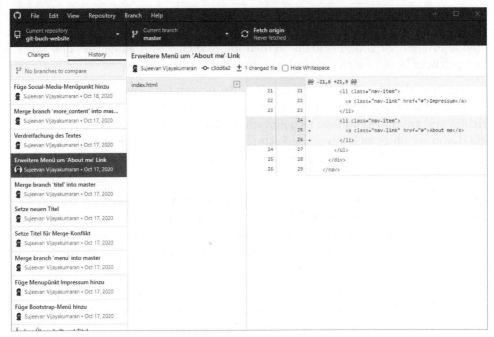

Abb. 10.6: GitHub Desktop nach der ersten Einrichtung

GitHub Desktop macht die lokale Einrichtung und somit den Einstieg sehr einfach. Nach dem Login über die Anwendung wird automatisch ein SSH-Key erzeugt und der öffentliche Teil selbstständig in den eingeloggten GitHub-Account eingetragen. Die erzeugten SSH-Keys liegen im .ssh-Verzeichnis des Benutzerkontos und heißen github_rsa bzw. github_rsa.pub.

Die Anwendung ist aufgeräumt und übersichtlich. Links oben findet sich ein Menü, in dem die lokalen Repositorys aufgeführt werden. Im Hauptfenster können Sie entweder die Historie oder die Änderungen anschauen und dann auch die Commits tätigen. Praktisch ist, dass sich über die Anwendung auch direkt ein Pull-Request erstellen lässt und auch für das Pushen von Repositorys gibt es natürlich einen Button. Dieser nennt sich in diesem Fall bloß PUBLISH. Ebenfalls ist das Anlegen neuer Branches über die Menü-Leiste möglich.

Zu GitHub Desktop gibt es prinzipiell nicht sehr viel zu sagen. Die Benutzeroberfläche ist größtenteils selbsterklärend, sofern Sie Kenntnisse von Git haben. Die Einfachheit der Oberfläche ist gleichzeitig auch ein Nachteil, tiefer gehende Funktionen, wie man sie etwa bei Gitk oder SourceTree findet, sind nicht vorhanden. GitHub Desktop konzentriert sich im Wesentlichen auf die einfachen und gängigen Funktionen, die zudem sehr gut mit GitHub verbunden sind. Dies betrifft allerdings auch nur die Git-Repository-Funktionen. Zusätzliche Dienste wie der Issue-Tracker oder das Reviewen von Pull-Requests sind nur über die Website zu erreichen.

10.5 Gitg

Informationen
Betriebssysteme: Linux
Lizenz: Open Source
Kosten: keine
Download: `gitg`-Paket

Gitg gehört zu den grafischen Programmen, die ausschließlich unter Linux laufen. Es ist Teil des GNOME-Projekts und erscheint im selben, etwa halbjährlichen Rhythmus und trägt auch eine ähnliche Versionsnummer.

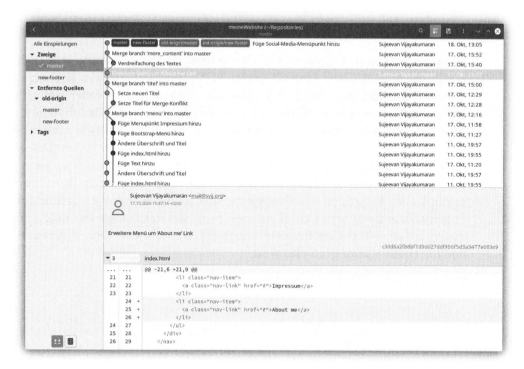

Abb. 10.7: Gitg-Screenshot

Traditionell auch hier der Hinweis: Nutzen Sie es nur auf Englisch! Die Beschreibung eines Menüpunkts lautet beispielsweise »Neue Einspielpunkte erstellen und den Bereitstellungsbereich«. Nach ein wenig Überlegen kommt man vielleicht darauf, dass es die Übersetzung für »Create new commits and manage the staging area« ist. Nichtsdestotrotz bietet auch Gitg die gängigen Git-Funktionen in der Anwendung an. Es eignet sich am besten zum Anschauen der Git-Historie und zum Anlegen und Zusammenführen von Branches. Eine Definition spezieller Views wie bei Gitk gibt es nicht. Durch den geringen Funktionsumfang ist die Bedienung einfach und vieles ist mit wenigen Klicks zu erreichen.

10.6 Tig

Informationen
Betriebssysteme: Linux
Lizenz: Open Source
Kosten: keine
Download: `tig`-Paket

Es muss nicht immer ein grafisches Programm sein und es muss auch nicht immer das reine Git sein. Eine Alternative ist Tig, hierbei handelt es sich um ein Terminal-User-Interface für Git, das es für verschiedene Betriebssysteme gibt, die Installation ist aber am einfachsten unter einer gängigen Linux-Distribution. Die Anwendung läuft demnach nur in der Kommandozeile und mittels zahlreicher Tastenkürzel, die sich durch das Drücken der Taste [h] auflisten lassen. Defaultmäßig wird die Git-Historie mit aktuellen und gemergten Branches aufgelistet. Über die Liste können Sie navigieren und sich das Diff anschauen. Es dient hauptsächlich zum Betrachten des Repositorys und ist weniger ein Programm, um Commits oder Branches zu erstellen, auch wenn dies möglich ist. Das Programm basiert auf dem Text-User-Interface »ncurses«, weshalb vor allem zeilenbasiert und mit einem Cursor gearbeitet wird.

Am einfachsten lässt sich tig wie folgt starten:

```
$ tig
```

Für tig gibt es aber auch einige Sub-Kommandos, wie sie bei Git bekannt sind und die sich ähnlich wie Git verhalten:

```
$ tig show
$ tig blame <Dateiname>
$ tig status
```

Abb. 10.8: tig-Screenshot

Diese Applikation richtet sich vor allem an Konsolen-Power-Nutzer, die schnell arbeiten wollen. Dazu müssen wie bei vielen TUI-Anwendungen die Tastenkürzel verinnerlicht oder nachgeschlagen werden.

10.7 TortoiseGit

> **Informationen**
>
> Betriebssysteme: Windows
>
> Lizenz: Open Source
>
> Kosten: keine
>
> Download: https://tortoisegit.org

TortoiseGit richtet sich an Windows-Nutzer. Es bindet sich in den Windows-Explorer ein und arbeitet ähnlich wie das Schwesterprodukt TortoiseSVN. Nach der Installation und dem Neustart des Rechners erscheinen kleine Icons an den Dateien in Git-Repositorys bei der Ansicht im Windows-Explorer. Diese Icons zeigen den Status im Repository auf dem aktuellen Branch an.

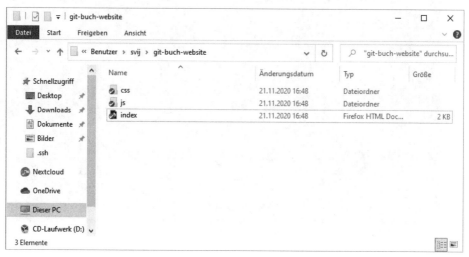

Abb. 10.9: TortoiseGit integriert sich in den Windows-Explorer.

Immerhin: Bei TortoiseGit muss die deutsche Übersetzung separat installiert werden, worauf man wohl auch hier getrost verzichten kann. Durch die tiefe Integration in den Windows-Explorer besitzt TortoiseGit kein eigenständiges Fenster, wie man es von den anderen grafischen Git-Clients gewohnt ist. Wenn mit dem Repository gearbeitet werden soll, erfolgt das meist über das Rechtsklick-Menü auf einzelne Dateien.

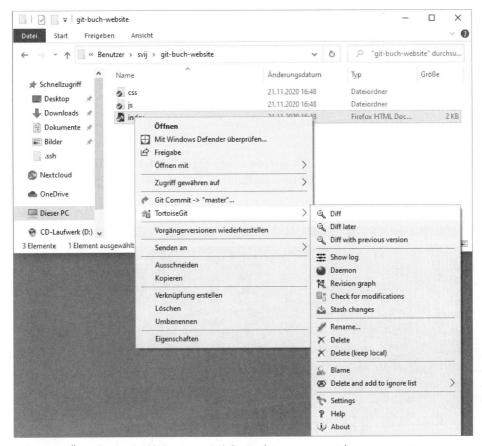

Abb. 10.10: Über das Rechtsklick-Menü sind die Funktionen zu erreichen.

Einige der über das Rechtsklick-Menü erreichbaren Funktionen öffnen eigene Fenster, etwa wenn Sie das Diff anschauen oder eine Commit-Message eintippen möchten. Der wohl größte Nachteil bei TortoiseGit ist, dass man durch die Nutzung kaum ein Verständnis von Git erlangt. Git ist im Gegensatz zu anderen Versionsverwaltungsprogrammen nicht auf den Dateibaum fokussiert. Es ist nicht ersichtlich, welcher Branch zurzeit ausgecheckt ist. Häufig wird TortoiseGit von Subversion-Umsteigern genutzt, die dort TortoiseSVN verwendet haben. Obwohl die Bedienung ähnlich ist, führt dies nicht zu einem Verständnis von Git, da es doch viel zu verschieden ist. Weiterhin sind einige Fenster ziemlich überladen mit Optionen und Eingabefeldern. Zu den wenigen Vorteilen gehört die gute und nahtlose Integration in den Windows-Explorer.

10.8 GitKraken

> **Informationen**
>
> Betriebssysteme: Windows, macOS, Linux
>
> Lizenz: proprietär
>
> Kosten: keine für Privatpersonen, 49 US-Dollar pro Jahr für die kommerzielle Nutzung pro Person – Registrierung notwendig
>
> Download: https://www.gitkraken.com/

GitKraken ist ein Git-Client, der auf allen drei Betriebssystemen läuft und mittlerweile einiges an Popularität gewonnen hat.

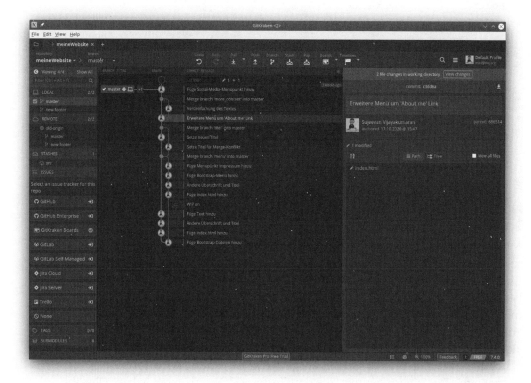

Abb. 10.11: GitKraken

Generell sei darauf hingewiesen, dass GitKraken nicht Open Source ist und nur für Privatpersonen kostenfrei nutzbar ist. Bei einem kommerziellen Einsatz verlangt die Firma hinter GitKraken 49 US-Dollar pro Person pro Jahr. GitKraken ist dunkel gehalten und bringt eine Integration mit GitHub.com, GitLab.com und Bitbucket.org mit. Beim ersten Login müssen Sie GitKraken im entsprechenden Account einige Rechte gewähren. In der linken Seitenleiste finden sich lokale und Remote-Branches. Eine nette Funktion ist die Auflistung von Pull-Requests, auch wenn diese dann im Browser angezeigt werden. Durch Drag&Drop lassen sich Pull-Requests auf GitHub erstellen. Ähnlich wie bei SourceTree ist auch eine Anbindung an Git Flow vorhanden. Viele Einstellungen lassen sich noch nicht ändern, allerdings sieht die Anwendung vielversprechend aus.

10.9 Weiteres

Neben den hier kurz vorgestellten Git-GUI-Programmen gibt es noch einige andere, die Sie verwenden können. Für macOS gibt es noch einige kostenlose und kostenpflichtige Clients wie Tower oder Git Fork. Auch für Windows gibt es weitere Tools, darunter Git Extensions oder SmartGit. Wichtig bei der Auswahl eines GUI-Programms ist der gewählte Workflow und natürlich das persönliche Empfinden. Noch wichtiger ist es allerdings, vorher bereits die Kommandozeile genutzt zu haben, um zu wissen, welcher Befehl im Hintergrund ausgeführt wird, und was im Hintergrund alles passiert. Falls Sie einmal nicht mehr weiterwissen, können Sie immer noch `git status` auf der Kommandozeile ausführen, das meist zur Lösung des Problems beiträgt.

Kapitel 11

Nachvollziehbare Git-Historien

»Je weiter mein Projekt voranschreitet, desto weniger informativ werden meine Git-Commit-Messages.«[1]

Dieses Kapitel befasst sich mit der Nachvollziehbarkeit der Git-Historie. Dies umfasst sowohl den Inhalt der Commit-Message als auch die Änderung im Commit selbst und was es dazu zu beachten gilt. Ziel des Ganzen ist es, aufzuzeigen, was alles getan werden muss, um eine nachvollziehbare Git-Historie zu erstellen. Denn was bringt eine Versionskontrolle wie Git, wenn man seine früheren Änderungen nicht mehr nachvollziehen kann?

Viele Informationen aus diesem Kapitel stammen aus dem englischsprachigen Blogpost von Chris Beams, der sich unter dieser URL findet: https://chris.beams.io/posts/git-commit/.

11.1 Gut dosierte Commits

Ein wichtiger Punkt für eine nachvollziehbare Historie ist eine überschaubare Größe eines Commits. Dies geht Hand in Hand mit einer guten Commit-Message. Denn eins ist offensichtlich: 1000 Zeilen Diff zu überblicken und »einfach« zu beschreiben, ist nicht sonderlich leicht.

Daher gilt als Erstes eins: Commits so klein wie möglich und so groß wie nötig gestalten.

---

1 »xkcd: Git Commit«, Copyright Randall Munroe (https://xkcd.com/1296/) ist lizenziert unter der Creative-Commons-Lizenz CC BY-NC 2.5 (https://creativecommons.org/licenses/by-nc/2.5/)

Folgender Tweet von Chris Lamb, der zu dem Zeitpunkt Debian-Projektleiter war, lief mir während der Arbeit an der zweiten Auflage über den Weg:

Abb. 11.1: Chris Lamb via Twitter: »Vier Stunden am Hacken, eine 30-Zeilen-Commit-Message ... und ein Ein-Zeilen-Diff.«

Ohne den genauen Inhalt des Commits zu kennen, zeigt es deutlich, warum Sie stets auf die Größe des Commits und die Commit-Message achten sollten. Denn selbst ein Einzeiler kann etliche Stunden an Arbeit verschlungen haben. Falls man sich hinterher angucken muss, warum gerade diese Zeile so gelöst wurde, dann hilft die ausführliche Commit-Message hoffentlich weiter.

Es gibt aber auch andere Gründe, teils unabhängig von der Nachvollziehbarkeit. Ein wichtiger Grund ist, wie einfach Merge-Konflikte aufgelöst werden können, wenn die Commits klein gehalten wurden. Je größer die Commits gehalten wurden, desto größer sind auch meistens die Konflikte, die es aufzulösen gilt. Und da kommt man dann auch wieder zu dem vorherigen Problem: Kleinere Konflikte mit kleineren Commits lassen sich einfacher nachvollziehen und somit einfacher lösen, als es bei größeren Commits der Fall ist. Auch hier kann eine aussagekräftige Commit-Message helfen, Teile der Umsetzung zu verstehen, um den Konflikt auflösen zu können. Eine Garantie ist dies indes natürlich auch nicht.

Bisher lag der Fokus vor allem auf der nachträglichen Nachvollziehbarkeit der Commits, also wenn Sie auf Zeilen im Code stoßen und sich denken: »Warum wurde das so gelöst?« Was noch außer Acht gelassen wurde, ist die Nachvollziehbarkeit beim Code-Review. Da beim Arbeiten im Team eigentlich selten Gründe dagegen sprechen, ein Code-Review durchzuführen, sollten auch dafür kleine übersichtliche Commits erstellt werden.

Das Review gestaltet sich letztendlich angenehmer, wenn es viele kleine Commits gibt, die man nach und nach einzeln anschauen kann. Ein häufiges Problem beim Code-Review ist, dass große Pull-Requests mit vielen Commits und großen Änderungen länger liegen bleiben, als sie sollten. Ein erster Schritt dagegen sind, wie bereits erwähnt, kleine übersichtliche Commits, denn diese machen die Arbeit für den Reviewer deutlich angenehmer. Personen, die angenehmer reviewen können, die arbeiten das dann auch zügiger ab. Zusätzlich hilft es bei großen Änderungen auch, mehrere Pull Requests mit kleineren Änderungen zu erzeugen, damit nicht zu viel auf einmal reviewt werden muss.

11.2 Gute Commit-Messages

Mehr zu erläutern gibt es zu der Art und Weise, wie Commit-Messages geschrieben werden sollten, damit sie möglichst hilfreich sind.

Nachfolgend zum vorherigen Unterkapitel sagen mir einige – ohne viel darüber nachzudenken: »Wozu soll ich aufwendig ausführliche Commit-Messages schreiben, wenn die Commits so klein und übersichtlich sind? Man sieht doch die Änderung, die ich vorgenommen habe!«

Stimmt, die Änderung sieht man. Das Problem, das viele Leute bei der Erstellung von hilfreichen Commit-Messages haben ist, dass sie schreiben, was dieser Commit ändert, nicht aber, warum diese Änderung notwendig war.

Bevor wir uns anschauen, wie denn gute Beispiele genau aussehen, schauen wir uns zunächst mal einige schlechte Beispiele an. Angefangen von sehr schlechten bis zu weniger schlechten.

Aktueller Stand

Diese Commit-Message ist offensichtlich schlecht: Sie sagt lediglich aus, dass der Stand zum Zeitpunkt der Erstellung des Commits aktuell war. Die inhaltliche Aussage ist nahezu null. Je nachdem, wie häufig Commits mit solchen Commit-Messages erstellt werden, führt es die Effektivität von nachvollziehbaren Versionsständen ad absurdum. Auf gleichem Level befinden sich Commit-Messages wie »Sync« oder »Update«.

Typo

Eine klein wenig bessere Aussage bringt die Commit-Message »Typo«. Hierbei handelt es sich schlicht um eine Korrektur eines Tippfehlers. Dies ist zwar besser als das vorherige Beispiel, allerdings lässt sich hier noch weiter verfeinern. Sinnvoller wäre, hier etwa anzugeben, wo der Fehler korrigiert wurde. Dies kann etwa ein Variablenname sein, im Kommentar, in der Dokumentation oder in einer Konfigurationsdatei. Je nach Fall kann so eine Korrektur eines Tippfehlers auch schnell weitreichendere Folgen haben als zunächst angenommen.

Fix Bug

Ebenfalls nur eine geringe Aussage hat diese Commit-Message. Ein Fehler wurde korrigiert. Was fehlt, ist auch hier: Wo wurde der Fehler korrigiert? Zunächst sieht es aus, als wenn diese Information reichen würde, aber nein, auch danach sind noch weitere Informationen sinnvoll. Darunter etwa, warum bzw. durch welche vorherige Änderung der Fehler auftrat und welche anderen möglichen Korrekturen es gibt und warum diese Lösung gewählt wurde.

Fix Test

Diese Commit-Message ist auf einem ähnlichen Level wie die vorherige. Auch hier ist eine Angabe hilfreich, in welcher Komponente der Test korrigiert wurde und warum dies erst jetzt auftrat bzw. erst jetzt die Korrektur notwendig war.

Updated $DATEINAME

Ziemlich unpraktisch sind diese Commit-Messages, die lediglich den Hinweis enthalten, welche Datei angepasst wurde. Damit klärt sich zwar schon in der Commit-Message, welche Datei angepasst wurde, aber auch hier fehlt die Information, was geändert wurde und warum die Änderung durchgeführt wurde. Welche Datei genau angefasst wurde, ist in der Regel sowieso recht unnötig, da dies nachschlagbar ist, wenn man in die Metadaten des Commits schaut.

Testfall und Implementierung #1337

Diese Commit-Message sieht auf den ersten Blick gar nicht so schlecht aus. Sie ist in diesen Beispielen der schlechten Commit-Messages auch noch die beste. Es wurde unter Angabe der Ticketnummer eine Implementierung durchgeführt sowie ein Testfall implementiert. Die Ticket-Nummer in einer Commit-Message anzugeben, ist prinzipiell eine gute Idee. Denn im Ticket-System kann man dann nähere Informationen und Details zur Diskussion zu der Änderung nachlesen. Problematisch wird es allerdings, wenn zwischenzeitlich das Ticket-System ausgetauscht wird und die Tickets nicht mehr verfügbar sind. Was auch ungünstig ist: wenn man sich beim Tippen der Commit-Message vertippt und somit der Commit mit einem ganz anderen Ticket verknüpft wird. Auch deshalb gilt hier: den Grund der Änderung mit in die Commit-Message schreiben!

Wiederholende Commit-Messages

»Kein Mensch ist nutzlos, man kann immer noch als schlechtes Beispiel dienen«, schrieb mein guter Kollege Dirk Deimeke in einem Tweet[2]. Er bezog sich dabei auf

---

2 https://twitter.com/ddeimeke/status/1112997604202373120

einen Vortrag von mir, der das gleiche Thema wie dieses Kapitel behandelt, wo er als schlechtes Beispiel dient. Er hat mir natürlich die Erlaubnis gegeben, als schlechtes Beispiel zu dienen. Das will ich hier natürlich auch nicht vorenthalten:

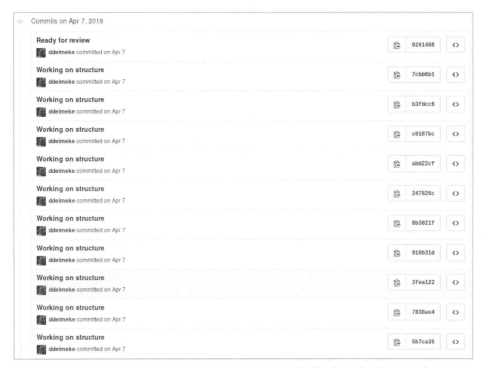

Abb. 11.2: »Working on structure« könnte man zwar einmal schreiben, aber bei so vielen gleichen Commit-Messages hilft es auf den ersten Blick nur wenig.

Was es eben auch hin und wieder zu sehen gibt, sind Commit-Messages, die sich mehrfach wiederholen, wie in diesem Beispiel. Insgesamt hatte er 49 Commits mit der gleichen Commit-Message erzeugt. Darin erkennt man natürlich nicht, worin diese sich überhaupt unterscheiden. In einem »richtigen« Projekt sollte dies vermieden werden. Im konkreten Fall hatte Dirk aber einen guten Grund: Er arbeitete an der Struktur einer Präsentation in Markdown-Dateien, die auf dem Server immer erst nach einem Push neu generiert wurden. Da es keine Vorschaufunktion gab, musste er immer wieder einen neuen Commit erzeugen und pushen, um sich die Veränderungen anzuschauen.

Software-Entwickler kennen das Problem möglicherweise von Tests, die zwar lokal funktionieren, aber auf dem CI-Server zu Problemen führen, weil das Setup dort etwas anders ist. Sie haben häufig das gleiche Szenario, dass sie eine Kleinigkeit ändern, die Änderung pushen und das so lange wiederholen, bis der Fehler korrigiert ist. Bei produktiven Entwicklungs-Repositorys sollte man dieses Verhalten

Kapitel 11
Nachvollziehbare Git-Historien

vermeiden und stattdessen in Feature-Branches arbeiten. Voraussetzung ist dafür natürlich auch eine Test-Umgebung, die problemlos mit verschiedenen Branches arbeiten kann. Zum Schluss sollten solche »Experimentier-Commits« mit einem interaktiven Rebase gesquasht werden, damit nur noch ein Commit übrig bleibt. Vorausgesetzt auch hier, dass es sich um eine logisch zusammenhängende Änderung handelt.

Das war nun genug zu den schlechten Beispielen. Als Nächstes folgt ein einzelnes gutes Beispiel, um darzustellen, wie eine perfekte Commit-Message auszusehen hat. Das folgende Beispiel findet sich im Git-Repository des Git-Projekts selbst. Dort wird haargenau darauf geachtet, dass eine nachvollziehbare Git-Historie existiert. Das Beispiel fand ich relativ schnell. Wer sich das Repository anschaut, sieht schnell, dass man viele Commits grundsätzlich nachvollziehen kann, auch wenn man den Code dazu nicht auf Anhieb lesen kann, weil man etwa keine Kenntnisse in der Programmierung mit C hat.

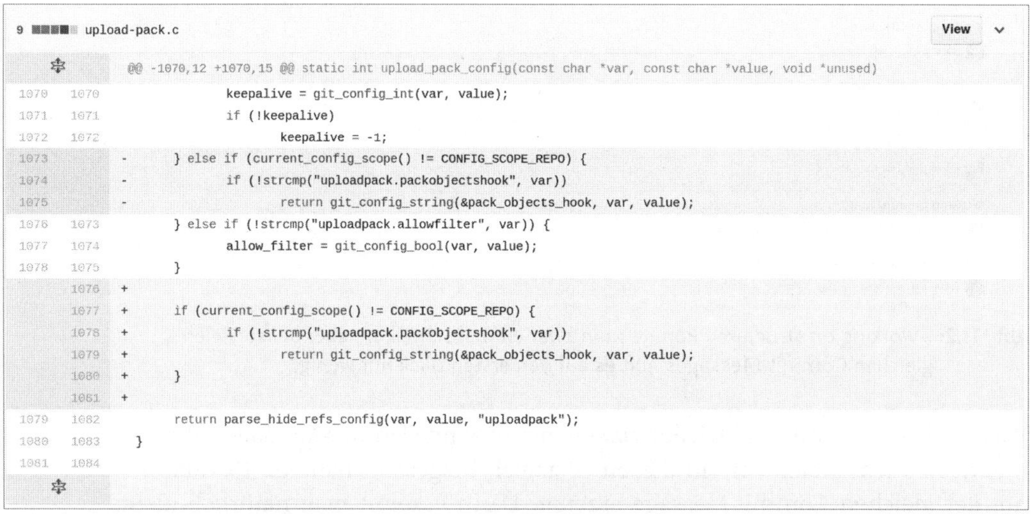

```
9 ▇▇▇▇ upload-pack.c                                                                View  ∨

        @@ -1070,12 +1070,15 @@ static int upload_pack_config(const char *var, const char *value, void *unused)
1070 1070          keepalive = git_config_int(var, value);
1071 1071        if (!keepalive)
1072 1072          keepalive = -1;
1073      -    } else if (current_config_scope() != CONFIG_SCOPE_REPO) {
1074      -        if (!strcmp("uploadpack.packobjectshook", var))
1075      -            return git_config_string(&pack_objects_hook, var, value);
1076 1073    } else if (!strcmp("uploadpack.allowfilter", var)) {
1077 1074        allow_filter = git_config_bool(var, value);
1078 1075    }
     1076 +
     1077 +    if (current_config_scope() != CONFIG_SCOPE_REPO) {
     1078 +        if (!strcmp("uploadpack.packobjectshook", var))
     1079 +            return git_config_string(&pack_objects_hook, var, value);
     1080 +    }
     1081 +
1079 1082    return parse_hide_refs_config(var, value, "uploadpack");
1080 1083 }
1081 1084
```

Abb. 11.3: Drei Zeilen wurden in diesem Commit entfernt und sechs neue hinzugefügt.

Der dargestellte Diff ist klein und überschaubar: Drei Zeilen wurden entfernt, sechs Zeilen sind hinzugekommen. Wenn Sie genau hinschauen, ist zu erkennen, dass da lediglich eine Bedingung aus dem If-Else-Konstrukt herausgenommen wurde und unter das If-Else-Konstrukt verschoben wurde. Man könnte meinen, dass eine Zeile in der Commit-Message ausreicht.

Schaut man sich nun die dazugehörige Commit-Message an, ist man erst mal überwältigt:

```
upload-pack: fix broken if/else chain in config callback

The upload_pack_config() callback uses an if/else chain
like:

  if (!strcmp(var, "a"))
    ...
  else if (!strcmp(var, "b"))
    ...
  etc

This works as long as the conditions are mutually exclusive,
but one of them is not. 20b20a2 (upload-pack: provide a
hook for running pack-objects, 2016-05-18) added:

  else if (current_config_scope() != CONFIG_SCOPE_REPO) {
    ... check some more options ...
  }

That was fine in that commit, because it came at the end of
the chain. But later, 10ac85c (upload-pack: add object
filtering for partial clone, 2017-12-08) did this:

  else if (current_config_scope() != CONFIG_SCOPE_REPO) {
    ... check some more options ...
  } else if (!strcmp("uploadpack.allowfilter", var))
    ...

We'd always check the scope condition first, meaning we'd
_only_ respect allowfilter when it's in the repo config. You
can see this with:

  git -c uploadpack.allowfilter=true upload-pack . | head -1

which will not advertise the filter capability (but will
after this patch). We never noticed because:

  - our tests always set it in the repo config

  - in protocol v2, we use a different code path that
    actually calls repo_config_get_bool() separately, so
    that _does_ work. Real-world people experimenting with
    this may be using v2.

The more recent uploadpack.allowrefinwant option is in the
same boat.

There are a few possible fixes:

  1. Bump the scope conditional back to the bottom of the
     chain. But that just means somebody else is likely to
     make the same mistake later.

  2. Make the conditional more like the others. I.e.:

       else if (!current_config_scope() != CONFIG_SCOPE_REPO &&
                !strcmp(var, "uploadpack.notallowedinrepo"))

     This works, but the idea of the original structure was
     that we may grow multiple sensitive options like this.

  3. Pull it out of the chain entirely. The chain mostly
     serves to avoid extra strcmp() calls after we've found
     a match. But it's not worth caring about those. In the
     worst case, when there isn't a match, we're already
     hitting every strcmp (and this happens regularly for
     stuff like "core.bare", etc).

This patch does (3).

Signed-off-by: Jeff King <peff@peff.net>
Reviewed-by: Josh Steadmon <steadmon@google.com>
Signed-off-by: Junio C Hamano <gitster@pobox.com>
```

Abb. 11.4: Ein sehr gutes Beispiel für eine gute Commit-Message

Folgende Eigenschaften besitzt diese Commit-Message:

- 73 Zeilen
- Überschrift als Zusammenfassung
- Wo wurde die Änderung eingeführt und warum?
- Warum musste dies getan werden?
- Warum fiel der Fehler nicht vorher auf?
- Was sind andere mögliche Korrekturmöglichkeiten?
- Wer hat es reviewt und abgesegnet?

Mit diesen Informationen lässt sich sehr schnell lesen, warum diese Änderung notwendig war und das ist möglich, ohne externe Informationsquellen nachzuschlagen, wie etwa ein Ticket-System.

Eine solche lange Commit-Message kostet Zeit, sie zu schreiben. Auch der Inhalt der Commit-Message gehört zum Review. Wenn man nicht auf Anhieb versteht, warum diese Änderung gemacht wurde, ist sie keine gute Commit-Message. Und ja: Man muss sich dafür Zeit nehmen! Fehlerkorrekturen oder Implementierungen von Software oder auch Infrastruktur kosten sowieso viel Zeit. Je länger man sich mit einer Änderung beschäftigt hat, desto eher sollte man sich auch die Zeit nehmen, eine gescheite Commit-Message zu schreiben. Dort gehören dann die Informationen rein, die man während der Arbeit erlangt hat. Viele erläutern ihren Code während oder nach der Implementierung auch ihren Team-Kollegen. Dies ist ein guter Indikator dafür, mehr Informationen in die Commit-Message zu schreiben. Im Idealfall dient das Git-Repository als »Single Point Of Truth«, dem Ort, wo sowohl der Code mit der gesamten Historie liegt als auch alle notwendigen Informationen wie Änderungsgründe und Dokumentation. Damit lässt sich gewährleisten, dass zu jedem Zeitpunkt die richtigen Informationen vorhanden sind, sofern diese notiert wurden.

Wie so oft gilt auch hier: Es gibt für viele Fälle auch Gründe, es nicht so zu machen, wie ich es hier beschrieben habe.

Zum Schluss seien noch die sieben Regeln für gute Commit-Messages erwähnt:

1. Separater Betreff, mit Leerzeile vom Body getrennt

Dies ist insbesondere deshalb sinnvoll, um kurz und knapp vorzustellen, was man getan hat. Bei einigen kleineren Änderungen reicht auch eine Zeile völlig aus. Praktisch ist dies auch, wenn man `git log --oneline` ausführt. Dies zeigt dann die Commit-Historie mit nur der ersten Zeile der Commit-Message an.

2. Limitierung der Länge des Betreffs auf 50 Zeichen

Dies ist vor allem für Hosting-Services wie GitHub oder GitLab relevant, weil dort die ersten 50 Zeichen der ersten Zeile ungekürzt in der Web-Oberfläche dargestellt werden. Dieser Umstand hilft auch, die Betreffzeile kurz und somit prägnant zu halten.

3. Beginne den Betreff mit einem Großbuchstaben

Eine einfache Sache, die keiner großen Erläuterung bedarf: den Betreff mit einem Großbuchstaben beginnen, damit es schlicht schön aussieht.

4. Beende den Betreff nicht mit einem Punkt

Weiterhin soll der Betreff nicht mit einem Punkt beendet werden.

5. Nutze den Imperativ

Viele verwenden eine Vergangenheitsform bei der Formulierung der Commit-Messages. So lauten viele Commit-Messages etwa »Fixed bug on login [...]«. Sinnvoller ist es, den Imperativ zu verwenden, sodass es im konkreten Beispiel heißen würde »Fix bug on login [...]«. Ein wichtiger Grund, den Imperativ zu verwenden, ist, dass die Ausgaben der Git-Kommandozeile ebenfalls im Imperativ geschrieben sind, sodass es sich auch anbietet, die Commit-Messages ebenfalls im Imperativ zu schreiben. Dies ist am wichtigsten in der Betreffzeile und nicht unbedingt in der eigentlichen »langen« Commit-Message.

6. Limitiere den Body auf 72 Zeichen pro Zeile

Git macht keine automatischen Zeilenumbrüche, wenn man sich das Log anschaut. Daher bietet es sich an, jede Zeile des Bodys auf 72 Zeilen zu begrenzen.

7. Nutze den Body, um zu erklären, was warum und wie nötig war

Die Gründe hierfür hatte ich bereits ausführlich dargestellt. Trotzdem zum Schluss noch mal zusammengefasst: Wichtig ist, dass man das »Warum« und »Wie« erklärt. Commit-Messages sollten genauso sauber geschrieben werden, wie man sauberen Quellcode schreibt.

Kapitel 12

DevOps

Unter dem Begriff DevOps wird viel Richtiges und viel Falsches verstanden. Das merkt man nicht nur beim Lesen über DevOps-Themen in der Medienwelt, sondern auch, wenn Firmen explizit die Job-Rolle »DevOps-Engineers« in Stellenausschreibungen schreiben.

Aber was ist DevOps überhaupt genau und was zeichnet es aus? Dieses Kapitel steigt in das Thema ein, um einen groben Überblick zu geben, was alles DevOps ist – und auch was DevOps nicht ist –, und zeigt zudem auf, dass Git das grundlegendste technische Element in der DevOps-Toollandschaft ist.

12.1 DevOps im Überblick

Wie Sie aus dem Namen »DevOps« erkennen können, setzt sich der Begriff aus zwei Teilen zusammen: Dev und Ops. Die Abkürzungen stehen für Developers und Operations. Auf Deutsch entspricht dies jeweils »Entwickler« und »Administratoren«.

An dieser sehr frühen Stelle fangen auch schon die ersten Missverständnisse bei einigen an. Wie zu Beginn schon einmal kurz angerissen, verstehen viele unter DevOps etwas anderes.

Doch wofür steht es nun? Möglichkeiten gibt es viele:

- Entwicklungsteams übernehmen alle Administrationsaufgaben.
- Administrationsteams übernehmen alle Entwicklungsarbeiten.
- Administrationsteams wenden Techniken aus der Softwareentwicklung an.
- Entwicklungsteams und Administrationsteams arbeiten zusammen in einem Team.

Viele Möglichkeiten. Viele Mythen. Doch was ist denn nun richtig? Zwar kann man irgendwie aus allen Punkten etwas rausziehen und es DevOps nennen, doch nur der vierte und letztgenannte Punkt ist das echte DevOps, auch wenn es sehr stark verkürzt und vereinfacht ist.

Mitnichten ist also gemeint, dass die Administrationsaufgaben komplett durch ein DevOps-Team ersetzt werden. Vielmehr geht es darum, die Wände zwischen beiden Teams einzureißen, die Arbeitsweisen und auch Tools zu vereinheitlichen und gemeinsam an dem Ziel zu arbeiten: die erfolgreiche und effiziente Entwicklung und Bereitstellung der Anwendung.

Wichtig ist aber, zu verstehen, dass DevOps mehr ist, als nur die beiden Teams zusammenzuwerfen. Es ist vielmehr eine Kultur, die gelebt werden muss. Das bedingt auch: DevOps ist kein Tool. Es gibt allerdings diverse Tools, die den Prozessteil der DevOps-Kultur unterstützen.

Wichtigstes und elementarstes Tool ist Git. Und genau aus diesem Grund wird dieses Thema in diesem Buch behandelt. Git-Repositorys dienen in der DevOps-Welt nicht nur als Ablage für den reinen Quellcode der Software, sondern auch für alle Automatisierungen, die im Rahmen der DevOps-Transformation anfallen.

Das Ziel von DevOps ist nämlich nicht nur, dass die Mauern zwischen Entwicklungs- und Administrationsteams eingerissen werden, sondern dass in diesem Zuge eine vollständige Automatisierung ermöglicht wird, um Anwendungen häufig und regelmäßig auf Produktivsysteme ausrollen zu können. Das soll dann auf den vollständigen Softwareentwicklungslebenszyklus angewandt werden: vom Beginn der Entwicklungsarbeiten über das Testen, dem Deployment bis zum Monitoring der Anwendung. Dazu gehören natürlich einige Vor- und Nachteile, die es zu beachten gilt.

Dieses Kapitel gibt einen überschaubaren Einblick in das Thema DevOps und zeigt auf, was es damit auf sich hat, zeigt grob, was getan werden muss, um es sinnvoll und praktikabel umzusetzen, und welche Vorteile daraus gezogen werden können. Das Kapitel kann allerdings nur einen groben Abriss davon geben, was nötig und möglich ist, denn eigentlich ist das Thema schon ein eigenes Buch wert.

12.2 Das Problem

Um richtig zu verstehen, was DevOps überhaupt genau ist, ist es hilfreich, zu verstehen, was ein häufiges Problem bei Teams ist, bei denen die DevOps-Kultur noch keinen Einzug gefunden hat.

Wie auch in übrigen Teilen des Buches lohnt sich ein praktisches Beispiel. In diesem Fall existieren zwei Teams. Wenig überraschend handelt es sich dabei um ein Entwicklungsteam und ein Administrationsteam. Die Kernaufgaben sind auch so weit nachvollziehbar: Das Entwicklungsteam entwickelt die Software und das Administrationsteam stellt sicher, dass die Server lauffähig sind, damit die Anwendung auf den Servern problemlos laufen kann. Etwaige Deployments von neuer Software wird ebenfalls vom Administrationsteam auf den Servern ausgerollt. In diesem konkreten Beispiel arbeiten beide Teams in einer Firma, die einen Online-Shop betreibt.

Obwohl es zwei getrennte Teams sind, haben beide Seiten ein gemeinsames Ziel, das maßgeblich von der Firmenführung festgesetzt ist: Es sollen Waren verkauft werden, um Umsatz und Gewinne zu erwirtschaften.

Das Marketing-Team denkt sich in regelmäßigen Abständen neue Angebote und Rabatte aus, um neue und alte Kunden auf die Plattform zu locken, damit diese etwas Neues einkaufen und dabei Umsatz generieren. Das führt dann dazu, dass immer wieder Anpassungen an der Software gebraucht werden.

Das Software-Entwicklungsteam

Das Software-Entwicklungsteam arbeitet durchgehend an verschiedenen Features und Fehlerkorrekturen. Das Team kümmert sich ausschließlich um all jenes, was sich um die Software-Entwicklung dreht.

Zu den Tätigkeiten gehören nicht nur die Entwicklung von neuen Features und die Korrektur von Fehlern, sondern auch das Ausmerzen von Sicherheitslücken. Das Team muss stark kalkulieren, wann und wie es welche Arbeiten erledigt. Sicherheitslücken bringen zum Beispiel kein Geld, aber wenn solche Lücken ausgenutzt werden, kann es wiederum sehr teuer werden. Auf der anderen Seite herrscht viel Druck, damit die benötigten Änderungen zum Start für die nächste Marketing-Kampagne zeitlich passend fertig werden.

Nachdem jetzt einiges an Zeit in der Entwicklung vergangen ist, in der sowohl Sicherheitslücken geschlossen als auch neue Features für die kommende Marketing-Kampagne entwickelt wurden, soll nun das fertige Software-Paket an das Administrationsteam übergeben werden, damit dieses das gebaute Paket auf dem produktiven System ausrollen kann. Das Entwicklungsteam hat in der Zwischenzeit seinen Entwicklungsstand auf einer Entwicklungs- und Testumgebung getestet. Dort kam es zu keinen weiteren Problemen. Das Paket steht also bereit und kann auf dem Produktivsystem ausgerollt werden. Wie das Ganze ausgerollt wird, wie da die Prozesse aussehen und wie die Umgebung überhaupt genau aussieht, weiß das Entwicklungsteam hingegen nicht. Nach der Übergabe ist es nämlich zunächst aus dem Schneider.

Es wird also nun Zeit, sich die Arbeit des Administrationsteams anzuschauen.

Das Administrationsteam

Das Administrationsteam könnte also nun direkt das Software-Paket entgegennehmen und ausrollen. Das klingt in der Theorie zwar einfach, aber auch das Administrationsteam hat mehr Aufgaben als nur das Ausrollen der Software. So ist es unter anderem damit beschäftigt, neue Server zu installieren und das Basis-Betriebssystem zu aktualisieren. All das läuft während des Betriebs des Online-Shops weiter, denn dieser hat ja schließlich keine Zeiten, wo er geschlossen ist.

Das Team hat also auch nicht unendlich viel Zeit, die Software auszurollen. Genau aus diesem Grund gibt es alle zwei Wochen ein Wartungsfenster, in dem das Administrationsteam das Ausrollen der Software übernimmt. In diesem Fall nimmt eine Person aus dem Team das Software-Paket und kümmert sich darum, dass es auf allen Servern installiert wird. Das führt nicht nur dazu, dass neue Funktionen dazukommen, sondern auch Fehlerkorrekturen werden ausgerollt sowie Sicherheitslücken gestopft.

Beim Ausrollen der Software kommt es allerdings zu mehreren Problemen. Zuerst kann das Paket nämlich nicht installiert werden. Es wurde eine neue Abhängigkeit mit eingeführt, die aber nicht mitgeliefert wurde. Dies verzögert also das Ausrollen, da es zurück an das Entwicklungsteam muss, das die Abhängigkeit mitliefern muss. Das erste Wartungsfenster konnte also nicht für das vorgesehene Deployment genutzt werden. Der Fehler fiel in der Entwicklungs- und Testumgebung nicht auf, weil da jemand die fehlende Abhängigkeit aus Testgründen selbstständig installiert hat, als diese fehlte. Leider wurde das weder dokumentiert noch ordentlich korrigiert, sodass es bei dem Deployment auf die Produktivsysteme erneut auffiel.

Da die Marketing-Kampagne schon in den Startlöchern stand, war es wichtig, dass das neue Release möglichst zeitnah veröffentlicht wird. Dazu musste dann am nächsten Tag erneut Zeit freigeräumt werden, damit die Software erfolgreich ausgerollt werden konnte.

Dies bedingte allerdings einiges an Stress, da das Administrationsteam die für den nächsten Tag geplanten Aufgaben verschieben und sich für das Deployment erneut Platz im Kalender schaffen musste. In der Zwischenzeit war das Entwicklungsteam wieder am Zuge, um die Fehler zu korrigieren, damit am nächsten Tag das Deployment – dann erfolgreich – durchgeführt werden konnte.

Einige Stunden nach dem Deployment, mitten in der Nacht, schlug dann allerdings das Monitoring Alarm: Der Arbeitsspeicher läuft voll, was dazu führt, dass die Anwendung abstürzt. Das Administrationsteam sitzt nun da und versucht, den Fehler zu korrigieren. Das Problem ist allerdings, dass es keine Korrektur vornehmen konnte. Stattdessen musste schnell ein Workaround geschaffen werden, in dem die Software regelmäßig neu gestartet wird, bevor der Arbeitsspeicher volläuft. So konnte ein generelles Abstürzen verhindert werden. Das Problem so zu umgehen, kostete auch ein paar Stunden und führte dazu, dass die eigentliche Korrektur erst am nächsten Tag erfolgen konnte. Und dann musste erneut ein neues Deployment-Fenster gefunden werden und zudem musste der Workaround aus der Nacht zurückgebaut werden.

Diese kleine Geschichte klingt zwar ein wenig ausgedacht, doch findet man solche Geschehnisse häufiger in Firmen. Von oben werden diverse Vorgaben festgelegt. Die Software wird aus diesen Gründen teilweise schnell und leider auch schlampig entwickelt und soll dann zügig ausgerollt werden, obwohl noch diverse andere wichtige Sachen auf dem Schirm stehen, die vorher korrigiert werden müssen. Nichtsdestotrotz wird immer wieder das Gleiche wiederholt und der Ball zwischen beiden Teams hin- und hergeworfen, die jeweils etwas korrigieren müssen. Kommunikation zwischen beiden Teams findet nur begrenzt statt, sodass kein Team weiß, was das jeweils andere Team macht und wie da der Arbeitsfluss aussieht.

Mauern zwischen Dev und Ops einreißen

Das doch recht lange Beispiel sollte aufzeigen, was es so für Probleme geben kann, wenn beide Teams nicht sinnvoll zusammenarbeiten. DevOps sieht vor, dass beide Teams nicht getrennt voneinander, sondern eben gemeinsam arbeiten. So arbeiten schließlich beide Teams daran, dass der Online-Shop zeitnah sowohl neue Funktionen bekommt als auch Fehlerkorrekturen ausgerollt werden können, ohne seine Verfügbarkeit zu beeinträchtigen.

Um dies zu bewerkstelligen, müssen die Mauern zwischen beiden Teams abgebaut werden. Daraus folgt, dass beide Teams zu einem Team zusammengeführt werden und sich dabei nicht nur die Kommunikation verbessert, sondern auch die Arbeitsprozesse entsprechend angepasst werden. Das Zusammenführen der Teams heißt nicht, dass es keine Aufgabenschwerpunkte bei den Personen mehr geben kann oder darf. Die Entwickler werden auch weiterhin primär die Software weiterentwickeln, während die Systemadministratorinnen sich weiterhin primär um die operativen Aufgaben kümmern werden.

Das zuvor erwähnte und fehlgeschlagene Deployment würde in einem DevOps-Team idealerweise anders laufen. Zunächst einmal wäre allen beteiligen Personen im Idealfall klar, wo gerade Aufgaben offen sind und wie wichtig diese sind. Der wichtigste Punkt ist allerdings, wie das Deployment dann abläuft. Hier findet in einem DevOps-Team kein reines Rüberwerfen des Software-Pakets statt, was dann händisch oder semi-automatisiert installiert werden muss. Stattdessen wird eine Software-Delivery-Pipeline genutzt, die nicht nur den Quellcode erstellt, Tests ausführt und das Paket baut, sondern auch die automatisierte Installation auf einer Entwicklungs- und Test-Umgebung durchführt.

Anschließend kann entweder automatisiert oder durch einen weiteren Anstoß die Software auf den produktiven Systemen ausgerollt werden. Mögliche Fehler, wie fehlende Abhängigkeiten fallen früher auf, weil zuvor sichergestellt wurde, dass die Entwicklungs- und Test-Umgebung nahezu identisch mit dem Produktivsystem ist, sodass fehlende Abhängigkeiten beispielsweise nicht händisch nachinstalliert werden können. Probleme wie Memory-Leaks, die zu Problemen führen, können von den Software-Entwicklern direkt korrigiert und ausgerollt werden. Das bedingt natürlich, dass eine funktionierende vollumfängliche Pipeline existiert und alle Personen aus dem DevOps-Team Rufbereitschaft übernehmen. So ließe sich durch die stringente Automatisierung auch ein Rollback zügig durchführen.

Kurz lässt sich DevOps wie folgt zusammenfassen: Mit Umsetzung der DevOps-Kultur in der Firma und im Team werden die Barrieren zwischen Dev- und Ops-Teams abgebaut. Beide werden in einem Team zusammengefasst, um gemeinsam an einem Ziel zu arbeiten. Durch die Umsetzung von durchgängiger Automatisierung wird zudem sichergestellt, dass Deployments nicht selten und groß sind, sondern auch kleine Änderungen regelmäßig eingepflegt werden können. Daraus resultiert, dass die Software schneller an den Markt kommt und somit schneller auf sich ändernde Marktbedingungen reagiert werden kann. Durch die sich daraus ergebenden kürzeren Feedback-Schleifen können größere Fehler verringert und größerer Schaden abgewendet werden. Durch das Monitoring von Anwendungen und Systemen können zusätzlich Metriken erhoben werden, um die Performance durchgängig zu überwachen und Probleme möglichst frühzeitig aufzudecken.

12.3 DevOps-Pipeline

In der Praxis wird der technische Teil von DevOps durch eine Pipeline implementiert. Eine Pipeline umfasst alle Automatisierungsschritte, die für die vollständige Umsetzung von DevOps benötigt werden. In der Regel wird die Pipeline durch einen Commit im Git-Repository ausgelöst. Je nach Konfiguration und Zustand werden verschiedene Teile der Pipeline ausgeführt – oder eben auch nicht. Was es genau damit auf sich hat und wie es sich beispielsweise verhalten kann, wird hier veranschaulicht.

Code

Dieser Teil ist einfach und besteht auch schon in der Nicht-DevOps-Welt: Es wird programmiert und der Code wird im (Git-)Repository abgespeichert. Üblich im DevOps-Kontext ist die Nutzung von Feature-Branches. Features und Fehlerkorrekturen werden in Branches auf Basis des Default-Branches erzeugt und per Pull- oder Merge-Requests wieder zurück in den Default-Branch gemergt. Diese Information ist wichtig, da dies Bestandteil der weiteren Teile der DevOps-Pipeline ist. Die Pipeline ist zudem im Repository mit abgelegt und wird mit dem Projekt zusammen versioniert.

Build

Der Build-Prozess tut das, was der Name schon verrät: Die Software wird gebaut. Wichtig ist hierbei, dass der Build-Prozess in jedem Branch ausgeführt wird. Dies wird durch CI/CD-Software wie GitHub Actions oder GitLab CI/CD umgesetzt.

Zu dem Build-Prozess kann nicht nur das reine Bauen der Software gehören, sondern auch das Bauen eines Container-Images, wenn etwa Container genutzt werden, um die Software zu deployen. Das Software-Paket und das Container-Image können optional dann auch auf eine Package-Registry und Container-Registry gepusht werden, damit diese im weiteren Verlauf weiter genutzt werden können.

Test

Der nächste Teil der Pipeline ist das Testen der Anwendung. Hier können verschiedene Arten von Tests definiert und ausgeführt werden, wie etwa Unit-Tests, Integration-Tests und System-Tests. Je nachdem, ob die Pipeline für einen Default-Branch oder einen Feature-Branch ausgeführt wird, bietet es sich an, nur eine begrenzte Anzahl an Tests auszuführen. Grund dafür ist, dass man stets darauf achten sollte, dass die Pipelines nicht allzu lange laufen. Trotzdem sollte die Qualität stets verifiziert werden. Hier gilt es also, die nötige Abwägung zu treffen.

Release

Der nächste Schritt ist das Deployment. Im Prinzip geht es hier also um das Deployment der zuvor gebauten und getesteten Anwendung auf die Produktivumgebung. Je nach Typ des Branches können Sie hier konfigurieren, wie das Deployment vonstattengehen soll. Damit ist allerdings nicht gemeint, wie es technisch vonstattengehen soll, sondern vielmehr, ob es manuell noch einmal genehmigt oder etwa nur auf einen Bruchteil der Server ausgerollt werden sollte.

Der vorherige Abschnitt ging davon aus, dass Sie vollständiges CI/CD durchführen möchten. Das würde dann dazu führen, dass jede Änderung, die in den Hauptentwicklungsbranch gemergt wird, auf die Produktivumgebung deployt wird. Die zuvor genannten Einschränkungen gelten natürlich auch weiterhin.

Wenn die Pipeline hingegen auf einem Feature- oder Bugfix-Branch ausgeführt wird, sollte die zuvor gebaute und getestete Anwendung auf einer Review-Umgebung deployt werden. Wichtig ist, dass die Review-Umgebung möglich identisch mit der Produktiv-Umgebung sein sollte, um Fehlerquellen so gut wie möglich auszuschließen.

Configure

Dieser Teil beinhaltet alles, was die Konfiguration der Dienste angeht. Dies sind in aller Regel Konfigurationen, um die deployte Anwendung konfigurieren und nutzen zu können. Dies kann etwa hilfreich sein, um A/B-Tests zu fahren oder Feature-Flags ein- und ausschalten zu können.

Monitor

Im Monitoring geht es um die Beobachtung der deployten Applikation. Es geht im Konkreten also weniger um das System als Ganzes, sondern um die Applikation selbst. Dies ist notwendig, um zu beobachten, wie die Performance der Anwendung ist oder ob es zu irgendwelchen Problemen kommt.

Monitoring ist Teil der schnellen und kurzen Feedback-Loop, um frühzeitig Probleme mitzubekommen bzw. um sicherzustellen, dass eben alles wie geschmiert läuft. Falls Probleme auffallen, kann zügig an Korrekturen gearbeitet und die Pipeline erneut ausgeführt werden.

12.4 DevSecOps

Wenn Sie zuvor schon etwas von DevOps gehört haben, dann haben Sie vielleicht auch schon was von DevSecOps gehört. DevSecOps ist nicht völlig etwas anderes als DevOps. Das »Sec« in DevSecOps ist das Kürzel für Security. Es geht also darum, das Security-Thema mit in den Software-Entwicklungszyklus einzubauen. Allgemein gehalten handelt es sich bei DevSecOps um nicht viel mehr als DevOps ergänzt um Security-Checks, die direkt in die Pipeline eingebaut werden und automatisiert ablaufen.

Traditionell betrachtet – also außerhalb der Dev(Sec)Ops-Welt – werden Security-Themen häufig nur nachgelagert betrachtet und behandelt. Das führt dazu, dass dies nicht im eigentlichen Software-Entwicklungsprozess mit eingebunden ist, da das Security-Team häufig ausgelagert ist und für sich mit seinen eigenen Tools und eigenen Workflows arbeitet.

Sie erkennen hier vielleicht ein ähnliches Schema, wie es auch bei Dev und Ops der Fall ist, nur angereichert um Sec, woraus eben DevSecOps entsteht.

Außerhalb der DevSecOps-Welt finden häufig Sicherheitsüberprüfungen der Software auf allen Ebenen erst dann statt, wenn das Release schon gebaut wurde. Der ganze Vorgang ähnelt stark getrennten Entwicklungs- und Administrationsteams, nur analog zum Security-Team. Das Security-Team erhält also das fertige Paket sowie den Quellcode, also alles, was vor dem Deployment einem Sicherheitscheck unterzogen werden soll. Hier können verschiedene Arten von Security-Tests stattfinden, darunter statische und dynamische Applikationstests, Container-Image-Scanning und noch einiges mehr.

Das Problem ist, wie zuvor schon erwähnt, dass es nicht im Software-Entwicklungszyklus mit eingebunden ist, was dazu führt, dass es nachgelagert ausgeführt wird – oder eben auch gar nicht. Im schlimmsten Fall kann es gravierende Folgen haben, wenn Sicherheitsprüfungen übersprungen werden, etwa genau dann, wenn Sicherheitslücken von Angreifern aktiv ausgenutzt werden.

DevSecOps kann helfen, die Feedback-Schleife in Security-Themen möglichst zu verkürzen. Dabei sollen alle Aufgaben aus dem Security-Bereich, die sich automatisieren lassen, mit in den Entwicklungszyklus geschoben werden. Hier spricht man auch von »left-shifting«, da die Security-Checks möglichst weit nach »links« im Entwicklungsprozess geschoben werden, also möglichst früh und nicht spät erfolgen.

Es gibt zahlreiche unterschiedliche Security-Techniken und -Tools, die sich in den Entwicklungszyklus mit einbauen lassen, einige Techniken wurden schon kurz erwähnt. Hier ist eine Liste von Techniken, die im DevSecOps-Entwicklungszyklus eingebunden werden können:

- Container Image Scanning
- Static Application Security Test (SAST)
- Dynamic Application Security Test (DAST)
- Fuzz Testing
- Dependency Scanning

Dies ist eine, aber keine vollständige Liste, da sie sich immer wieder verändert und auch nicht für alle Projekte nutzbar ist. Wer zum Beispiel die Anwendungen containerisiert, sollte etwa darauf achten, ein Scanning des Container-Images durchzuführen, um sicherzugehen, dass keine Container ausgerollt werden, die bereits bekannte Sicherheitslücken mitbringen. SAST ist hingegen nützlich, um automatisiert durch das bloße Scannen des Quellcodes Sicherheitslücken zu finden. Als ein Beispiel sei hier das Aufspüren von SQL-Injections genannt, das durch das Lesen des Quellcodes erfolgen kann.

Beim dynamischen Test wird hingegen die Anwendung gestartet und mit typischen Angriffsszenarien angegriffen, um sie auf mögliche Lücken zu testen. Das Fuzz Testing hingegen versucht, durch unbekannte und ungewollte Sequenzen die Anwendung zum Absturz zu bringen oder andere Sicherheitslücken zu finden. Letzteres ist zugegeben etwas spezieller, aber auch das lässt sich in den Entwicklungszyklus einbauen. Zu guter Letzt sei auch noch das Scannen der Abhängigkeiten genannt, bei dem geprüft wird, welche Abhängigkeiten die Anwendung mit sich bringt und ob diese in der eingesetzten Version bekannte Sicherheitslücken haben.

Für all diese Tests gibt es verschiedene Open-Source-Software und auch kommerzielle Software. Wichtig ist vielmehr, dass Security-Tests gemacht werden, um vor allem die allseits bekannten und offensichtlichen Fehler möglichst früh im Entwicklungsstadium zu finden, damit diese es eben nicht bis zum Produktivsystem schaffen.

Mit DevSecOps wird also DevOps um automatisierte Security-Checks erweitert. Das ganze Thema sollte Ihnen eine Möglichkeit aufzeigen, was sich alles mit automatisierten Tests prüfen lässt, um mit möglichst wenig Aufwand im alltäglichen Entwicklungszyklus gute, sichere und stabile Produkte liefern zu können. DevSecOps ersetzt natürlich kein separates Security-Team, da dieses weiterhin Aufgaben hat, die sich nun mal nicht so einfach automatisieren lassen. Zudem kann es eher eingreifen, wenn im Entwicklungsprozess von den Tools eine Sicherheitslücke gefunden wird.

12.5 Zusammenfassung

Dieses Kapitel sollte ein wenig über das Thema Git hinausschauen. Die einen mögen sich fragen, was das jetzt genau in einem Git-Buch zu suchen hat. Teilweise ist diese Frage auch berechtigt, schließlich geht das Thema DevOps über das Thema Git hinaus.

Wichtig ist hier aber, zu verstehen, welche Möglichkeiten sich mit einem anständigen Entwicklungsprozess, den richtigen Tools und dem richtigen Mindset umsetzen lassen. Git ist zwar eigentlich »nur« ein Versionskontrollsystem, doch bietet es die fundamentale Basis für den ganzen Entwicklungszyklus. Die in allen Kapiteln vorher behandelten Themen sind essenziell, um DevOps ordentlich umsetzen zu können. Daher ist es umso wichtiger, alle Vorteile von Git zu kennen und mitnehmen zu können. Dazu gehört eben nicht nur das reine Nutzen des Tools, sondern eben auch Dinge wie DevOps und CI/CD.

Kapitel 13

Frequently Asked Questions

Dieses Kapitel stellt einige Problemstellungen vor, die bei Git-Nutzern regelmäßig zu Irritationen führen und häufiger nachgefragt werden. Für viele Probleme gibt es mehrere Lösungen und teilweise wurden diese Lösungen schon diverse Male in den vorherigen Kapiteln behandelt. Trotzdem soll es hier einen kurzen Überblick über allgemeine Probleme zum Nachschlagen geben, der auf die entsprechenden Stellen im Buch für nähere Erläuterungen verlinkt.

Wie kann ich eine Änderung in den letzten Commit schieben, nachdem ich schon einen Commit erzeugt habe?

Um dies zu bewerkstelligen, müssen Sie vorgehen wie bei einem normalen Commit auch. Also zunächst die Änderung zum Staging-Bereich hinzufügen, anschließend keinen »normalen« `git commit`, sondern `git commit --amend` ausführen. Dies führt dazu, dass der aktuelle Staging-Bereich mit dem aktuell ausgecheckten Commit verschmolzen wird. Achtung: Der alte Commit wurde komplett ersetzt. Ein notwendiger `git push` muss dann forciert werden, da die Historie nachträglich verändert wurde. Wenn Sie die Commit-Message nicht im gleichen Zuge anpassen wollen, können Sie noch den Parameter `--no-edit` anhängen.

Wie kann ich die Commit-Message nachträglich verändern, nachdem ich schon einen Commit erzeugt habe?

Das ist im Prinzip genauso wie die Antwort auf die vorherige Frage, allerdings mit dem Unterschied, dass der Staging-Bereich leer sein kann. Nach einem `git commit --amend` öffnet sich der Editor und Sie können die Commit-Message nachträglich verändern.

Wie gehe ich mit einer Änderung um, die logisch in einen älteren Commit gehört?

Hier hilft ein interaktiver Rebase, der mit einem `git rebase -i $COMMIT_ID` gestartet werden kann. Genauere Details finden sich in Abschnitt 6.1.

Wie komme ich aus dem Zustand des »losgelösten HEAD« wieder heraus?

Sie befinden sich in dem Fall nicht mehr auf einem Branch. Sie haben zuvor vermutlich einen Commit direkt, also ohne Branch, ausgecheckt. Sie müssen lediglich einen Branch auschecken.

Was ist ein HEAD?

Das ist der aktuell ausgecheckte Commit. In der Regel ist dies der neueste Commit auf dem Branch, auf dem Sie sich gerade befinden.

Wie mache ich den letzten Commit rückgängig?

Dies geht mit `git reset` und `git revert`. Wo genau die Unterschiede liegen, können Sie in Abschnitt 2.5 nachlesen. Allgemein gilt: Bei noch nicht veröffentlichten Commits sollten Sie `git reset` verwenden und ansonsten `git revert`. Mit einem Reset nehmen Sie Commits zurück, ein Revert erzeugt einen neuen Commit, der die Änderung aus dem Commit rückgängig macht.

Wie kann ich einen Commit auf einen anderen Branch übertragen, da ich ihn auf dem falschen Branch erzeugt habe?

Hier gibt es verschiedene Möglichkeiten. Am einfachsten ist es, wenn Sie die Commit-ID des neuen »falschen« Commits kopieren und dann auf den neuen Branch wechseln. Dort müssen Sie dann ein `git cherry-pick $COMMIT_ID` ausführen. Das führt dazu, dass die Änderung aus dem genannten Commit auf dem Branch angewandt wird, den Sie gerade ausgecheckt haben. Anschließend sollten Sie auf den alten Branch zurückwechseln und den Commit dort mit einem Reset rückgängig machen. Wie das geht, können Sie der vorherigen Frage entnehmen.

Wie mache ich eine Änderung rückgängig, die noch nicht in einem Commit ist?

In dem Fall ist eine Änderung entweder nur im Arbeitsverzeichnis vorhanden und optional zusätzlich im Staging-Bereich. Allgemein gilt, dass `git status` häufig die passenden Hilfestellungen gibt. Wenn die Änderung noch nicht im Staging-Bereich ist, dann reicht die Ausführung von `git checkout -- $DATEINAME`. Ab Version 2.23 funktioniert auch `git restore $DATEINAME`. Beim `git checkout`-Befehl sollten Sie stark auf das doppelte Minus und die Leerzeichen davor und danach achten. Wenn die Änderung bereits im Staging-Bereich ist, müssen Sie zunächst mit `git restore --staged $DATEINAME` die Änderung aus dem Staging-Bereich nehmen, um sie dann wieder rauszunehmen. Dieses Vorgehen ist immer dann wichtig, wenn es sich um eine größere Änderung handelt, die man nicht so einfach händisch rückgängig machen kann.

Wie kann ich eine Änderung rückgängig machen, die bereits auf einem Server veröffentlicht ist, und was muss ich dabei beachten?

Sie sollten bereits `git revert` aus Abschnitt 2.5 kennen. Alternativ geht auch ein interaktiver Rebase aus Abschnitt 6.1.

Wie kann ich Passwörter oder andere Security Tokens vollständig aus der Git-Historie entfernen?

Hier müssen Sie die komplette Git-Historie und möglicherweise sehr, sehr viele Commits anpassen. Hier hilft `git filter-repo` aus Abschnitt 9.16.

Was ist ein Upstream-Branch?

Ein Upstream-Branch ist die Verknüpfung des lokalen Branches mit dem Gegenstück auf dem Server. Das heißt, wenn Sie einen lokalen Branch master haben, ist der Upstream-Branch meist `origin/master`. Wenn kein Upstream-Branch gesetzt ist, was bei neu erstellten Branches meist der Fall ist, dann müssen Sie beim ersten Pushen `--set-upstream` ausführen. Entsprechend wäre dies `git push --set-upstream origin feature/x`. Ohne das Setzen des Upstream-Branches müssen Sie stets angeben, auf welches Remote-Repository Sie welchen Branch pushen möchten. Mit dem gesetzten Upstream-Branch reicht lediglich ein einfaches `git push` ohne zusätzlichen Parameter.

Warum muss ich bei einigen Befehlen `origin master` angeben und an anderen Stellen `origin/master`?

Ersteres wird beim Pushen von Branches verwendet, das Zweite, wenn man mit Branches mergt oder zurücksetzt. Bei einem Push gibt man etwa `git push origin master` an. In dem Fall sagt man, wie im vorherigen Beispiel, zu welchem Remote-Repository (`origin`) man welchen lokalen Branch (`master`) pusht. `origin/master` gibt man hingegen an, wenn man Branches mergen oder zurücksetzen will. Nach einem `git fetch` werden alle Branches des Remote-Repositorys heruntergeladen. Sie sind dann unter dem Namen `origin/` verfügbar. Das heißt konkret, die Commits aus dem Branch master des Remote-Repositorys sind unter `origin/master` lokal verfügbar.

Wie komme ich wieder zu einem Zustand zurück, nachdem ich einige Sachen komplett falsch gemacht habe?

Vor allem, wenn Sie nicht mehr wissen, was Sie getan haben, oder wenn Sie einen Branch »kaputt« gemacht haben, hilft `git reflog` weiter. Mehr Informationen dazu finden Sie in Abschnitt 9.5.

Warum lehnt der Server meinen Push ab und schlägt vor, einen Pull zu machen?

Hier haben Sie wohl die Commits nachträglich verändert und möchten den bereits gepushten Branch erneut pushen. Wenn es sich um einen Feature-Branch handelt, auf dem nur Sie arbeiten, sollten Sie einen Force-Push machen. Wenn nicht nur Sie darauf arbeiten, sollten Sie ein `git pull` machen. Hier empfehle ich aber ein `git pull --rebase`, um Merge-Commits zu vermeiden.

Wann muss ich einen Branch normal pushen und wann ist ein Force-Push notwendig?

Immer wenn Sie einen Branch gepusht und anschließend ein oder mehrere Commits nachträglich verändert haben, muss ein Force-Push getätigt werden. Achten Sie aber darauf, dies nicht auf Branches zu tun, auf den andere Leute ebenfalls Zugriff haben bzw. darauf arbeiten. Dies sind in der Regel die Branches `master` und/oder `develop`.

Wie kann ich meine Zugangsdaten zum Git-Repository-Server über HTTPS speichern?

Wenn Sie kein SSH verwenden können und nur HTTPS verfügbar ist, fragt im Standard Git bei jeder Kommunikation mit dem Server nach den Zugangsdaten. Das kann sehr nervig sein, weil Sie dann ständig Ihre Passwörter eintippen müssen. Abhilfe schafft der Credential Storage. Im Modus `cache` hält Git die Credentials im Speicher und schreibt diese nicht auf die Festplatte. Dies kann wie folgt konfiguriert werden:

```
$ git config --global credential.helper cache
```

Dann hält Git die Zugangsdaten für 15 Minuten im Speicher. Alternativ können die Zugangsdaten auch auf die Platte geschrieben werden. Dort liegen die Daten dann aber in Klartext, was nicht sonderlich schön ist.

Wie kommuniziere ich mit einem Git-Repository-Server, wenn ich kein SSH verwenden kann und hinter einem SSL-Proxy stecke?

Dies kommt bei einigen Firmen vor, die strengere Sicherheitsrichtlinien im Netzwerk umsetzen. Dazu können Sie folgenden Befehl ausführen:

```
$ git config http.proxy http://user@proxy:proxy.lan:8080
```

Das wird dann in Ihrer `~/.gitconfig` gesetzt, das sieht etwa wie folgt aus. Je nach Konfiguration des Proxy-Servers ist das `user:password` optional.

```
[http]
        proxy = http://user:password@proxy.lan:8080
        sslVerify = false
```

Wo bekomme ich einfache Hilfestellungen, die sich abhängig vom aktuellen Stand im Repository verändern?

Einfach `git status`! Da stehen meistens die richtigen und passenden Hilfestellungen.

Anhang A

Befehlsreferenz

In diesem Anhang folgt eine Auflistung mit einer kurzen und knappen Beschreibung von Git-Befehlen inklusive der wichtigsten und gängigsten Parameter. Die Auflistung ist allerdings nicht vollständig, stattdessen beschränke ich mich auf die wichtigsten Befehle, die größtenteils auch schon im Verlaufe des Buches erwähnt, genutzt und erklärt wurden. Daher erfolgt jeweils ein Querverweis auf das Kapitel mit den weiterführenden Erläuterungen.

Die folgende Auflistung an Befehlen ist nicht stur alphabetisch, sondern nochmals thematisch unterkategorisiert. Eine vollständige und aktuelle Dokumentation findet sich zudem in der Git-Hilfe, die Sie über `git help` aufrufen können.

A.1 Repository und Arbeitsverzeichnis anlegen

git init

Erzeugt ein neues, leeres Repository im aktuellen Arbeitsverzeichnis. Reinitialisiert alternativ das Repository, wenn schon eins existiert. Letzteres heißt allerdings nicht, dass Daten verloren gehen. Ein erneutes Ausführen von `git init` kann also nicht zu Datenverlusten führen.

- `--bare`: Erzeugt ein `bare`-Repository, das kein Arbeitsverzeichnis enthält.

Mehr Informationen finden sich in Abschnitt 2.2.

git clone <repository> [<pfad>]

Klont das als weiteren Parameter angegebene Repository in ein neues Verzeichnis im aktuellen Ordner. Zusätzlich wird das geklonte Repository als Remote-Repository `origin` konfiguriert. Bei der Angabe eines weiteren Verzeichnisses wird das Repository unter einem anderen Verzeichnisnamen geklont.

- `--local`: Kann genutzt werden, wenn von einem lokalen Verzeichnis geklont wird. Git-Objekte werden dann mittels Hardlinks referenziert, was Speicherplatz auf der Festplatte spart.
- `--bare`: Erzeugt ein `bare`-Repository, das nur das `.git`-Verzeichnis enthält, nicht aber ein Arbeitsverzeichnis.
- `--branch <name>`: Checkt beim Klonen den angegebenen Branch oder auch das Tag aus.

- `--depth <depth>`: Klont ein Repository mit unvollständiger Historie. Bei einer Angabe von »1« wird etwa nur die aktuelle Revision ausgecheckt.
- `--[no-]single-branch`: Klont ein Repository mit nur einem Branch, statt allen Branches. Muss mit `--branch`-Parameter kombiniert werden.
- `--recursive`: Klont neben dem Repository auch die eingebundenen Submodule-Repositorys. Es ist äquivalent zum nachträglichen Ausführen von `git submodule update --init -recursive`.

Der erste Klon wird in Abschnitt 4.1 durchgeführt.

A.2 Erweiterung und Bearbeitung der Historie

A.2.1 Arbeiten im Staging-Bereich

git add <pfad>

Mit diesem Befehl kann man Änderungen von Dateien zum Staging-Bereich hinzufügen, die anschließend in einem Commit gespeichert werden können.

- `<pfad>`: Dateien und/oder Ordner, die zum Staging-Bereich hinzugefügt werden sollen.
- `-f, --force`: Fügt Dateien zum Staging-Bereich hinzu, auch wenn sie ignoriert werden.
- `-i, --interactive`: Ermöglicht das interaktive Hinzufügen zum Staging-Bereich.
- `-p, --patch`: Ermöglicht das interaktive Hinzufügen von Teilen von Änderungen einer Datei. Ähnelt stark `-i`, überspringt lediglich den ersten Schritt.
- `-A, --all`: Fügt alle Dateien aus dem Arbeitsverzeichnis zum Staging-Bereich hinzu. Dies beinhaltet auch bisher unbeobachtete Dateien.

Ein Praxis-Beispiel finden Sie in Abschnitt 2.4, wo der erste Commit erstellt wurde. Wie Änderungen interaktiv und häppchenweise in den Staging-Bereich geschoben werden können, steht in Abschnitt 9.8.

git mv

Verschiebt oder benennt eine Datei, ein Verzeichnis oder einen Symlink um und fügt sie zum Staging-Bereich hinzu.

- `-f, --force`: Führt die Aktion durch, auch wenn der Zielpfad schon existiert.
- `-n, --dry-run`: Simuliert die Aktion und zeigt an, was passieren würde.
- `-v, --verbose`: Zeigt die Namen der Dateien an, die verschoben werden.

Mehr Informationen hierzu finden sich in Abschnitt 2.4.1.

git reset

Setzt den aktuellen HEAD auf einen bestimmten Stand zurück. Anwendbar sowohl bei Änderungen, die noch nicht in einem Commit sind, als auch Änderungen in diversen Commits.

- `--soft <commit>`: Setzt HEAD auf den angegebenen Commit zurück. Die Änderungen werden nicht gelöscht und befinden sich noch im Staging-Bereich.
- `--mixed <commit>`: Mixed ist der Standard, wird also auch genutzt, wenn kein Parameter angegeben wird. Setzt HEAD auf den angegebenen Commit zurück und die Änderungen sind weiterhin im Arbeitsverzeichnis vorhanden, allerdings nicht im Staging-Bereich.
- `--hard <comit>`: Setzt die Änderungen auf dem angegebenen Commit zurück und löscht sie aus dem Arbeitsverzeichnis.

Die nähere Funktionsweise wird in Abschnitt 2.5.2 erläutert.

git rm <pfad>

Entfernt eine Datei aus dem Arbeitsverzeichnis und dem Staging-Bereich. Fügt defaultmäßig die Änderung zusätzlich zum Staging-Bereich hinzu.

- `-r`: Erlaubt das rekursive Löschen bei Ordnern.
- `--cached`: Entfernt die Datei nur aus dem Staging-Bereich.

A.2.2 Arbeiten mit Commits und Branches

git branch [<name>]

Listet, erzeugt und löscht Branches.

- Listet ohne Parameter die lokalen Branches auf.
- `-a`: Listet sowohl lokale als auch Remote-Branches auf.
- `-d, --delete <branch>`: Löscht einen Branch, wenn dieser entweder nach HEAD oder im Upstream-Branch gemergt wurde.
- `-D <branch>`: Löscht auch einen Branch, wenn dieser noch nicht gemergt wurde.
- `-m <branch>`: Benennt einen Branch um, wenn der Ziel-Branchname noch nicht existiert.
- `-M <branch>`: Forciert die Umbenennung eines Branches.
- `-r`: Listet nur Remote-Branches auf.
- `-t <remote-branch>`: Konfiguriert beim Anlegen eines neuen Branches direkt den angegebenen Remote-Branch als Tracking-Branch.

- `--contains [<commit>]`: Listet Branches auf, in denen der angegebene Commit oder der Commit auf HEAD enthalten ist.
- `--merged [<commit>]`: Listet nur die Branches auf, dessen Spitzen vom angegebenen Commit erreichbar sind.
- `<name>`: Name des neuen anzulegenden Branches. Der neue Branch entspricht dem aktuellen Branch.

Die nähere Funktions- und Arbeitsweise wird in Abschnitt 3.2 thematisiert.

git checkout [<branch>]

Wechselt zum angegebenen Branch oder stellt Dateien im Arbeitsverzeichnis wieder her.

- `-b <branch>`: Erzeugt neuen Branch auf Basis des aktuellen Commits und wechselt zu diesem Branch.
- `-B <branch>`: Erzeugt neuen Branch und wechselt dorthin, auch wenn ein Branch mit dem angegebenen Namen schon existiert.
- `-b <local-branch> -t <remote-branch>`: Erzeugt und wechselt zum neuen Branch und setzt Remote-Tracking-Branch.

git switch [<branch>]

Wechselt ebenfalls zum angegebenen Branch, stellt allerdings im Gegensatz zu `checkout` keine Dateien im Arbeitsverzeichnis wieder her. Der `switch` Befehl ist neu ab Git-Version 2.23 enthalten.

- `-c <branch>`: Erzeugt neuen Branch auf Basis des aktuellen Commits und wechselt zu diesem Branch.
- `-C <branch>`: Erzeugt neuen Branch und wechselt dorthin, auch wenn ein Branch mit dem angegebenen Namen schon existiert.

git commit

Speichert eine Änderung in der Historie des Repositorys. Der Commit enthält nur die im Staging-Bereich hinzugefügten Änderungen.

- `-a, --all`: Speichert alle Änderungen von beobachteten Dateien im neuen Commit. Enthält explizit nicht neue Dateien, die noch nicht versioniert wurden. Der Befehl kann somit den Staging-Bereich überspringen.
- `-p, --patch`: Führt ein interaktives Stagen aus und speichert die Änderungen dann in dem neuen Commit. Es ist ein äquivalentes Verhalten wie bei `git add -p`, nur mit dem zusätzlichen Commit.

- `--fixup=<commit>`: Bereitet den neuen Commit als »fixup«-Commit mit der Commit-Message des angegebenen Commits vor, damit dieser beim `git rebase --autosquash` mit dem Vorgängercommit gesquasht wird.
- `-m <text>`: Setzt den übergebenen Text als Commit-Message.
- `--squash=<commit>`: Bereitet den neuen Commit als »squash«-Commit vor, damit der neue Commit mit dem angegebenen Commit gesquasht wird.
- `-F <file>`: Setzt die Commit-Message auf den Inhalt der angegebenen Datei.
- `--amend`: Erzeugt einen neuen Commit mit den Änderungen aus dem letzten Commit und mit den Änderungen aus dem Staging-Bereich. Ermöglicht somit eine einfache Veränderung des letzten Commits, wenn eine Änderung für den letzten Commit vergessen wurde.

git diff

Zeigt unter anderem die Änderungen zwischen Commits oder Commit und Arbeitsverzeichnis an.

- `--word-diff`: Zeigt die Änderungen Wort-basiert an.
- `--stat`: Gibt eine kleine Statistik über die veränderten Dateien und Zeilen aus.

Ein paar weitere Informationen finden Sie in der zweiten Hälfte von Abschnitt 2.4. Mehr zum wortweisen Diff findet sich in Abschnitt 9.6.

git merge

Führt zwei oder mehr Branches zusammen.

- `--no-ff`: Fügt immer einen Merge-Commit ein, auch wenn ein Fast-Forward-Merge ohne Merge-Commit möglich wäre.
- `--ff-only`: Mergt nur, wenn ein Fast-Forward Merge möglich ist.
- `--abort`: Bricht einen laufenden Merge-Vorgang bei einem Merge-Konflikt ab.

Dieses Thema wird in Abschnitt 3.3 erklärt.

git rebase

Wendet Commits eines Branches auf einem anderen Branch neu an. Führt zu einer geradlinigen Entwicklungshistorie, trotz Einsatz von Branches.

- `-i`: Führt ein interaktives Rebase durch.
- `--continue`: Führt den Rebase-Prozess weiter, wenn dieser für eine Aktion im interaktiven Rebase pausiert wurde.
- `--abort`: Bricht den Rebase-Prozess ab und setzt HEAD auf den ursprünglichen Branch.

- `--autosquash`: Squasht automatisch die Commits in der Historie, die mit »squash!« oder »fixup!« in der Commit-Message anfangen.

Um das Rebasen von Branches geht es in Abschnitt 3.7.

git revert <commit>

Nimmt die Änderungen aus den spezifizierten Commits zurück und erzeugt neue Commits.

Um dieses Thema geht es in Abschnitt 2.5.1.

git restore

Stellt Dateien und Änderungen im Arbeitsverzeichnis wieder her.

- `--staged <pfad>`: Nimmt die Änderung aus dem Staging-Bereich wieder heraus.
- `--source <commit> <file>`: Stellt aus dem angegebenen Commit die angegebene Datei wieder her und legt diese im Arbeitsverzeichnis ab.

git tag

Erstellt, löscht, verifiziert Tags oder listet vorhandene Tags auf.

- `-a, --annotate`: Erzeugt ein unsigniertes, annotiertes Tag.
- `-d, --delete`: Löscht ein Tag.
- `-m <text>`: Setzt eine Tag-Message.

A.3 Status-Ausgaben und Fehler-Suche

git bisect

Nutzt eine binäre Suche zwischen zwei Commits, um einen Fehler im Programm zu finden.

Die genaue Funktionsweise wird in Abschnitt 9.9 erläutert.

git grep

Durchsucht Dateien, die einem Suchmuster entsprechen.

- `--untracked`: Durchsucht nicht nur beobachtete Dateien, sondern auch unbeobachtete.
- `-i, --ignore-case`: Ignoriert Groß- und Kleinschreibung.

Wie dies genau geht, können Sie in Abschnitt 9.7 nachlesen.

git log

Zeigt die Historie im aktuellen Branch, in einem anderen Branch oder Commit oder auch die Historie einer Datei an.

- `--follow`: Zeigt die Historie einer Datei an, auch wenn sie einmal umbenannt wurde.
- `-<number>`: Begrenzt die Ausgabe auf die angegebene Anzahl von Commits.
- `--skip=<number>`: Überspringt die angegebene Anzahl an Commits und zeigt dann die restlichen Commits an.
- `--since=<date>, --after=<date>`: Zeigt das Log seit dem spezifizierten Tag an.
- `--until=<date>, --before=<date>`: Zeigt das Log bis zu dem spezifizierten Tag an.
- `--merges`: Zeigt nur Merge-Commits an.
- `--no-merges`: Zeigt alle Commits außer Merge-Commits an.

Mehr hierzu findet sich in Abschnitt 9.2.

git show

Zeigt Informationen zu den verschiedenen Git-Objekten an.

git status

Zeigt den Status im Arbeitsverzeichnis des Repositorys an.

- `-s, --short`: Gibt die Status-Ausgabe in einer kurzen Fassung an.

Weitere Informationen finden sich in Abschnitt 2.4.

A.4 Verteilte Repositorys

git fetch

Lädt Daten aus Remote-Repositorys herunter.

- `--all`: Lädt die Git-Objekte und Referenzen von jedem konfigurierten Remote-Repository herunter.
- `-p, --prune`: Nach dem Herunterladen werden alle nicht mehr existenten Tags und Branches, die getrackt werden, auch lokal entfernt.
- `-t, --tags`: Lädt alle Tags herunter.
- `<repository>`: Lädt die Daten des Remote-Repositorys über die Referenz herunter.

Kapitel 4 behandelt generell das Thema der Remote-Repositorys, wo auch von Remote-Repositorys gefetcht wird.

git pull

Führt ein Fetch aus einem anderen Repository durch und integriert es in einen lokalen Branch.

- `-r, --rebase`: Führt nach dem Fetch ein Rebase statt eines Merges durch.
- `--all`: Lädt Daten aller Remote-Repositorys herunter.

Kapitel 4 behandelt generell das Thema Remote-Repositorys, wo auch von Remote-Repositorys gepullt wird.

git push

Lädt Git-Daten auf Remote-Repositorys hoch.

- `--all`: Schiebt alle Referenzen zum Remote-Server hoch.
- `--prune`: Entfernt Remote-Branches, die kein lokales Gegenstück besitzen.
- `--delete`: Alle angegebenen Referenzen werden gelöscht. In der Regel sind dies Branches.
- `--tags`: Lädt alle Tags hoch.

Kapitel 4 behandelt generell das Thema Remote-Repositorys, wo auch von Remote-Repositorys gepusht wird.

git remote

Ermöglicht das Konfigurieren und Managen von Remote-Repositorys.

- Zeigt ohne Parameter die konfigurierten Remote-Repositorys an.
- `add <name> <url>`: Fügt ein Remote-Repository unter dem Namen `name` und der URL `url` hinzu.
- `rename <alt> <neu>`: Benennt das Remote-Repository um.
- `remove <name>`: Entfernt die Verknüpfung zum Remote-Repository.
- `show <name>`: Zeigt einige Informationen des Remote-Repositorys an.
- `update`: Lädt alle Daten von allen Remote-Repositorys herunter.

Kapitel 4 behandelt generell das Thema Remote-Repositorys.

A.5 Hilfsbefehle

git config

Holt und setzt Git-Konfigurationen – sei es in einem Repository oder auch global auf dem Betriebssystem-Benutzerkonto.

- `--global`: Setzt Konfiguration für den System-Nutzer.
- `--system`: Setzt Konfiguration für alle System-Nutzer.

Eine vollständige Liste möglicher Konfigurationseinstellungen findet sich unter `git help config`.

Ein paar mehr Informationen zur Konfiguration, vor allem der Git-Identität, finden Sie in Abschnitt 2.3.

git filter-branch

Schreibt die Historie eines Branches neu.

- `--tree-filter <befehl>`: Führt den Befehl im Wurzelverzeichnis des Arbeitsverzeichnisses aus und schreibt dafür die Historie neu.
- `--msg-filter <befehl>`: Führt den Befehl aus, um die Commit-Messages neu zu schreiben.
- `--commit-filter <befehl>`: Filter, um den Commit zu erstellen.

Abschnitt 9.12 beschäftigt sich näher mit der Funktionsweise.

git mergetool

Ausführung eines Mergetools, um Merge-Konflikte aufzulösen

- `-t, --tool`: Angabe des Tools

Eine nähere Erläuterung, inklusive diverser Mergetools, finden Sie in Abschnitt 3.5.

git reflog

Zeigt das Referenz-Log an. Dies beinhaltet Aufzeichnungen von Änderungen an den letzten Commits von Branches im lokalen Repository.

Mehr findet sich in Abschnitt 9.3.

A.6 Sonstige

git format-patch

Erzeugt Patch-Dateien für die Versendung per E-Mail. Die Dateien können mit `git am` wieder angewandt werden.

Die Anwendung von Patches wird in Abschnitt 9.10 erklärt.

git gc

Säubert das Repository von nicht mehr benötigten Dateien und optimiert das lokale Repository.

- `--aggressive`: Führt eine aggressivere Form der Garbage Collection durch, was durchaus mehr Zeit in Anspruch nehmen kann.
- `--auto`: Führt nur die Garbage Collection durch, wenn sie wirklich benötigt wird. Wenn nicht, wird der Befehl beendet.
- `--prune=<date>`: Löscht nicht mehr benötigte Objekte abhängig vom Datum. Der Standardwert liegt bei zwei Wochen.

Mehr dazu findet sich in Abschnitt 9.4.

git blame <pfad>

Zeigt die Commit-ID und den Committer jeder Zeile der angegebenen Datei an.

Eine genauere Anleitung ist in Abschnitt 9.5 zu finden.

git stash

Entfernt die nicht im Staging-Bereich befindlichen Änderungen und schiebt sie in den Stash.

- `save`: Speichert die lokalen Veränderungen in einem Stash-Element.
- `list`: Listet die Stash-Elemente auf.
- `show [<stash>]`: Zeigt Informationen zum ausgewählten Stash-Element an.
- `pop [<stash>]`: Schiebt die Änderungen aus dem Stash in das Arbeitsverzeichnis.
- `clear`: Löscht alle Stash-Elemente.
- `drop [<stash>]`: Löscht das letzte Stash-Element bzw. das angegebene Stash-Element aus dem Stash.

Mehr Informationen zum Stash finden sich in Abschnitt 3.8.

git clean

Ermöglicht das Säubern von nicht getrackten Dateien aus dem Arbeitsverzeichnis.

- `-d`: Löscht unbeobachtete Verzeichnisse zusätzlich zu den unbeobachteten Dateien.
- `-f`: Forciert die Löschung von Dateien und Verzeichnissen.
- `-i, --interactive`: Interaktives Löschen
- `-x`: Löscht auch Dateien, die in `.gitignore` gelistet werden.

Mehr Informationen finden sich in Abschnitt 3.8.

git shortlog

Erzeugt eine Zusammenfassung des Git-Logs. Der Befehl kann genutzt werden, um die Commit-Messages sortiert nach den Autoren anzuzeigen.

git submodule

Handhabung von Submodulen, womit eigenständige Repositorys in einem Repository eingebunden werden können

- `add <repository>`: Fügt ein existierendes Repository als Submodule dem Repository hinzu.
- `status`: Zeigt den Status der Submodule.
- `init`: Initialisiert das Submodul.
- `deinit`: Deinitialisiert das Submodul.
- `update`: Aktualisiert das Submodule-Repository und lädt alle benötigten Daten herunter.

Eine genauere Anleitung zu der Arbeit mit Submodulen findet sich in Abschnitt 9.11.

Robert C. Martin

Clean Coder
Verhaltensregeln für professionelle Programmierer

Der Nachfolger von „Uncle Bobs" erfolgreichem Bestseller *Clean Code*

Erfolgreiche Programmierer haben eines gemeinsam: Die Praxis der Software-Entwicklung ist ihnen eine Herzensangelegenheit. Auch wenn sie unter einem nicht nachlassenden Druck arbeiten, setzen sie sich engagiert ein. Software-Entwicklung ist für sie eine Handwerkskunst.

In Clean Coder stellt der legendäre Software-Experte Robert C. Martin die Disziplinen, Techniken, Tools und Methoden vor, die Programmierer zu Profis machen.

Dieses Buch steckt voller praktischer Ratschläge und behandelt alle wichtigen Themen vom professionellen Verhalten und Zeitmanagement über die Aufwandsschätzung bis zum Refactoring und Testen. Hier geht es um mehr als nur um Technik: Es geht um die innere Haltung. Martin zeigt, wie Sie sich als Software-Entwickler professionell verhalten, gut und sauber arbeiten und verlässlich kommunizieren und planen. Er beschreibt, wie Sie sich schwierigen Entscheidungen stellen und zeigt, dass das eigene Wissen zu verantwortungsvollem Handeln verpflichtet.

In diesem Buch lernen Sie:
- Was es bedeutet, sich als echter Profi zu verhalten
- Wie Sie mit Konflikten, knappen Zeitplänen und unvernünftigen Managern umgehen
- Wie Sie beim Programmieren im Fluss bleiben und Schreibblockaden überwinden
- Wie Sie mit unerbittlichem Druck umgehen und Burnout vermeiden
- Wie Sie Ihr Zeitmanagement optimieren
- Wie Sie für Umgebungen sorgen, in denen Programmierer und Teams wachsen und sich wohlfühlen
- Wann Sie „Nein" sagen sollten – und wie Sie das anstellen
- Wann Sie „Ja" sagen sollten – und was ein Ja wirklich bedeutet

Großartige Software ist etwas Bewundernswertes: Sie ist leistungsfähig, elegant, funktional und erfreut bei der Arbeit sowohl den Entwickler als auch den Anwender. Hervorragende Software wird nicht von Maschinen geschrieben, sondern von Profis, die sich dieser Handwerkskunst unerschütterlich verschrieben haben. Clean Coder hilft Ihnen, zu diesem Kreis zu gehören.

Probekapitel und Infos erhalten Sie unter:
www.mitp.de/9695

ISBN 978-3-8266-9695-4

Stichwortverzeichnis

.gitconfig 28
.gitignore 96
.gitmodules 248

A
Alias 228
Änderung
    austragen 45
Änderungshistorie 15
Archiv 19
Auto DevOps 167
autosquash 180

B
Bazaar 18, 215
Betriebssystem 23
Binärdatei
    in Git-Repositories 217
BitKeeper 20
Blame 236
blob-Objekt 57
Branch 63, 65, 307
    Entwicklungsbranch 63
    Feature 187
    Hotfix 192
    löschen 74
    Master 64
    mergen 72
    Release 190
    Topic 64
Branch-Management 109
Bugfix-Branch 64

C
cgit 158
Check-Liste 144
checkout 65
Cherry-Picken 195
Client
    grafischer 261
Client-seitiger Hook 203
Code-Analyse 152
Code-Review 141

Commit 307
    ändern 171
    aufteilen 181
    entfernen 181
    ergänzen 176
    initialer 29
    Merge 76
    Referenzierung 51
    Reihenfolge anpassen 176
    squashen 178
    zusammenführen 178
commit-msg-Hook 206
Commit-Nachricht 46
Community
    Umgang 143
Container Image Scanning 297
Continuous Integration 152
CONTRIBUTING.md 143
curl 29
CVS 17

D
Datei
    aus Commit ausschließen 35
    durchsuchen 238
    ignorieren 96
    unbeobachtete 31
    versionierte 46
Dependency Scanning 297
Deployment 209, 292
detached HEAD 63
DevOps 289
    Build 294
    Code 294
    Configure 295
    Monitor 295
    Release 295
    Test 295
DevOps-Pipeline 294
DevSecOps 296
Diff
    wortweise 237
Dynamic Application Security Test 297

E

Entwickler
    E-Mail-Adresse 28
    Name 28
Entwicklungsbranch 63
Entwicklungsumgebung 293

F

Farbausgabe 42
Fast-Forward-Merge 74
Feature-Branch 64, 187
    Best Practices 188
Fehlersuche 241, 310
--follow 47
Force-Push 148
Forken 136
Fuzz Testing 297

G

Garbage Collection 235
Gerrit 158
Gist 126
Git
    Arbeitsweise 54
git add 32, 306
git add -p 239
git am 245
git apply 245
git bisect 241, 310
git blame 236, 314
git branch 307
git branch -d 74
git branch --no-merged 109
git cat-file 57
git checkout 308
git clean 94, 315
git clone 135, 305
git commit 308
git commit --amend 172
git config 313
git diff 43, 309
git diff HEAD 44
git fetch 102, 311
git fetch --all 117
git filter-branch 313
Git Flow 186
    Workflow 193
git format-patch 244, 314
git gc 235, 314
git grep 238, 310
Git GUI 51, 261
git help 60
git init 305
git log 38, 229, 311
git log --committer 230
git log -p 79
git log --since 229
git merge 72, 309
git merge --no-ff 189
git mergetool 313
git mv 46, 306
git pull 103, 312
git pull --rebase 186
git push 107, 312
git push --delete 111
git rebase 309
git rebase --abort 178
git rebase --continue 178
git rebase -i 174
git reflog 232, 313
git remote 99, 312
git remote prune 150
git remote update 117
git reset 48, 307
git restore 45
git revert 47, 310
git rm 307
git shortlog 315
git show 311
git stash 314
git stash apply 93
git stash drop 93
git stash pop 93
git status 29, 311
git submodule 247, 315
git svn dcommit 222
git svn rebase 222
git tag 191, 310
gitattributes 211
Git-Befehle
    Tippfehler 253
Gitg 271
Git-GUI-Client 261
Git-Hilfe 60
GitHub 123, 126
    Dienste 152
    Lizenz 128
    Organisationen 126
    Registrierung 126
    Repository anlegen 126
    Repository klonen 135
    Repository konfigurieren 133
    SSH-Keys 129
GitHub Desktop 269
GitHub Flavored Markdown 144

GitHub-Issues 143
GitHub-Organisation 151
GitHub-Workflow 135
Git-Identität 29
Gitk 263
GitKraken 276
GitLab 123, 152
    .gitlab-ci.yml 164
    Gruppen 154
    Installation 153
    Issue-Tracker 156
    Jobs 164
    Pipeline 164
    stages 165
    Systemvoraussetzungen 125
GitLab CI/CD 164
    script 165
GitLab Enterprise 125
GitLab.com 125
GitLab-Runner 167
git-svn 218
--global 29
Grafischer Client 261
GUI-Programm 51

H

Hard-Reset 49
Hash 57
HEAD 64
    detached 64
Hilfsbefehl 313
Historie
    Repository 38
Home-Verzeichnis 26
Hook 203
    commit-msg 206
    Namen 204
    post-checkout 207
    post-commit 206
    post-receive 209
    pre-auto-gc 208
    pre-commit 204
    prepare-commit-msg 206
    pre-push 208
    pre-rebase 207
    pre-receive 208
    Server-seitiger 208
    update 208
Hotfix 192
Hotfix-Branch 192
Hunks 239

I

id_rsa 129
id_rsa.pub 129
Ignore-Whitelist 97
Index 31
Installation 23
    Windows 24
    Zeilenende 25
Interaktives Rebase
    Rebasing 170
Issue 126

J

Jenkins 152

K

Konfiguration 28

L

Liquid Prompt 256
Log
    verschönern 231
Lokale Versionsverwaltung 16

M

Maintainer
    Workflow 149
master 64
Master-Branch 64
Mercurial 18, 215
Merge
    Fast-Forward 74
    Recursive 75
Merge-Commit 76
Merge-Konflikt 76
Mergen 72
    Strategien 83
Mergetool 80
    araxis 81
    kdiff3 80
    konfigurieren 82
    Meld 82
    meld 81
    vimdiff 81
Mixed-Reset 49
Monotone 20

N

nano 38
Notepad++ 38

O

Objekt
    blob 57
    tree 57
octopus 84
Ordner 55
    löschen 95
origin 102
origin/master 106
ours 84

P

Parent-Objekt 58, 59
Patch 243
Perforce 215
post-checkout-Hook 207
post-commit-Hook 206
post-merge-Hook 208
post-receive-Hook 209
pre-auto-gc-Hook 208
pre-commit-Hook 204
prepare-commit-msg-Hook 206
pre-push-Hook 208
pre-rebase-Hook 207
pre-receive-Hook 208
Projektverzeichnis
    säubern 94
Pull-Request 137

R

Rebase
    abbrechen 178
Rebasing 84
    interaktives 170
recursive 83
Recursive-Merge 75
Reference Log 232
Reihenfolge
    Commits 176
Release-Branch 190
Remote-Repository 99
    Benennung 102
    konfigurieren 101
Repository 17
    anlegen 26
    anlegen (GitHub) 126
    Binärdatei 217
    Historie ansehen 38
    klonen (GitHub) 135
    konfigurieren (GitHub) 133
    SVN 217
    verteilte 311

Reset
    Hard 49
    Mixed 49
    Soft 49
resolve 83

S

Schriftfarbe 42
Security-Checks 296
Server
    zentraler 99
Server-seitiger Hook 203, 208
SHA-1 39
Shell 24
Soft-Reset 49
SourceTree 267
Squashen 178
    automatisch 180
SSH-Agent 131
SSH-Key 129
Staging 31
Staging-Bereich 31, 306
    Änderung austragen 45
Stash 90
Static Application Security Test 297
Status-Ausgabe 310
    kürzer 33
Submodul 247
subtree 84
Subversion 17, 215
svn add 216
svn branches 218
svn checkout 216
svn commit 216
svn copy 218
svn tags 218
SVN-Repository 217
switch 65

T

Tag 191
    annotiert 191
    leichtgewichtig 191
    Namensgebung 191
Test 152
Testumgebung 293
Themen-Branch 64
tig 272
Tippfehler 253
Topic-Branch 64
TortoiseGit 274
Tracking-Branch 111

tree-Objekt 57
trunk 218

U
Unmodified 37
update-Hook 208
Upstream-Branch 107

V
Version
    Definition 15
    Unterschiede 23
Versionierte Datei
    verschieben 46
Versionskontrollprogramm 11
Versionsverwaltung
    lokale 17
    verteilte 18
    zentrale 17

Versionsverwaltungsprogramm 15
vi 38

W
wget 29
Windows-Cmd 24
Workflow 169, 183
    drei Repositorys 117
    Maintainer 149
    mehrere Personen 184

Z
Zeile
    veränderte 42
Zentrale Versionsverwaltung 17
Zentraler Server 99
Zweig 63

Andrew W. Trask

Neuronale Netze und Deep Learning kapieren

Der einfache Praxiseinstieg
mit Beispielen in Python

Von den Grundlagen Neuronaler Netze über Machine Learning bis hin zu Deep-Learning-Algorithmen

Anschauliche Diagramme, Anwendungsbeispiele in Python und der Einsatz von NumPy

Keine Vorkenntnisse in Machine Learning oder höherer Mathematik erforderlich

Deep Learning muss nicht kompliziert sein. Mit diesem Buch lernst du anhand vieler Beispiele alle Grundlagen, die du brauchst, um Deep-Learning-Algorithmen zu verstehen und anzuwenden. Dafür brauchst du nichts weiter als Schulmathematik und Kenntnisse der Programmiersprache Python. Alle Codebeispiele werden ausführlich erläutert und mathematische Hintergründe anhand von Analogien veranschaulicht.

Der Autor erklärt leicht verständlich, wie Neuronale Netze lernen und wie sie mit Machine-Learning-Verfahren trainiert werden können. Du erfährst, wie du dein erstes Neuronales Netz erstellst und wie es mit Deep-Learning-Algorithmen Bilder erkennen sowie natürliche Sprache verarbeiten und modellieren kann. Hierbei kommen Netze mit mehreren Schichten wie CNNs und RNNs zum Einsatz.

Fokus des Buches ist es, Neuronale Netze zu trainieren, ohne auf vorgefertigte Python-Frameworks zurückzugreifen. So verstehst du Deep Learning von Grund auf und kannst in Zukunft auch komplexe Frameworks erfolgreich für deine Projekte einsetzen.

Probekapitel und Infos erhalten Sie unter:
www.mitp.de/0015

ISBN 978-3-7475-0015-6

Sebastian Raschka
Vahid Mirjalili

Machine Learning mit Python und Keras, TensorFlow 2 und Scikit-learn

Das umfassende Praxis-Handbuch für Data Science, Deep Learning und Predictive Analytics

3., aktualisierte und erweiterte Auflage

- Datenanalyse mit ausgereiften statistischen Modellen des Machine Learnings
- Anwendung der wichtigsten Algorithmen und Python-Bibliotheken wie NumPy, SciPy, scikit-learn, TensorFlow 2, Matplotlib, Pandas und Keras
- Best Practices zur Optimierung Ihrer Machine-Learning-Algorithmen

Python ist eine der führenden Programmiersprachen in den Bereichen Machine Learning, Data Science und Deep Learning und ist besonders gut geeignet für das Programmieren von Vorhersagesystemen, Spamfiltern von E-Mail-Programmen, Empfehlungssystemen in Onlineshops Anwendungen zur Bilderkennung und vieles mehr.

Mit diesem Buch erhalten Sie eine umfassende Einführung in die Grundlagen und den effektiven Einsatz von Machine-Learning- und Deep-Learning-Algorithmen und wenden diese anhand zahlreicher Beispiele praktisch an. Dafür setzen Sie ein breites Spektrum leistungsfähiger Python-Bibliotheken ein, insbesondere Keras, TensorFlow 2 und scikit-learn. Auch die für die praktische Anwendung unverzichtbaren mathematischen Konzepte werden verständlich und anhand zahlreicher Diagramme anschaulich erläutert.

Die dritte Auflage dieses Buchs wurde für TensorFlow 2 komplett aktualisiert und berücksichtigt die jüngsten Entwicklungen und Technologien, die für Machine Learning, Neuronale Netze und Deep Learning wichtig sind. Dazu zählen insbesondere die neuen Features der Keras-API, das Synthetisieren neuer Daten mit Generative Adversarial Networks (GANs) sowie die Entscheidungsfindung per Reinforcement Learning.

Ein sicherer Umgang mit Python wird vorausgesetzt.

Probekapitel und Infos erhalten Sie unter:
www.mitp.de/0213

ISBN 978-3-7475-0213-6

Ian Goodfellow
Yoshua Bengio
Aaron Courville

Deep Learning
Das umfassende Handbuch

Grundlagen, aktuelle Verfahren und
Algorithmen, neue Forschungsansätze

Mathematische Grundlagen für Machine und Deep Learning

Umfassende Behandlung zeitgemäßer Verfahren:
tiefe Feedforward-Netze, Regularisierung, Performance-Optimierung
sowie CNNs, Rekurrente und Rekursive Neuronale Netze

**Zukunftsweisende Deep-Learning-Ansätze sowie von Ian Goodfellow neu
entwickelte Konzepte wie Generative Adversarial Networks**

Deep Learning ist ein Teilbereich des Machine Learnings und versetzt Computer in die
Lage, aus Erfahrungen zu lernen. Dieses Buch behandelt umfassend alle Aspekte, die
für den Einsatz und die Anwendung von Deep Learning eine Rolle spielen:

In Teil I erläutern die Autoren die mathematischen Grundlagen für Künstliche
Intelligenz, Neuronale Netze, Machine Learning und Deep Learning.

In Teil II werden die aktuellen in der Praxis genutzten Verfahren und Algorithmen
behandelt.

In Teil III geben die Autoren Einblick in aktuelle Forschungsansätze und zeigen neue
zukunftsweisende Verfahren auf.

Dieses Buch richtet sich an Studenten und alle, die sich in der Forschung mit Deep
Learning beschäftigen sowie an Softwareentwickler und Informatiker, die Deep Learning für eigene Produkte oder Plattformen einsetzen möchten.

ISBN 978-3-95845-700-3

Probekapitel und Infos erhalten Sie unter:
www.mitp.de/700

Robert C. Martin

Clean Architecture
Das Praxis-Handbuch für professionelles Softwaredesign
Regeln und Paradigmen für effiziente Softwarestrukturierung

Deutsche Ausgabe

Praktische Lösungen für den Aufbau von Softwarearchitekturen von dem legendären Softwareentwickler Robert C. Martin (»Uncle Bob«)

Allgemeingültige Regeln für die Verbesserung der Produktivität in der Softwareentwicklung über den gesamten Lebenszyklus

Wie Softwareentwickler wesentliche Prinzipien des Softwaredesigns meistern, warum Softwarearchitekturen häufig scheitern und wie man solche Fehlschläge verhindern kann

Wirklich gute Software zu entwickeln, ist ein schwieriges Unterfangen und eine große Herausforderung. Aber wenn Software in der richtigen Art und Weise entwickelt wird, erfordert die Erstellung und Instandhaltung nur wenige Ressourcen, Modifikationen und Anpassungen lassen sich schnell und einfach umsetzen und Mängel und Fehler treten nur hin und wieder in Erscheinung. Der Entwicklungsaufwand ist minimal, und das bei maximaler Funktionalität und Flexibilität.

Was hier utopisch klingt, hat Robert C. Martin schon selbst erlebt und weiß deshalb, dass es so funktionieren kann.

Als Entwickler können Sie Ihre Produktivität über die Lebenszeit eines jeden Softwaresystems dramatisch verbessern, indem Sie allgemeingültige Grundsätze für die Entwicklung professioneller Softwarearchitektur anwenden. In diesem Buch verrät Ihnen der legendäre Softwareentwickler diese maßgeblichen Prinzipien und zeigt Ihnen, wie Sie diese erfolgreich und effektiv anwenden.

Basierend auf seiner mehr als 50-jährigen Berufserfahrung mit Softwareumgebungen jeder erdenklichen Art demonstriert Robert C. Martin in diesem Buch auf eindrucksvolle Weise, welche Entscheidungen Sie im Entwicklungsprozess treffen sollten und warum diese für Ihren Erfolg ausschlaggebend sind. Wie man es von »Uncle Bob« kennt, enthält dieses Buch zahlreiche unmittelbar anwendbare und in sich schlüssige Lösungen für die Herausforderungen, mit denen Sie im Berufsleben konfrontiert sein werden – jenen, die über Gedeih und Verderb Ihrer Projekte entscheiden.

In diesem Buch lernen Sie:

- Architektonische Zielsetzungen der Softwareentwicklung richtig abstecken und die dafür notwendigen Kerndisziplinen und -praktiken planvoll einsetzen
- Die grundlegenden Prinzipien des Softwaredesigns für den Umgang mit Funktionalität, Komponententrennung und Datenmanagement meistern
- Den Entwicklungsprozess optimieren durch die zielgerichtete Anwendung von Programmierparadigmen und die klare Definition der Handlungsspielräume der Softwareentwickler
- Wichtige systemrelevante Programmbestandteile von bloßen »Details« unterscheiden
- Optimale, hochschichtige Strukturen für Web, Datenbank, Fat Client, Konsole und eingebettete Anwendungen implementieren
- Angemessene Grenzen und Layer definieren und die Komponenten und Services in Ihrem System organisieren
- Faktoren für das Scheitern von Softwaredesigns und -architekturen erkennen und diese Fehler vermeiden

Clean Architecture ist für jeden gegenwärtigen oder angehenden Softwarearchitekten, Systemanalysten, Systemdesigner und Softwaremanager eine Pflichtlektüre – ebenso wie für jeden Programmierer, der die Softwaredesigns anderer Entwickler ausführen muss.

Probekapitel und Infos erhalten Sie unter:
www.mitp.de/724

ISBN 978-3-95845-724-9

Aditya Y. Bhargava

Algorithmen kapieren
Visuell lernen und verstehen
mit Illustrationen, Alltagsbeispielen und Python-Code

- Visuelle Erläuterungen mit über 400 erklärenden Bildern
- Mit anschaulichen Beispielen und zahlreichen Übungen
- Ausführlich kommentierter Beispielcode in Python

Ab sofort sind Algorithmen nicht mehr langweilig und trocken! Mit diesem Buch wird es dir Spaß machen, dich mit Algorithmen zu beschäftigen, und es wird dir leichtfallen zu verstehen, wie diese funktionieren.

Du erhältst eine anschauliche Einführung in Algorithmen und lernst visuell und praxisnah, wie du die wichtigsten Algorithmen für Aufgaben einsetzt, die dir bei der Programmierung täglich begegnen.

Du beginnst mit einfachen Aufgaben wie Sortieren und Suchen. Mit diesen Grundlagen gerüstet kannst du auch schwierigere Aufgaben wie dynamische Programmierung oder Künstliche Intelligenz in Angriff nehmen.

Der Autor erläutert die Funktionsweise der Algorithmen anhand ganz einfacher Beispiele. So verdeutlicht er z.B. den Unterschied zwischen Arrays und verketteten Listen anhand der Aufgabe, mehrere noch freie Plätze in einem Kinosaal zu finden. Solche Beispiele zeigen dir ganz anschaulich, wie und wofür du die jeweiligen Algorithmen effektiv einsetzen kannst.

Zu allen Erläuterungen findest du anschauliche Bilder und Diagramme sowie ausführlich kommentierten Beispielcode in Python.

Wenn du Algorithmen verstehen möchtest, ohne dich mit komplizierten seitenlangen Beweisen herumzuplagen, ist dieses Buch genau das richtige für dich.

Probekapitel und Infos erhalten Sie unter:
www.mitp.de/813

ISBN 978-3-95845-813-0

François Chollet

Deep Learning mit Python und Keras

Das Praxis-Handbuch vom Entwickler der Keras-Bibliothek

Einführung in die grundlegenden Konzepte von Machine Learning und Deep Learning

Zahlreiche praktische Anwendungsbeispiele zum Lösen konkreter Aufgabenstellungen

Maschinelles Sehen, Sprachverarbeitung, Bildklassifizierung, Vorhersage von Zeitreihen, Stimmungsanalyse, Erzeugung von Bildern und Texten u.v.m.

Dieses Buch ist eine praxisorientierte Einführung und erläutert die grundlegenden Konzepte sowie den konkreten Einsatz von Deep Learning. Der Autor verzichtet dabei weitgehend auf mathematische Formeln und legt stattdessen den Fokus auf das Vermitteln der praktischen Anwendung von Machine Learning und Deep Learning.

Anhand zahlreicher Beispiele erfahren Sie alles, was Sie wissen müssen, um Deep Learning zum Lösen konkreter Aufgabenstellungen einzusetzen. Dafür verwendet der Autor die Programmiersprache Python und die Deep-Learning-Bibliothek Keras, die das beliebteste und am besten geeignete Tool für den Einstieg in Deep Learning ist.

Das Buch besteht aus zwei Teilen: **Teil I** ist eine allgemeine Einführung in das Deep Learning und erläutert die grundlegenden Zusammenhänge und Begriffe sowie alle erforderlichen Konzepte, die für den Einstieg in Deep Learning und Neuronale Netze wichtig sind. In **Teil II** erläutert der Autor ausführlich praktische Anwendungsmöglichkeiten des Deep Learnings beim maschinellen Sehen (Computer Vision) und bei der Verarbeitung natürlicher Sprache. Viele der hier vorgestellten Beispiele können Ihnen später als Vorlage zum Lösen von Problemen dienen, die Ihnen in der Praxis des Deep Learnings begegnen werden.

Das Buch wendet sich an Leser, die bereits Programmiererfahrung mit Python haben und ins Machine Learning und Deep Learning einsteigen möchten. Für den Einsatz von Keras werden grundlegende Python-Kenntnisse vorausgesetzt.

Probekapitel und Infos erhalten Sie unter:
www.mitp.de/838

ISBN 978-3-95845-838-3

Karl Matthias
Sean P. Kane

Docker
Praxiseinstieg
Deployment, Testen und Debugging von Containern in Produktivumgebungen

2. Auflage

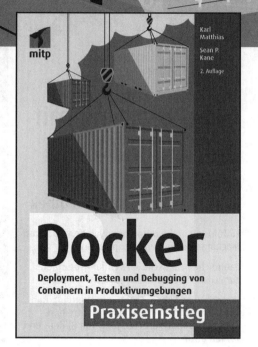

Docker-Images und -Container verwenden

Container deployen und debuggen

Einsatz von Tools: Docker Swarm, Kubernetes, Amazon EC2 Container Services

Linux-Container besitzen das Potenzial, das Deployment von Applikationen für verschiedene Umgebungen stark zu verändern. Dieses Buch weist Ihnen den Weg zu einer funktionierenden Docker-Umgebung. Die Autoren zeigen Ihnen, wie Sie Docker-Images Ihrer Anwendungen inklusive aller Abhängigkeiten erstellen, wie Sie diese testen, deployen und skalieren können, und wie Sie die Container in der Produktivumgebung pflegen und warten. Dabei kommen Themen wie die Einrichtung, das Testen und das Deployment von Docker-Anwendungen ebenso zur Sprache wie das Debugging eines laufenden Systems.

Mit diesem Buch werden Sie verstehen, was Docker wirklich leistet, welche Relevanz es hat, wie Sie es zum Laufen bekommen, wie Sie damit Ihre Anwendungen deployen können und was erforderlich ist, um es in einer Produktivumgebung einzusetzen.

Die Autoren dieses Buches sind in dem Unternehmen New Relic für die Sicherstellung der Stabilität der dort entwickelten Anwendungen zuständig und lassen Sie an ihren im praktischen Umgang mit Docker gesammelten Erfahrungen teilhaben. Ihre Zielsetzung lautet, Sie von ihren Erkenntnissen profitieren zu lassen und davor zu bewahren, dieselben Rückschläge hinnehmen zu müssen, die den Autoren in diesem Kontext widerfahren sind.

ISBN 978-3-95845-938-0

Probekapitel und Infos erhalten Sie unter:
www.mitp.de/938